Susanne Hartmann · Georg Hohl · Peter Renk · Peter A. Scherer · Ute Walker (Hrsg.)

Gemeinsam für das Kind –
Erziehungspartnerschaft und Elternbildung im Kindergarten

Caritas-Verband für die Erzdiözese Freiburg e.V.

Deutscher Paritätischer Wohlfahrtsverband
Landesverband Baden-Württemberg e.V.

Diakonisches Werk der Evangelischen
Landeskirche in Baden e.V.

Evangelischer Landesverband –
Tageseinrichtungen für Kinder in Württemberg e.V.

Landesverband Katholischer Kindertagesstätten
Diözese Rottenburg-Stuttgart e.V.

Landesstiftung Baden-Württemberg gGmbH

Susanne Hartmann · Georg Hohl · Peter Renk
Peter A. Scherer · Ute Walker (Hrsg.)

Gemeinsam für das Kind – Erziehungspartnerschaft und Elternbildung im Kindergarten

Erfahrungen aus dem Projekt
»Stärkung der Erziehungskraft der Familie
durch und über den Kindergarten«
durchgeführt von fünf Verbänden der LIGA der freien Wohlfahrtspflege
in Baden-Württemberg e.V. und
gefördert durch die Landesstiftung Baden-Württemberg

verlag das netz
Weimar · Berlin

Bitte richten Sie Ihre Wünsche, Kritiken und Fragen an:
verlag das netz
Redaktion Betrifft KINDER
Kreuzstr. 4
13187 Berlin
Telefon: +49 30.48 09 65 36
Telefax: +49 30.48 15 686
eMail: evagrueber@verlagdasnetz.de

ISBN 978-3-937785-86-8

Redaktion: Dagmar Wolf
Gestaltung: Jens Klennert, Tania Miguez
Fotos: Volker Döring
Druck und Bindung: COLOR-DRUCK ZWICKAU GmbH & Co. KG
Printed in Germany

Weitere Informationen finden Sie unter www.verlagdasnetz.de

Inhalt

Vorwort der Landesstiftung Baden-Württemberg 9

Vorwort der Verbände 10

Wissenswertes:
Elternbildung durch Erziehungspartnerschaft 13

Thomas Seifert:
Was Familien heute brauchen
Zum Projekt und seinen Hintergründen 14

Renate Thiersch:
Elternbildung und Erziehungspartnerschaft 23

Praktisches:
So gelingt Erziehungspartnerschaft zwischen Erzieherinnen und Eltern 43

Martina Wießler:
Vom ersten Eindruck hängt vieles ab
Erziehungspartnerschaft von Anfang an 44

Andrea Gerth, Stefanie Theuer:
Kinder im Blick
Systematisches Beobachten und Dokumentieren der Entwicklung von Kindern 52

Uta Stolz:
Alte Schätze, neu gehoben
Entwicklungsgespräche mit Eltern führen 61

Martina Wießler: 68
Interkulturelle Kompetenz
Eine Schlüsselqualifikation von Erzieherinnen, ein Bildungsziel für Kinder

Martina Wießler: 75
Vielfalt bereichert
Kulturelle Vielfalt in der Kita leben

Thomas Thiel: 84
Austausch multinational
Gesprächskreise für Eltern mit Migrationshintergrund

Thomas Thiel: 91
Ein Ort für alle
Eltern im Kindergarten-Alltag

Burkhard Gauly, Willi Groß: 98
»Wir sind Eltern!«
Stärkung der Elternbeiratsarbeit

Paul Geiger: 107
Erziehungsberatung
Eine neue Aufgabe für Kitas?

Uta Reuter: 114
Mehr als ein Gespräch
Elternberatung im Kindergarten

Uta Stolz: 121
Elternkurse im Kindergarten
Eine Möglichkeit der Elternbildung

Uta Reuter: 127
Alles unter einem Dach
Kindergärten auf dem Weg zu einem Familienzentrum

Uta Reuter:
Papa ante portas?
Zusammenarbeit mit Vätern   135

Abschließendes:
Auf den Punkt gebracht   147

Rainer Strätz:
Was kann der Kindergarten für Familien tun?   148

Autorinnen und Autoren   161

Anmerkung:
Um die Texte besser lesbar zu machen, haben wir uns entschieden, grundsätzlich alle pädagogischen Fachkräfte in der weiblichen Form als »Erzieherinnen« anzusprechen. Das soll männliche Mitarbeiter nicht diskriminieren, aber der Tatsache Rechnung tragen, dass der überwiegende Teil des Personals in Tageseinrichtungen für Kinder Frauen sind.

Vorwort
der Landesstiftung Baden-Württemberg

Der Kindergarten fördert neben dem Elternhaus die Entwicklung von Kindern am nachhaltigsten. Eine partnerschaftliche Zusammenarbeit beider Bereiche ist daher unabdingbar und bietet die Chance, Eltern in ihren Erziehungsaufgaben zu unterstützen. Ein wesentliches Element für eine gelingende Kooperation ist der Aufbau einer tragfähigen Erziehungspartnerschaft. Dies war von Beginn an primäres Ziel der in der LIGA der freien Wohlfahrtsverbände zusammengeschlossenen Verbände, als sie 2003 das Projekt »Stärkung der Erziehungskraft der Familie durch und über den Kindergarten« der Landesstiftung Baden-Württemberg zur Förderung vorstellten. Die oberste Maxime der Landesstiftung ist es, daran mitzuwirken, die Lebens- und Bildungschancen für alle Kinder und Jugendlichen zu optimieren, um somit einen Beitrag zur Zukunftsfähigkeit Baden-Württembergs zu leisten. Mit unseren Projekten geben wir Anstöße für innovative Themen und versuchen Grenzen zu überschreiten und Brücken zu bauen.

Das modellhafte Projekt »Stärkung der Erziehungskraft der Familie durch und über den Kindergarten« wurde mit einem Volumen von 3,99 Millionen Euro gefördert und ist damit das bis dahin umfangreichste Engagement der Landesstiftung im Bereich der Elternbildung. Wesentliches Qualitätsmerkmal von Beginn an war die Kooperation der fünf LIGA-Verbände, die gemeinsam große Anstrengungen unternahmen und das Projekt zum Erfolg werden ließen.

Über 130 Kindergärten im ganzen Land beteiligten sich am Projekt und vereinten durch unterschiedliche Maßnahmen die beiden Lebenswelten »Kindergarten« und »Familie«. Die Familie wurde in der Wahrnehmung ihrer erzieherischen und integrativen Aufgaben unterstützt. Gerade gezielte »niederschwellige« Bildungsangebote verbesserten die Kooperation von Eltern und Kindergärten nachhaltig. Die positive Resonanz bei Erzieherinnen, Erziehern, Eltern, Multiplikatorinnen und Multiplikatoren sowie die Ergebnisse der Evaluation belegen den Erfolg dieses innovativen Projektes, das auch über Baden-Württemberg hinaus auf reges Interesse stößt.

Zum Abschluss des Projektes wollen wir gemeinsam mit unseren Partnern Einblicke in die thematischen Schwerpunkte geben, die Bandbreite verschiedener Handlungsansätze aufzeigen und neue Impulse für ein partnerschaftliches Miteinander von Familie und Kindergarten bieten. Vor allem aber wollen wir mit Ihnen, den Leserinnen und Lesern, neue Wege gehen: Gemeinsam für das Kind.

Die Landesstiftung Baden-Württemberg dankt allen Beteiligten für die gelungene Zusammenarbeit. Wir hoffen, dass wir weiter auf Ihr Engagement zählen dürfen, um gemeinsam mit Ihnen unsere Zukunft zu gestalten.

Herbert Moser
Geschäftsführer
Landesstiftung
Baden-Württemberg

Dr. Andreas Weber
Leiter Bereich Bildung

Vorwort
der Verbände

Selten wohl ist eine familienpolitische Absichtserklärung einer Landesregierung so schnell aufgegriffen und umgesetzt worden. Auf die »Stärkung der Erziehungskraft der Familien« hatten sich die Koalitionspartner der 2001 neu gewählten Landesregierung in Baden-Württemberg in ihrer Koalitionsvereinbarung verständigt. Gemeinsam machten sich Anfang 2002 fünf Verbände der LIGA der freien Wohlfahrtspflege, die Diakonischen Werke und die Diözesancaritasverbände in Baden und Württemberg mit den evangelischen und katholischen Landesverbänden für Kindertagesstätten in Württemberg sowie dem Landesverband des Deutschen Paritätischen Wohlfahrtsverbandes in Baden-Württemberg daran, diese politische Absichtserklärung im Rahmen eines Projektes gemeinsam mit der Landesstiftung Baden-Württemberg zu konkretisieren und zu realisieren.

Als das Projekt an den Start ging, wurde zwar kein Neuland betreten, denn schließlich spielte die Zusammenarbeit mit den Eltern in den Kindertageseinrichtungen der freien Träger schon immer eine bedeutende Rolle. Mit Blick auf die Entwicklungen der familialen Strukturen war jedoch allen Beteiligten klar, dass dieses Thema in den nächsten Jahren einen hohen Stellenwert in der Familien- und Bildungspolitik auf Bundes- und Landesebene einnehmen wird.

Familien in ihrer Erziehungskompetenz zu stärken – das war dementsprechend die zentrale Zielsetzung des Projekts. Kindertageseinrichtungen bieten dafür geradezu ideale Voraussetzungen. Es galt, diese besser als bisher zu nutzen, beispielsweise durch die Weiterentwicklung der Erziehungspartnerschaft zwischen Kindertageseinrichtungen, Müttern und Vätern, die Erprobung neuer Formen der Elternbildung, die Einbeziehung oftmals schwer erreichbarer Eltern und die bessere Vernetzung der Angebote des Kindergartens mit anderen familienbezogenen Einrichtungen und Diensten.

In Zeiten aufgeregter und unübersichtlicher Bildungs- und Wertedebatten sind Eltern und Familien angesichts zunehmender individueller Lebensrisiken und dem Fehlen sozialer Netzwerke in Familie und Nachbarschaft nicht selten überfordert, ihrem Erziehungsauftrag gerecht zu werden. Annähernd alle Familien und Eltern aber finden mit ihren Kindern den Weg in die Kindertageseinrichtung. Mit niederschwelligen Unterstützungs- und Bildungsangeboten, vom Entwicklungsgespräch mit der Erzieherin bis zum Erziehungskurs, vom Themencafé bis zur Familienfreizeit, von Väternachmittagen bis zur Mitwirkung der Eltern im Alltag der Tageseinrichtung, können Kindertageseinrichtungen Eltern nachhaltig stärken und zugleich Formen des bürgerschaftlichen Engagements anregen. Die hier vorliegende Abschlussdokumentation zeigt in eindrucksvoller Weise die Vielfalt der im Projekt erprobten Möglichkeiten auf, Eltern in ihrer Erziehungsaufgabe zu unterstützen.

Das Projekt hat dazu beigetragen, dass Erziehungspartnerschaft und Elternbildung zu einem festen Bestandteil des Orientierungsplans für Bildung und

Erziehung in den baden-württembergischen Kindergärten wurden. Neben dem Ausbau familienfreundlicher Angebotsstrukturen und der Weiterentwicklung der Kindertageseinrichtungen als Bildungseinrichtungen stellen die im Projekt erfolgreich erprobte Familienorientierung und Elternunterstützung die zentrale Herausforderung für die Weiterentwicklung institutioneller Kinderbetreuung dar.

Die Dokumentation wird von den Mitgliedern der Lenkungsgruppe des Projekts, Susanne Hartmann, Freiburg, Georg Hohl, Stuttgart, Peter Renk, Karlsruhe, Peter A. Scherer, Stuttgart, und Ute Walker, Stuttgart, herausgegeben. Mit der Veröffentlichung verbindet sich die Hoffnung, dass die im Projekt aufgezeigten Möglichkeiten und Ergebnisse auch in vielen anderen Orten und Einrichtungen erprobt werden und zu eigenen Entwicklungen anregen.

Die Herausgeber danken den Autorinnen und Autoren der Dokumentation für ihre Beiträge; den Projektbegleiterinnen und Projektbegleitern der Teilprojekte für ihre fachlich hervorragende Arbeit, dem Projektkoordinator Herrn Dr. Thomas Seifert für die mit größter Umsicht und Kompetenz wahrgenommene Leitungsverantwortung, den Mitgliedern des Projektbeirats für ihr wichtiges und weiterführendes Engagement, Frau Dagmar Wolf für ihre Redaktionsarbeit sowie und insbesondere der Landesstiftung Baden-Württemberg für die konstruktive Zusammenarbeit und großzügige Förderung.

Die Herausgeber
Stuttgart,
im Oktober 2007

Wissenswertes:

Elternbildung durch Erziehungspartnerschaft

Thomas Seifert

Was Familien heute brauchen
Zum Projekt und seinen Hintergründen

Sich für ein Kind zu entscheiden, Eltern zu werden und das Kind bis zum Erwachsenwerden zu begleiten – dies alles sind verantwortungsvolle Aufgaben, die Respekt und gesellschaftliche Anerkennung verdienen. Doch von Achtung und gesellschaftlicher Anerkennung für diese Leistung von Eltern war in den letzten Jahren kaum mehr etwas zu spüren. Die öffentliche Bildungs- und Erziehungsdebatte drehte sich fast nur noch um den »Erziehungsnotstand« und die »Erziehungskatastrophe«. Die Rede war gar vom »Ende der Familie«.

Quer durch alle gesellschaftlichen Bereiche und politischen Lager ist die Befürchtung geäußert worden, die Familie als Keimzelle gesellschaftlichen Lebens drohe zu zerfallen – zum einen, weil sich immer weniger Paare für ein Leben mit Kindern entscheiden, zum anderen, weil der Zustand der bereits bestehenden Familienstrukturen tendenziell oft äußerst brüchig erscheint und große Probleme bei der heutigen Generation der Kinder und Jugendlichen beobachtet werden. Zur Verantwortung gezogen wurden und werden dafür in erster Linie die Eltern.

Lange Zeit ist die Familie eine gesellschaftliche und institutionelle Tabuzone gewesen, in die sich die Öffentlichkeit nicht einzumischen hatte. Öffentliche Unterstützung vom Staat konnte die Familie allenfalls in finanzieller Hinsicht erwarten. Im Sog dieser »verordneten Nicht-Einmischung« sind das Aufwachsen und die Entwicklung von Kindern überwiegend als Privatsache von Eltern abgetan worden. Familiäre Probleme waren in erster Linie Angelegenheit der betroffenen Familie oder – wo erforderlich – der staatlichen Fürsorge.

Spätestens jetzt aber, da infolge der demografischen Entwicklung die Bedeutung der Familie für eine zukunftsfähige und dynamische Gesellschaft nicht mehr zu übersehen ist, gelangt das Thema Familie ganz oben auf die gesellschaftspolitische Tagesordnung. Dies hat zur Folge, dass Familie und Familienleistungen heute im Mittelpunkt gesellschaftlicher und pädagogischer Diskussionen stehen.

Und die Erziehung von Kindern? Sie wird zu einer der verantwortungsvollsten Aufgaben überhaupt erklärt. Die Frage nach den Startchancen für Kinder, nach Erziehung und Bildung speziell in den Lebenswelten von Familie, Kindergarten und Schule ist daher neuerdings »in«.

Das gewachsene Interesse für die Belange der Familie hat also damit zu tun, dass die Zukunft unserer Gesellschaft mit der Zukunft der Familie gleichgesetzt wird. Und deren Zukunft ist ungewiss. Dies hat auch sein Gutes, denn jetzt wird offen und intensiv darüber diskutiert, was die Familie leisten kann oder soll. Zudem wird darüber diskutiert, wer Familie unterstützend beizustehen vermag. Im Zuge dieser breit angelegten Diskussion hat gleichermaßen die private und wie die öffentliche Verantwortung von Erziehung, Bildung und Betreuung von Kindern an Bedeutung und Profil gewonnen.

Der Stellenwert der Familie

Nach unserer Verfassung haben Eltern die vorrangige Verantwortung für die Erziehung von Kindern (Art. 6 Abs. 2 Satz 1 Grundgesetz). Die Erziehung ist das Recht, aber auch die Pflicht der Eltern. Somit übernehmen sie die verfassungsrechtlich geschützte, zentrale Rolle für die Entwicklungschancen und -möglichkeiten ihrer Kinder. Dieser Aufgabe kommen Eltern in der Regel mit großem Verantwortungsgefühl und Engagement nach.

Die Familie ist die erste und prägendste Sozialisationsinstanz und Bildungsquelle für ein Kind. In ihr werden entscheidende Grundlagen für ein gelingendes Leben und für spätere Lebenschancen von Kindern gelegt. Hier erfahren Kinder elementare Handlungsmuster, wie sie den Alltags bewältigen können. Hier erlangen sie emotionale Sicherheiten und grundlegende Einsichten über menschliche Beziehungen und den Umgang miteinander sowie über Verantwortung und soziales Lernen. Und schließlich werden Kindern in der Familie grundlegende Normen und Werte vermittelt, die sie im Laufe ihres Lebens beibehalten, weiterentwickeln und gegebenenfalls an ihre eigenen Kinder weitergeben.

Auf diese umfassende und integrierende Funktion von Familie ist unsere Gesellschaft angewiesen. Dementsprechend hoch ist auch die Erwartungshaltung der Gesellschaft an Eltern. Angesicht der zu leistenden Aufgaben in dem breiten Spektrum von Integrationsleistungen werden von Eltern vielfältige Kompetenzen verlangt: Alltagskompetenz, kommunikative Kompetenz, soziale Kompetenz, kognitive und fachliche Kompetenz, Bewältigungskompetenz und Veränderungskompetenz, um nur einige zu nennen. In der Alltagssprache, aber auch in der Literatur verwendet man in der Regel den Begriff »Erziehungskompetenz«, um diese unterschiedlichen, an Eltern gerichteten Anforderungen zusammenzufassen.

Erziehungskompetenz geht einher mit dem Mut, dem Willen und der Fähigkeit der Eltern, die Verantwortung für die Erziehung ihres Kindes zu übernehmen und das Kind mit Hilfe eines autoritativen Erziehungsstils liebevoll und bestmöglich zu einem glücklichen, selbstbewussten und verantwortungsvollen Menschen zu erziehen, der sich couragiert seinen Lebensaufgaben stellt und an die eigenen Fähigkeiten und Fertigkeiten glaubt. Für eine solch liebevoll-konsequente und respektvolle Erziehung braucht es Eltern, die in einem kooperativen Miteinander und in einer stressfreien familiären Atmosphäre

- Kindern ein Zuhause geben und ihnen vermitteln, einen eigenen Platz in einer Gemeinschaft zu haben (Stichwort: Zugehörigkeit);
- auf die Persönlichkeitsentwicklung der Kinder gezielt Einfluss nehmen und dabei deren Individualität achten (Stichwort: Einzigartigkeit);
- Kindern Vertrauen in die eigene Person und die eigenen Begabungen geben und sie bei der Entwicklung ihrer Autonomie ermutigen und liebevoll fördern (Stichwort: Zuwendung und Wertschätzung);
- altersgemäße Regeln aufstellen, klare Grenzen setzen und – getreu der Maxime »Freiheit in Grenzen« – auf deren Einhaltung achten sowie altersspezifische Entwicklungsübergänge positiv mitgestalten (Stichwort: Sicherheit und Orientierung).

Elternbildung als gesamtgesellschaftliche Aufgabe

Eltern haben zwar das grundgesetzlich verbriefte Recht und die Pflicht zur Erziehung ihrer Kinder. Dies heißt aber noch lange nicht, dass sie automatisch über die Fähigkeiten verfügen, Erziehungskompetenz im Sinne der vorherigen Definition zum Wohle des Kindes und gemäß den gesellschaftlichen Erwartungen umzusetzen. Deshalb wird auch die Frage nach der Unterstützung elterlicher Erziehungskompetenz aufgeworfen.

Diese Frage ist an sich nicht neu. Schon immer haben Familien vielfältige Unterstützungssysteme benötigt, um ihren Alltag eigenverantwortlich mit Lebensmut und -freude gestalten zu können und dabei Kindern Orientierung, Handlungsmuster und Handlungswissen zu geben. Heute haben gesamtgesellschaftliche, arbeitsstrukturelle und individuelle Veränderungsprozesse den Druck auf Familien jedoch massiv erhöht. Die gesellschaftlichen Ansprüche und Erwartungen an Familien sind derart gestiegen, dass der zunehmend komplexere Alltag, das Erfüllen der Elternrolle, die Rollenfindung beim Beginn neuer Lebensphasen, die Aufgabenteilung in der Familie und das Zusammenleben als Paar Kompetenzen verlangen, die nicht selbstverständlich vorhanden sind.

Viele Eltern und Verantwortliche aus dem Bereich der Kinder- und Jugendhilfe, der Politik und der Gesellschaft fordern deshalb immer deutlicher, Eltern frühestmöglich dabei zu unterstützen, ihre elterliche Erziehungskompetenz zu erlangen und auszuüben. Mit dieser Forderung finden sie zunehmend Gehör. Zu offensichtlich sind die ungleichen Startchancen von Kindern und Familien, zu groß ist die Fülle an auszuübenden Aufgaben und Leistungen von Eltern. Fragen zu familienbezogenen Kompetenzen sind deshalb ins Zentrum familien- und bildungspolitischer Diskussionen geraten. Vor diesem Hintergrund formiert sich allmählich eine »Lobby für das Kind«, die darauf drängt, dass Familie und Gesellschaft sich ihrer gemeinsamen Verantwortung für die Erziehung und Bildung von Kindern bewusst werden und dass sie alles dafür tun, dieser Verantwortung nachzukommen. Doch damit Erziehungskompetenz in allen Lebens- und Entwicklungsphasen eigentätig erlernt und eingeübt

werden kann, braucht es soziale und institutionelle Unterstützungsangebote, die dem Bedarf von Familien angepasst sind. An derartigen Angeboten der Elternbildung mangelt es derzeit aber noch. Sie aufzubauen und durchzuführen ist eine gesamtgesellschaftliche Aufgabe.

Der Idealfall an Unterstützung sähe so aus: Eltern finden vor Ort vielfältige qualifizierte Bildungsangebote, derer sie sich wahlweise bedienen können. Als Schwerpunkte für diese Bildungsangebote kommen sowohl die theoretische Wissensvermittlung und -aneignung in Betracht wie das gemeinsame Lernen im praktischen Tun. Denn schließlich ist Elternbildung mehr als die bloße Weitergabe von erziehungs- und bildungsbezogenen Informationen, ihr Spektrum geht weit darüber hinaus. Auch Selbstbildungsprozesse von Eltern, die in sehr unterschiedlichen Kontexten, Orten, Begegnungen oder Begebenheiten stattfinden können, gehören dazu.

So gesehen können die unterschiedlichsten sozialen Einrichtungen und Dienste an den Bildungsprozessen von Eltern mitwirken – auch wenn sie nicht dem klassischen Milieu der Elternbildung entstammen, wie dies bei den Familien- und Mütterzentren, Familienbildungsstätten oder Volkshochschulen der Fall ist. Auch der Kindergarten kann einen wichtigen lebensweltbezogenen Beitrag zur Elternbildung leisten.

Der Kindergarten als Ort der Elternbildung

Der Kindergarten ist der früheste institutionelle Partner für junge Eltern. In der Wahrnehmung vieler ist er bislang jedoch kaum als qualifizierter Ort für Elternbildung in Erscheinung getreten, dafür umso mehr als der Ort, der Kindern die erforderliche Lobby einräumt. Und dies zurecht, denn als frühe und wichtige Sozialisationsinstanz von Kindern prägt er, gemeinsam mit dem Elternhaus, die Entwicklung der Kinder in den Anfangsjahren am nachhaltigsten. Was den Kindergarten ganz besonders auszeichnet, ist der Umstand, dass dort die Perspektive des Kindes im Mittelpunkt steht.

Wie der Blick auf die Bildungs- und Orientierungspläne für den Elementarbereich unterstreicht, gehen die Aufgaben des Kindergartens heute weit über ein soziales Betreuungsangebot hinaus. Zu den Aufgaben gehören auch Erziehung und Bildung der Kinder. Infolge dieses breiten Aufgabenspektrums sind Erzieherinnen für viele Eltern wichtige Partner, denen sie ihre Kinder gerne anvertrauen. Eine enge Zusammenarbeit und Abstimmung zwischen Erzieherinnen und Eltern zum Wohle der Kinder liegt daher nahe und wird in der Regel von beiden Partnern angestrebt. Je enger ihre Kooperation, desto positiver wirkt sich das auf die Entwicklung des Kindes aus.

Die weitreichenden Chancen, die von dieser Zusammenarbeit in Richtung qualifizierter Elternbildung ausgehen könnten, wurden im Kindergarten bislang jedoch kaum ausgeschöpft. Eltern wurden im Kindergarten eher am Rande einbezogen, wofür bezeichnenderweise der Begriff »Elternarbeit« verwendet wurde. Einem spezifisch elternbezogenen Angebot hat der Kindergarten bislang kaum einen Stellenwert eingeräumt, was wiederum überrascht. Erzieherinnen sind im Grunde dadurch, dass sie einen erheblichen Teil des Alltags von Kindern miterleben, als deren Lobbyisten bestens dazu geeignet, aus der Perspektive von Kindern deren Interessen und Bedürfnisse zu erkennen, wahrzunehmen und gegenüber Dritten zu vertreten. Sie sind es, die durch ihre Alltagserfahrungen und dem damit verbundenen unmittelbaren Bezug zur Lebenswirklichkeit von Kindern entsprechende Impulse in Richtung Elternbildung im Kindergarten setzen können.

Selbst rechtliche Grundlagen gibt es hierfür. Sie finden sich in § 22 Abs. 2 und 3 SGB VIII:

2. Die Aufgabe [von Tageseinrichtungen für Kinder] umfasst die Betreuung, Bildung und Erziehung des Kindes. Das Leistungsangebot soll sich pädagogisch und organisatorisch an den *Bedürfnissen* der Kinder und ihrer *Familien* orientieren.

3. Bei der Wahrnehmung ihrer Aufgaben sollen die in den Einrichtungen tätigen Fachkräfte und anderen Mitarbeiter mit den Erziehungsberechtigten zum Wohl der Kinder *zusammenarbeiten*. Die Erziehungsberechtigten sind an den Entscheidungen in wesentlichen Angelegenheiten der Tageseinrichtung zu beteiligen. [Hervorhebungen durch den Autor.]

Gemäß § 22 SGB VIII ist es also Aufgabe der Erzieherinnen, auf Eltern zuzugehen, ihren Bedarf zu erfassen und sie zum Austausch und zur Mitwirkung im Kindergarten einzuladen. Erzieherinnen kommt demzufolge die impulssetzende Rolle zu, den Grundstock für Elternbildung im Kindergarten zu legen. Insofern liegt es an ihnen und ihrem zu leistenden Beitrag, ob im Kindergarten der Anspruch an Elternbildung als gesamtgesellschaftliche Aufgabe Gehör findet. Doch um Eltern bei der Wahrnehmung ihrer Aufgaben und deren Erfüllung wirkungsvoll unterstützen zu können, sind im Kindergarten neue Wege zu gehen, damit die Vorzüge des Kindergartens als Ort der Elternbildung bekannt und von den Trägern und Fachkräften auch aufgegriffen werden. Welche Vorzüge dies sind, sei hier kurz skizziert:

• Der Kindergarten wirkt am Aufbau von Strukturen für ein breitenwirksames Elternbildungsangebot mit.
Der Kindergarten kann beim Aufbau von Strukturen zur Entwicklung eines breitenwirksamen Informationsangebots, das Eltern in allen Phasen der Kindererziehung

im Blick hat, einen wesentlichen Beitrag leisten. Schließlich besuchen mehr als 90 Prozent aller Kinder im Alter zwischen drei und sechs Jahren den Kindergarten. Damit verfügt er über eine große soziale Reichweite und kann mit niederschwelligen Angeboten zur Elternbildung auch diejenigen Familien erreichen, die besonders auf Leistungen zur Stärkung der Erziehungskompetenz angewiesen sind.

● Der Kindergarten kooperiert mit anderen Elternbildungsträgern.

Der Kindergarten ist als Bestandteil des Sozialraums für andere familienbildende Einrichtungen ein attraktiver Kooperationspartner. Er ist nahezu flächendeckend vorhanden und wird von der Mehrzahl der Familien über einen längeren Zeitraum benutzt. Diesen Vorteil gilt es zu nutzen, zum Beispiel durch regelmäßige Treffen zwischen Erzieherinnen einerseits und Familienbildungsträgern andererseits. Kooperative Angebote zwischen Kindergarten und anderen Einrichtungen erleichtern Familien den Zugang zu Diensten außerhalb des Kindergartens. Indem sich der Kindergarten öffnet, können sich andere Einrichtungen präsentieren und neue Zielgruppen erschließen. So werden Familien leichter über das Angebot in ihrem sozialen Umfeld informiert.

● Der Kindergarten verhindert den Aufbau eines Stigmas.

Im Kindergarten ist gewährleistet, dass die dort zugänglichen Angebote in einem vertrauten Rahmen und in sehr persönlicher Atmosphäre stattfinden. Eingebettet in die gewachsenen lokalen Strukturen, sind die Angebote unmittelbar präsent und lassen sich direkt an die Lebenswelt der Familien anknüpfen. Dies sind ideale Voraussetzungen, um die Angebote bei allen Familien populär zu machen und möglichst viele Familien zu erreichen. Der lokale Bezug sowie der alltägliche, nicht

diskriminierende und selbstverständliche Zugang, der allein durch den Ort Kindergarten gegeben ist, verhindert eine mögliche Stigmatisierung derjenigen, die die elternbezogenen Angebote in Anspruch nehmen. Der Aspekt des Sichwohlfühlens, der hierbei zum Tragen kommt, ist in seiner Bedeutung für Eltern nicht zu unterschätzen.

● Der Kindergarten hilft mit beim Abbau von Schwellenängsten.

Eltern mit mittlerem und höherem Bildungsniveau finden zu den traditionellen Bildungseinrichtungen tendenziell leichter Zugang als Eltern mit niedrigerem Bildungsniveau, die sich durch die zumeist hohen Schwellen der traditionellen Familienbildung eher abgewiesen fühlen. Im Kindergarten hingegen können auch diese Eltern im Rahmen ihrer täglichen Kontakte gut angesprochen werden. Davon profitieren könnten in besonderer Weise Familien mit Migrationshintergrund, aber auch Eltern mit belasteter Familiensituation (Sucht, Krankheit, psychische oder physische Überlastung), bei denen gerade aus präventiven Gründen eine möglichst frühe Hilfe wichtig wäre. Darüber hinaus könnten auch solche Eltern gewonnen werden, die sich durch die bisherige Angebotsgestaltung ebenfalls nicht genügend angesprochen fühlen oder die solche Angebote aufgrund ihrer zeitlichen Belastung selten in Anspruch nehmen: Alleinerziehende, Väter, Eltern mit vielen Kindern oder Eltern, die beide berufstätig sind.

● Der Kindergarten entwickelt bedarfsgerechte Angebote.

Eltern sind keine homogene Gruppe, weshalb es auch nicht »die« Eltern gibt. Doch durch die Nähe zu »ihren« Eltern und auf Basis einer wechselseitigen Vertrautheit sind Erzieherinnen jederzeit in der Lage, bei der Planung von elternbezogenen Angeboten auf die vielfältigen Bedürfnisse ihrer Eltern einzugehen. Wenn es dann noch gelingt, dass Eltern ihre Vorstellungen und Wünsche selbst einbringen, steigen die Chancen, dass ihr Interesse geweckt wird und sie sich auch auf Dauer einbringen.

- Der Kindergarten berücksichtigt die Individualität des Kindes.

Fragen zu Erziehung und Bildung haben stets etwas mit der einzigartigen Individualität des jeweiligen Kindes zu tun. Jedes Kind braucht daher individuelle Unterstützung, entsprechend seiner Entwicklung und Reife. Im Kindergarten finden Eltern kompetente Ansprechpartnerinnen und Experten, mit denen sie sich über die individuelle Besonderheit und Einzigartigkeit ihres Kindes austauschen können. Konkret vom einzelnen Kind ausgehend und nicht von »den« Kindern, werden Eltern bei der Wahrnehmung, Ausübung und Bewältigung ihrer Erziehungsaufgaben bestärkt, ermutigt und gefördert.

Dieses enorme Potenzial und die guten Voraussetzungen für die Entwicklung von Elternbildungsmaßnahmen im Kindergarten sind bisher jedoch nicht ausreichend gewürdigt und ausgeschöpft worden. Deshalb ist es an der Zeit, dass der Kindergarten als Bildungspartner in der Öffentlichkeit wahrgenommen und anerkannt wird, damit er seine Möglichkeiten ausschöpfen kann. Mit Blick auf die oben aufgeführten Vorzüge liegen seine Stärken zur Förderung der Erziehungskompetenz von Eltern:

- im niederschwelligen und stigmafreien Zugang, wodurch die Inanspruchnahme elternbezogener Angebote für alle Eltern erleichtert wird;
- im lebensweltbezogenen Zugang, wodurch dem Bedarf der Eltern schneller und effektiver entsprochen werden kann;

- in den Austauschmöglichkeiten zwischen Erzieherinnen und Eltern, wodurch die bereits bestehenden Kontakte zur optimalen individuellen Förderung von Kindern ausgebaut werden können;
- in den Begegnungsmöglichkeiten zwischen Eltern untereinander, wodurch Beziehungen zwischen Eltern gestiftet und sich die Selbsthilfekräfte aller mobilisieren lassen;
- in seiner strukturellen Verankerung und seinem Sozialraumbezug, wodurch die Kooperation und Vernetzung mit anderen Diensten und Einrichtungen der Elternbildung möglich und erstrebenswert ist und die sozialräumliche Vernetzung von Familien im Gemeinwesen gefördert wird.

All diese Aspekte zeichnen den Kindergarten aus. Sie lassen ihn für Eltern zu einem grundlegenden Lebens- und Lernort werden und die Erzieherinnen für die Eltern zu wichtigen Partnern.

Erzieherinnen und Eltern als Partner

Die Akzeptanz von Angeboten durch Eltern und der Zuspruch dazu hängen im hohen Maße von der Qualität der Beziehung zwischen Eltern und Erzieherinnen ab. Einer Elternbildung im Kindergarten stehen Eltern offen gegenüber, sofern dort ein Klima besteht, das Eltern hierzu einlädt. Dazu ist eine vertrauensvolle Beziehung zwischen allen Beteiligten unerlässlich.

Durch die Vielzahl kommunikativer, kindbezogener Anlässe ist im Kindergarten bereits eine gute Beziehungsgrundlage für eine gemeinsame Verständigung zwischen Eltern und Erzieherinnen und die Annahme von (Hilfe-)Angeboten gegeben. Mit Blick auf gezielte Angebote zur Elternbildung ist der Beziehungsaspekt beziehungsweise die Zusammenarbeit zwischen Eltern und Erzieherinnen allerdings neu oder noch stärker zu gewichten.

Von Erzieherinnen als Partner von Eltern verlangt dies einen offenen, partnerschaftlichen Dialog mit Eltern, der auf Augenhöhe erfolgt und mehr ist als das, was bisher in den vielen Einrichtungen an Gesprächs- und Beziehungskultur gepflegt wird. Da es um die Erziehung und das Wohl von Kindern geht, wird hierbei von Erziehungspartnerschaft zwischen Erzieherinnen und Eltern gesprochen. Im Zusammen- und Wechselspiel von Erzieherinnen und Eltern sind beide Partner als Experten der jeweiligen Lebenswelt des Kindes aufeinander angewiesen. Beide haben einen Gewinn, wenn sie erkennen, dass es nicht darum geht, dass Erzieherinnen etwas für Eltern, sondern gemeinsam mit Eltern tun.

Für Erzieherinnen bedeutet diese Sicht neue Aufgaben, was einen Paradigmenwechsel voraussetzt: Erzieherinnen erkennen Eltern als Experten hinsichtlich der Entwicklung ihres Kindes im familiären Alltag an und nutzen deren Beobachtungen für die eigene Arbeit. Eltern im Gegenzug wiederum schätzen die Professionalität und das Fachwissen der Erzieherinnen. Auf der Basis dieser wechselseitigen Anerkennung bringen beide gleichrangig ihre Kompetenzen aus ihren unterschiedlichen Lebenswelten ein.

An diese Partnerschaft sind jedoch unterschiedliche Erwartungen geknüpft, weil die Beteiligten aus verschiedenen Lebenswelten zueinander kommen. Eine wichtige Voraussetzung, damit Erziehungspartnerschaft tatsächlich gelingt, ist daher, die Andersheit des Partners, auch die kulturell bedingte, anzuerkennen, sich gegenseitig wertzuschätzen, tolerant und offen miteinander umzugehen und kritik- wie reflexionsfähig zu sein.

Erziehungspartnerschaft im Kindergarten meint demzufolge:

- die persönliche Ansprache von Eltern durch die Erzieherinnen und den persönlichen Kontakt untereinander: Erzieherinnen gehen auf die Eltern zu, orientieren sich an deren Stärken und Interessen und nehmen jede einzelne Familie mit ihren Ressourcen, aber auch Problemen wahr.
- die Durchführung unterschiedlicher Aktionen und Vorgehensweisen: Es entstehen Kontakte und ein Klima des gegenseitigen Vertrauens und respektvollen Umgangs zwischen Eltern und Erzieherinnen, aber auch zwischen Eltern untereinander als wertvolle Basis für ein partnerschaftliches Miteinander.
- eine veränderte Haltung der Erzieherinnen (»innere Öffnung«): Eltern werden als Erziehungspartner mit ihren Kompetenzen gesehen.
- eine Öffnung des Kindergartens: Erzieherinnen aktivieren Eltern auf verschiedene Weise zur Mitarbeit und betrauen sie mit Verantwortung. Die pädagogische Arbeit im Kindergarten wird für Eltern sukzessive transparent und Eltern werden offener.
- ein schrittweiser Aufbau von Vertrauen zwischen Eltern und Erzieherinnen und wachsendes Engagement der Eltern im Kindergarten: Eltern erhalten mehr Einblick in die Abläufe der Einrichtung – eine positive Spirale gegenseitiger Wertschätzung und Unterstützung tritt ein. Die Identifikation mit »ihrer« Einrichtung steigt bei Eltern.
- ein verändertes Selbstverständnis und ein Perspektivenwechsel »vom Kind zur Familie«: Konkurrenzdenken, gegenseitige Berührungsängste oder Defizitorientierung werden ersetzt durch den erweiterten Blick vom einzelnen Kind (Kindzentrierung) zur ganzen Familie (Familienorientierung).
- Kooperation statt Delegation von Aufgaben an Eltern durch Erzieherinnen: Eltern und Erzieherinnen arbeiten intensiv und vertrauensvoll zusammen und füh-

ren als gleichrangige Partner einen Dialog auf Augenhöhe.

Der Aufbau einer Erziehungspartnerschaft zwischen Erzieherinnen und Eltern ist zentrales und handlungsleitendes Prinzip auf dem Weg zur Elternbildung im Kindergarten. Mit anderen Worten: Elternbildung im Kindergarten setzt Erziehungspartnerschaft zwischen Eltern und Erzieherinnen voraus. Aufgabe des Kindergartens ist es demnach, die Wechselbeziehung zwischen Eltern und Erzieherinnen zu inszenieren, zu fördern und zu institutionalisieren. Entscheidend für den partnerschaftlichen Dialog und eine fruchtbare Zusammenarbeit mit Eltern auf Augenhöhe ist jedoch eine positive Haltung der Erzieherinnen. Ist diese gegeben, ist die Wahrscheinlichkeit groß, dass Erzieherinnen für Eltern zu wichtigen Ansprechpartnerinnen in Fragen zur Erziehung und Entwicklung ihres Kindes werden. Dies würde ein enormes Potenzial und eine hervorragende Grundlage für ein partnerschaftliches Miteinander bedeuten. Darauf aufbauend könnten die Vorzüge des Kindergartens als Lebens- und Lernort für Familien tatsächlich zur Entfaltung kommen:

- Durch einen engen Austausch mit den Eltern und indem sie ihr (Fach-)Wissen zur Verfügung stellen, könnten Eltern die Gelegenheit erhalten, ihr eigenes pädagogisches Handeln zu reflektieren, sich Handlungswissen anzueignen und ihre Erziehungskompetenz zu erweitern.
- Infolge einer Erweiterung elternbezogener Angebote und mittels unterschiedlicher Formen der Zusammenarbeit ließe sich die Anzahl der zu erreichenden Eltern erhöhen. Auch neue Elterngruppen könnten gewonnen werden, zu denen bislang der Zugang tendenziell eher fehlte, wie zu Migranten, Vätern oder berufstätigen Eltern.

- Der Erfolg eines Angebotes oder einer Methode dürfte einerseits von der gezielten persönlichen Ansprache der Eltern durch die Erzieherinnen abhängen, anderseits aber auch davon, ob der Bedarf und die Bedürfnisse einer heterogen zusammengesetzten Elternschaft umfassend erfasst werden. Gelingt es, beides ausreichend zu berücksichtigen, ist die Wahrscheinlichkeit hoch, dass die Angebote bei Eltern auf große Resonanz treffen.

Bildungsangebote für Eltern und Erzieherinnen sowie die konzeptionelle Arbeit in den Einrichtungen tragen dazu bei, dass Eltern und Erzieherinnen zu Partnern auf Augenhöhe werden. Und davon profitieren alle: Die Kinder fühlen, dass ihre Eltern im Kindergarten willkommen sind, die Eltern fühlen sich in ihrer Erziehungsverantwortung ernst genommen und unterstützt, und die Erzieherinnen schließlich sehen das Interesse an ihrer Arbeit und erfahren Wertschätzung.

Das Projekt »Stärkung der Erziehungskraft der Familie durch und über den Kindergarten«

Vor dem eben geschilderten Hintergrund ist das Projekt »Stärkung der Erziehungskraft der Familie durch und über den Kindergarten« geplant und durchgeführt worden. Die am Projekt beteiligten Kindergärten sollten befähigt werden, Elternbildung im oben genannten Sinn einen zentralen Stellenwert einzuräumen und auf diese Weise die Erziehungskompetenz der Eltern zu stärken.

Die Implementation der Elternbildung erfolgte über den Ausbau der Erziehungspartnerschaft zwischen Erzieherinnen und Eltern. Zunächst wurde hierfür ausgelotet, welche konzeptionellen Möglichkeiten der Kindergarten zur Förderung der Erziehungskompetenz bietet und inwieweit Eltern sowie pädagogische Fachkräfte sich hierbei einbringen können.

Um eine über die traditionelle Elternarbeit hinausgehende Zusammenarbeit mit Eltern zu erreichen, wurden Erzieherinnen und Erzieher durch spezielle Weiterbildungsangebote für eine intensivierte Zusammenarbeit mit Eltern qualifiziert. Zudem wurden Eltern frühzeitig in die Erarbeitung einrichtungsspezifischer Schwerpunkte einbezogen, damit innovative Ansätze der Elternbildung vor Ort konzipiert und umgesetzt werden konnten.

Dementsprechend wurden im Anschluss an die Weiterbildungsveranstaltungen Angebote und Aktivitäten zur Elternbildung gemeinsam von Erzieherinnen und Eltern in den Kindergärten geplant, entwickelt und angeboten. Fachliche Begründung für diese Vorgehensweise war die zentrale Stellung, die dem Aufbau der Erziehungspartnerschaft zwischen Erzieherinnen als Voraussetzung für die Unterstützung und Bildung von Eltern zugewiesen wird. Durch diesen Zusammenhang ergab sich die Notwendigkeit, bei Erzieherinnen ein neues Verständnis der Zusammenarbeit mit Eltern und eine veränderte Haltung gegenüber Eltern auszulösen. Nachdem die erforderlichen Impulse gesetzt wurden, konnten verschiedene inhaltliche Schwerpunkte gesetzt werden. Die Ausführungen im Praxisteil dieses Buches (ab Seite 43) geben hierüber einen umfassenden Überblick.

Renate Thiersch

Elternbildung und Erziehungspartnerschaft

Das Projekt »Stärkung der Erziehungskraft der Familie durch und über den Kindergarten« greift ein Problem auf, das gegenwärtig in Deutschland immer stärker thematisiert und auch in der Praxis in Entwicklungsprojekten angegangen wird: Die Erziehungsleistungen der Familien werden in ihrer generellen Bedeutung erkannt. Gleichzeitig wird diskutiert, dass diese Leistungsfähigkeit nicht immer dem Wohl des Kindes und den Anforderungen der Gesellschaft gerecht wird.

Nachdem in den Jahren seit 1990 zunächst die Bedeutung der Kindertageseinrichtungen für die Kinder und ihre Familien betont und ihr Ausbau forciert wurde, werden nun, parallel dazu, auch die Erziehungsleistungen der Familien deutlicher wahrgenommen. Zudem wird diskutiert, wie diese nachhaltig gefördert werden können. Eine solche Förderung der familialen Erziehungsleistungen kann sehr unterschiedliche Formen annehmen – von der Möglichkeit zum Austausch über Erziehungsfragen bis hin zu Elternbildungsangeboten. Wie groß die Nachfrage ist, zeigt sich auch in Medienereignissen wie der Fernsehsendung »Super Nanny«.

Was die Ausgestaltung der Unterstützungsangebote für Eltern angeht, vor allem auch vom Kindergarten aus, besteht noch großer Entwicklungsbedarf (vgl. auch Sächsisches Landesamt 2003). In der Projektskizze zum Projekt »Stärkung der Erziehungskraft der Familie durch und über den Kindergarten« wurde programmatisch formuliert: »Eltern, bei denen nach wie vor die vorrangige Verantwortung für die Erziehung der Kinder liegt, sind ... bei der Wahrnehmung ihrer Aufgaben noch besser als bisher zu unterstützen. Ganz besonders über Tageseinrichtungen für Kinder lassen sich neue Wege erproben, um grundsätzlich allen Eltern Informationen zur Erziehung und Hilfen anzubieten, Familien in besonderen Belastungssituationen jedoch speziell zu berücksichtigen.« (Projektskizze 2003, S. 3)

Mit diesem Projekt haben die fünf großen Trägerverbände in Baden-Württemberg gezeigt, dass sie die Herausforderung ernst nehmen, Eltern mit den Angeboten der Kindertagesstätten durch geeignete Formen der Zusammenarbeit in ihrer Erziehungskraft zu stärken. Was für eine Herausforderung dies ist, wird erst deutlich, wenn man die Ausgangssituation für die Projektaufgabe genauer betrachtet: Einerseits lässt sich erkennen, dass das Thema Elternzusammenarbeit in den vergangenen Jahren als eigentlich selbstverständlich etabliert und als schon zum üblichen Bestand von Konzeptionen der Kindergartenarbeit gehörend gilt. Andererseits wurde Elternzusammenarbeit vielfach als nebensächlich angesehen gegenüber den Bildungs- und Betreuungsaufgaben der Kindertageseinrichtungen.

Schließlich aber wird offensichtlich, dass die Erzieherinnen die Zusammenarbeit mit den Eltern sehr unterschiedlich gut bewältigen. Vielfach erscheint sie ihnen als eine besonders schwierige Herausforderung. Viele Erzieherinnen fühlen sich auch heute noch unsicher, unzufrieden oder überfordert. Sie berichten, dass die meisten Eltern hinnähmen, was gemacht wird, und kaum je Feedback gäben auf die Bemühungen der Erzieherinnen, ja, dass sie sich kaum für den

Kindergarten und für die Kinder interessierten. Manche Eltern dagegen stellten hohe Ansprüche, wollten sich einmischen und seien nie zufrieden. Die Elternarbeit erreiche nur die, die sie nicht so dringend brauchten – die anderen kämen erst gar nicht. Und man erführe wenig Anerkennung, fühle sich gering geachtet.

Die Aufgabe des Projekts war also, Erzieherinnen darin zu unterstützen, nach Möglichkeiten und Formen der produktiven Zusammenarbeit und der Stärkung der Erziehungskraft der Familien zu suchen und sie umzusetzen. Dabei ging es darum, die Elternarbeit[1] zu einer produktiven Kooperation aller Beteiligten weiterzuentwickeln – mit Entwicklungsgesprächen, Elterncafés, Spielnachmittagen, mit Elternaktionen für Kinder und für andere Eltern, Elternbildungskursen und Elternmitbestimmung, um nur einiges zu nennen.

Bevor in diesem Buch ab Seite 43 das Projekt mit seinen Praxisteilen dargestellt wird, soll es in diesem Kapitel um die Zusammenarbeit von Kindergarten und Familie allgemein gehen. So lässt sich die Ausgangssituation für die Projektarbeit besser verstehen, und die Arbeitsergebnisse lassen sich besser einordnen.

Zusammenarbeit mit Eltern einst und heute

Die Geschichte der Zusammenarbeit von Kindertagesstätten und Eltern ist in der Geschichte der Kindertagesbetreuung bisher kaum thematisiert worden.[2] Aus dem wenigen, was man weiß, kann man schließen, dass die Zusammenarbeit keine große Rolle spielte, dass sie aber weithin autoritär-hierarchisch gestaltet wurde. Die Kindergärtnerinnen erklärten den Müttern das Wichtigste; wenn etwas vorgefallen war, wurden die Mütter einbestellt.

Die Bildungsreform der 1970er Jahre als Beginn moderner Elternzusammenarbeit

Eine Wende in der Zusammenarbeit von Kindertagesstätten und Eltern lässt sich seit den 1968er Jahren in Westdeutschland konstatieren. Während der damaligen Bildungsreform waren die Eltern ebenso begierig wie die Fachkräfte, von Fachleuten der verschiedensten Richtungen neueste Erkenntnisse zu erfahren, und aus der Sorge, etwas an ihren Kindern zu versäumen, meldeten Eltern Ansprüche zur Gestaltung des Kindergartens an und mischten sich ein. Eltern hospitierten im Kindergarten und diskutierten intensiv untereinander und mit den Erzieherinnen über die richtige Erziehung. So entstanden Elternbildungsprogramme, und Elterninitiativen und Mütterzentren zeigten, dass Eltern durchaus in der Lage waren, bei der Tagesbetreuung mitzuwirken.

In der Folgezeit bewirkte vor allem der Situationsansatz (vgl. Colberg-Schrader/Krug/Pelzer 1981), dass sich Elternarbeit als Teil der Kindergartenarbeit etablierte. Obwohl damals die Zusammenarbeit fast ausschließlich Mütter betraf, wurde der programmatische Begriff »Elternarbeit« eingebürgert.

---

1 Der Begriff »Elternarbeit«, der für unser Thema seit längerem gebräuchlich ist, wird heute hinterfragt. Er bezeichnet eigentlich primär die Arbeit der Erzieherinnen, die auf die Eltern gerichtet ist, und hat eine asymmetrische Konnotation. In der neueren Praxis wird auf eine wechselseitige Interaktion von Erzieherinnen und Eltern bzw. Familien Wert gelegt; deshalb wird heute der Begriff »Zusammenarbeit von Erzieherinnen und Eltern« oder »Erziehungspartnerschaft« bevorzugt. Da aber diese Begriffe recht unhandlich sind, wird der ältere und unkompliziertere Begriff Elternarbeit daneben synonym weiter verwendet.

2 Vgl. dazu die Ausführungen bei R. Thiersch 2006, S. 81-85.

Die große Bedeutung, die gegenwärtig der Zusammenarbeit mit der Familie beigemessen wird, muss im Zusammenhang mit den Diskussionen zur Situation der Familie (vgl. z. B. BMFSFJ 2005) gesehen werden. Die erzieherische Bedeutung der Familie wird – davon bin ich ausgegangen – bei der Aneignung von Bildung entdeckt. Sie wird aber ebenso bei der Balance von Bindung und Autonomie immer klarer erkannt.[3] In unserer Bildungs- und Wissensgesellschaft werden Untersuchungen zur nachhaltigen Wirksamkeit der familialen Erziehung sehr ernst genommen und die Defizite als Problem wahrgenommen. Gleichzeitig wird die Familie vor allem aufgrund der demografischen Situation gesellschaftlich bedeutsam; die geringe Geburtenrate lässt nach Maßnahmen suchen, wie Familien unterstützt werden können, um den Kinderwunsch zu fördern.

Die Einschätzung der Wirksamkeit der Familie steht im Kontrast zur Erkenntnis, dass Familie heute in besonderem Maße gefährdet ist: Rollenprobleme erhöhen das innerfamiliäre Konfliktpotenzial; der unsichere Arbeitsmarkt verlangt hohen Einsatz und Flexibilität, ohne sichere Zukunftsperspektiven zu bieten; schließlich wirken die neuen Medien intensiv in den Binnenraum der Familie hinein. Die Familie ist bei hohem Anspruch stark verunsichert. Ihre Situation lässt sich mit dem Stichwort Entgrenzung kennzeichnen.

Deshalb wird nach Möglichkeiten gesucht, Familien zu unterstützen und zu fördern. Den Kindertageseinrichtungen wird in dieser Funktion – zusätzlich zur Förderung der Kinder – neuerdings besondere Bedeutung zugesprochen. Familien sehen ihren Erziehungsauftrag nicht mehr, wie noch vor 30 Jahren, im Gegensatz zur Erziehung in Kindertagesstätten, sondern in Kooperation mit ihnen; die außerhäusliche Betreuung von Kleinkindern ist selbst in Westdeutschland weitgehend akzeptiert. Kindertagesbetreuung und Elternförderung sind gegenwärtig Themen von hoher politischer Brisanz.

Die Verbindung der beiden Themen in der Zusammenarbeit von Erzieherinnen und Eltern wird nun in der gegenwärtigen pädagogischen Diskussion sowohl aus der Perspektive der Einrichtung als auch aus der Perspektive der Kinder und der Eltern begründet. Die Argumente möchte ich nun genauer darstellen.

Lebenssituation und geteiltes Sozialisationsfeld

Schon seit den 1970er Jahren und bis heute weiterwirkend lautete die Begründung für eine intensivere Zusammenarbeit, dass die Erzieherinnen für ihre pädagogische Arbeit möglichst viel von der Lebenssituation der Familie wissen müssten. Die Praxis sah so aus, dass die Eltern Erzieherinnen möglichst viele Informationen liefern sollten. Über die Fortschritte der Kinder teilten sie ihnen bei Gelegenheit dann das Wichtigste mit. Die Kommunikation zwischen Erzieherinnen und Eltern war nicht mehr so autoritär, aber immer noch asymmetrisch angelegt.

Ein neuerer Argumentationszusammenhang bezieht sich nun auf die Erfahrungen der Kinder selbst, also darauf, dass Kindergartenkinder in zwei Lebensfeldern leben, in der Familie und im Kindergarten, und dass sie täglich den Übergang von einem Lebensfeld in das andere und wieder zurück vollziehen. Von Kindern, zumindest wenn sie drei Jahre alt geworden sind, erwarten wir, dass sie diesen Wechsel der Bezugssysteme – also den Wechsel der Bezugspersonen und der Lebensräume – jeden Tag bewältigen. Bronfenbrenner (1981) hat in seiner sozialökologischen Theorie für den Zusammen-

---

3   Vgl. dazu z.B. Wissenschaftlicher Beirat 2002, aktuell auch Tietze 2005.

hang unterschiedlicher Lebensfelder (Mikrosysteme) den Begriff Mesosystem geprägt. Die Existenz eines Mesosystems bedeutet für Kinder, dass sie diskrepante Erfahrungen in diesen Lebensfeldern bewältigen müssen und können. Bronfenbrenners sozialökologische Theorie weist auf die Notwendigkeit einer Zusammenarbeit der Institutionen hin und mündet in einen intensiven Aufruf zur gemeinsamen Gestaltung der Umwelt und der bewussten Abstimmung der Übergänge und der Zusammenarbeit im Interesse der Kinder. Dieses Argument gilt umso stärker, je jünger die Kinder sind. Die Gestaltung einer Eingewöhnungsphase in enger Zusammenarbeit mit den Eltern ist inzwischen als Prinzip allgemein anerkannt und wird vor allem bei Kleinkindern in der Regel umsichtig praktiziert.

Gemeinsames Projekt der Kindererziehung und Erziehungspartnerschaft

Diese Perspektive vertieft sich, wenn man berücksichtigt, dass beide, die Eltern und die Kindertageseinrichtungen, für sich in Anspruch nehmen, das Beste für das Kind zu leisten. Vielfach übersehen beide dabei, dass sie gemeinsam auf das Kind einwirken und dass Erziehung sich nur als Summe der Einwirkung beider Personengruppen und beider Institutionen realisiert. Deshalb ist es wichtig sich zu vergegenwärtigen, dass Familien und Kindergarten an einem »Gemeinsamen Projekt der Kindererziehung« arbeiten (Thiersch/ Thiersch 2005). Familie und Kindertageseinrichtungen sind sehr unterschiedliche Systeme, die nebeneinander bestehen: hier der private Bereich der modernen Kleinfamilie mit sehr persönlichen Beziehungen, mit Zuwendung und Versorgung, dort die öffentliche Institution mit Vertrag und Konzeption, mit professionellen

Erwachsenen und Betreuung in größeren Gruppen. Jedes System erzieht die Kinder in unterschiedlicher Weise, die Familie erweist sich dabei als die pädagogisch nachhaltig wirksamere Institution. Aber erst ein Verständnis der Gemeinsamkeit, ein Bewusstsein, dass Eltern und Erzieherinnen »Co-Konstrukteure« kindlicher Entwicklung sind (Textor 2005), kann helfen, Erziehung und Bildung zu optimieren. Nicht zuletzt aus der Bindungsforschung lässt sich ableiten, dass das Kind für sein Wohlbefinden und seine gute Entwicklung darauf angewiesen ist, dass die beiden verschiedenen Lebensfelder sich mit gegenseitiger Anerkennung begegnen. Sowohl Eltern wie Erzieherinnen müssen sich dessen bewusst sein, dass sie bei ihrem »gemeinsamen Projekt« zusammenwirken.

Für diesen Tatbestand hat sich gegenwärtig der Begriff Erziehungspartnerschaft durchgesetzt, der die Gleichberechtigung beider Partner ausdrückt (vgl. Textor 2000). In anderen Zusammenhängen wird vom »Dialog auf Augenhöhe« gesprochen. Eine solche Zusammenarbeit der beiden Partner müsste im Übrigen nicht besonders schwierig sein, weil die Erziehungsziele von Eltern und Erzieherinnen, wie empirische Untersuchungen zeigen, in hohem Maße übereinstimmen (vgl. Dippelhofer-Stiem 2003; Reichert-Garschhammer/Textor 2003). Praktisch ergeben sich aber eine Reihe von Problemen, die mit gegenseitigen Erwartungen und Haltungen zu tun haben.

Ich werde hier nun zwei Aspekte der Beziehungen zwischen Eltern und Erzieherinnen darstellen, nämlich den Aspekt des gegenseitigen Vertrauens und die Frage nach den Kompetenzen der Eltern, während ich die Haltungen und Einstellungen beider Gruppen in einem eigenen Abschnitt genauer reflektieren werde.

Vertrauen in der Zusammenarbeit

Das Vertrauen, das die Eltern in der Regel dem Kindergarten entgegenbringen, wurde bisher in der pädagogischen Diskussion kaum thematisiert. Dabei ist Vertrauen in der neueren sozialwissenschaftlichen Diskussion eine wichtige Kategorie zum Verständnis moderner Gesellschaften und der darin realisierten Beziehungen und Prozesse (vgl. Wagenblass 2001, S. 1934).

Ich gehe davon aus, dass Eltern sehr viel Vertrauen und eine positive Grundhaltung gegenüber dem Kindergarten und seinen Erzieherinnen brauchen, um ihr Kind jeden Morgen guten Gewissens in den Kindergarten schicken zu können. Sie delegieren Betreuung, Bildung und Erziehung ihrer Kinder an die Erzieherinnen, die ja eigentlich »wildfremde Leute« sind. Eltern vertrauen ihnen ihr »kostbares Gut« an, nur weil sie eine (den Eltern meist unbekannte) Ausbildung absolviert haben und ein Träger die Organisation übernommen hat. Eltern – gerade auch jene Migranteneltern, die vom deutschen Kindergarten wenig wissen und die Sprache nicht verstehen – geben ihre Kinder dort mit viel Selbstverständlichkeit und Vertrauen in obrigkeitliche Regelungen ab. Eine solche Haltung zeigen Eltern etwa auch gegenüber dem Kinderarzt und anderen Dienstleistungen des persönlichen Vertrauens. Sie zeigen damit ein »generalisiertes Vertrauen in abstrakte Systeme« (Wagenblass 2001, S. 1936) gerade in einem Bereich, in dem es um sehr persönliche Beziehungen geht.

Eltern sind im Prinzip darauf angewiesen, ihren Kindergarten gut zu finden. Sie wollen ihre Erzieherinnen positiv sehen. Daraus erklärt sich, dass Eltern dem Kindergarten auch dann noch gute Noten geben, wenn inzwischen allgemein akzeptierte Qualitätsmerkmale nicht erfüllt sind, wenn sie also nicht genau wissen, was im Kindergarten mit ihrem Kind passiert (fehlende Konzeption), wenn sie über ihr Kind öfter unklare Auskünfte erhalten, wenn keine regelmäßigen Entwicklungsgespräche stattfinden und Elternveranstaltungen nur schwach besucht sind. Die meisten Eltern, so folgt aus diesen Überlegungen, sind mit wenig Zusammenarbeit zufrieden. Sie bescheiden sich – als Laien und als Betroffene – mit dem Vertrauen zur Erzieherin und einer diffusen Vorstellung von deren Professionalität. Aus dieser Haltung wird auch nachvollziehbar, dass Eltern in der Regel den Erzieherinnen kaum Rückmeldungen geben.

Allerdings gilt: Wenn die Eltern das Vertrauen in die pädagogische Kompetenz und die positive Haltung der Erzieherinnen verloren haben, dann erscheint ihnen alles in negativem Licht, dann gerät jede Handlung und Äußerung der Erzieherin unter Verdacht – und dann ist Zusammenarbeit aufs Äußerste erschwert. Eltern kritisieren dann häufig und fordern extrem viel, ohne Rücksicht darauf, ob die Erzieherinnen das überhaupt bewerkstelligen können.

Kompetenzen

Zusammenarbeit braucht, außer Vertrauen, auch eine Einschätzung der Kompetenzen der jeweils anderen. Wie wir gesehen haben, sprechen Eltern den Erzieherinnen überwiegend generalisiert Kompetenzen für ihre Arbeit zu. Erzieherinnen ihrerseits schöpften lange Zeit ihr professionelles Bewusstsein daraus, dass sie die fachliche Kompetenz für sich reklamierten und sie den Eltern absprachen. Die Abwertung der Eltern als in Erziehungsfragen inkompetente Laien untermauerte das oben angesprochene asymmetrische Verhältnis. Durch die Diskussionen um Lebensweltorientierung, Dienstleistungsdebatte und Kundenorientierung wurden die pädagogischen Fachkräfte verunsichert und zum Umdenken bewogen.

In den letzten Jahren wurde die Kompetenzverteilung neu durchdacht. In der neueren Diskussion innerhalb der Kindertagesbetreuung wird den Eltern Kompetenz in Bezug auf den Alltag zu Hause zugesprochen. Sie werden als Experten für die Erziehung und den Umgang mit dem Kind in der Familie angesehen. Diese Sicht erlaubt den im Prinzip gleichberechtigten Dialog, in dem es nicht um Belehrung geht, sondern um Austausch und Aushandeln bei gegenseitiger Anerkennung.

Der Begriff der kompetenten Eltern wirkt allerdings besonders provozierend, weil er in den Early Excellence Centres in England auch und gerade für Eltern mit Problemen und Schwierigkeiten zu gelten beansprucht (vgl. Hebenstreit-Müller/Kühnel 2004). Sind wirklich alle Eltern kompetent? Auch die, die ihren Kindern keine Grenzen setzen können, sie abends lange fernsehen lassen, die ihren ungebremsten Video- oder Computerspielen keinen Einhalt gebieten, die ihre Kinder nicht vernünftig ernähren, sondern viel Süßigkeiten und Fast Food zulassen, die nicht mit ihnen nach draußen zum Spielen gehen, wo sie sich angemessen bewegen könnten, wo sie mit anderen Kindern spielen und soziale Erfahrungen machen könnten? Sind auch die Eltern kompetent, die ihren Kindern gegenüber ganz gleichgültig sind oder die sie schlagen? Was bedeutet es, wenn Eltern Kompetenz zugesprochen wird, die vielleicht bisher ihre Kinder überhaupt nicht als Personen wahrnehmen konnten? Ist eine solche Verwendung des Begriffs nicht eher der Political Correctness geschuldet als eine Beschreibung eines Tatbestandes?

Ich möchte vorschlagen, den Kompetenzbegriff differenziert zu verwenden und von einer intuitiven sowie einer reflexiven Kompetenz zu sprechen. Ich beziehe mich dabei auf die Annahme von Hanu und Mechthild

Papousek, dass eigentlich alle Eltern intuitive Kompetenzen besitzen. Die beiden zeigen das zum Beispiel an der Fähigkeit der Eltern, in der sprachlichen und nicht-sprachlichen Interaktion angemessen auf ein Kleinkind zu reagieren, sich etwa auf die Sprachebene und die Bedürfnisse der Kinder einzustellen (vgl. Papousek/Papousek 1981).

Diese intuitive pädagogische Kompetenz gehört zur Ausstattung eines Menschen und ist im Prinzip bei allen Eltern vorhanden. Sie kann mehr oder weniger ausgeprägt sein, sie kann durch Umstände und schwierige Erfahrungen verschüttet sein und darauf angewiesen, freigesetzt, gestützt und gestärkt zu werden. Aber im Prinzip ist es notwendig, zunächst die generelle Kompetenz von Eltern in Hinblick auf Erziehung anzuerkennen. Das ermöglicht Zusammenarbeit im prinzipiellen Respekt, und zwar in Formen des pädagogischen Austauschs, der Mitgestaltung und der Mitbestimmung in der Einrichtung. Eine solche prinzipielle Anerkennung lässt Raum dafür zu erkennen, dass nicht alle Eltern die Kompetenzen, das Wissen und die Handlungsfähigkeit haben, die für eine gute Kindererziehung heute als notwendig angesehen werden.

Der Wissenschaftliche Beirat für Familienfragen (2005) beschreibt eindrücklich das autoritative Erziehungsverhalten (»Freiheit in Grenzen«), durch das Eltern nach dem gegenwärtigen Wissen die Entwicklung ihrer Kinder am besten fördern können. Er stellt die Kompetenzen detailliert dar, die Eltern für diese Erziehung brauchen, und er legt dar, dass es möglich ist, diese Kompetenzen durch spezifische Maßnahmen zu fördern, sowohl als präventive wie auch als therapeutische Interventionen. Als Stichworte für seine Empfehlungen wählt der Beirat die Begriffe »Elternbildung«, »Erziehungspartnerschaft« und »Partizipation«.

Prävention

Noch eine weitere Begründung gibt es, warum die Zusammenarbeit von Eltern und Erzieherinnen wichtig ist, nämlich die präventive Funktion der Kindertagesbetreuung. Auf die allgemeine, notwendig kritische Diskussion von Prävention kann ich hier nicht eingehen. Ich beziehe mich hier auf das eindeutig pädagogische Konzept von Prävention (2. Landesjugendbericht Baden-Württemberg).

Die Möglichkeiten der Kindertageseinrichtungen zur Zusammenarbeit mit den Eltern sind von anderer Intensität und Vertrautheit geprägt als die Arbeit mit Eltern in Veranstaltungen für Eltern, etwa Elternkursen anderer Institutionen. Die Kindertagesstätte ist in der Regel die erste Institution, in die das Kind eintritt. Da das Kind noch klein ist, können schwierige Entwicklungsverläufe oder Erziehungskonstellationen schon früh erkannt werden; so können nötigenfalls geeignete pädagogische Maßnahmen und Unterstützungen für die Familien initiiert werden. Die Kindertageseinrichtungen erreichen über 95 Prozent aller Kinder aus allen sozialen Gruppierungen. Mit einer quasi unausgelesenen Population haben sie einen entscheidenden Vorteil gegenüber allen anderen Einrichtungen der Jugendhilfe. Der Zugang ist niedrigschwellig und nicht selektiv, damit ist die Kindertagesbetreuung in ihrem Charakter quasi die Präventions-Institution per se (vergleiche R. Thiersch 2005b).

Diese präventive Funktion haben die Einrichtungen oft nicht ernsthaft wahrgenommen, wie Erfahrungen mit Migrantenkindern, aber auch aus der Sonderpädagogik und bei den Erziehungshilfen belegen. Gerhard Klein (2002) konnte zeigen, dass viele der Kinder in Schulen für Lernbehinderte und Verhaltensgestörte in ihrer Kindergartenzeit keine spezifische Unterstützung erfahren

haben. Allerdings hat die präventive Wirkungsmöglichkeit ihre Grenzen darin, dass die Schwierigkeiten der Entwicklung häufig nicht einfach zu erkennen sind, dass sich vieles erst ansatzweise darstellt und ebenso vieles sich auch wieder auswächst ohne gravierende Maßnahmen, die die Eltern nur verunsichern würden. Die Entwicklung der Kinder und die Leistung der Familien dürfen nicht generell unter dem Risikoaspekt betrachtet werden.

Als Formen der Intervention sind unter diesen Bedingungen zunächst vor allem Unterstützung bei der Betreuung, Austausch über Probleme, Information und Beratung durch Erzieherinnen oder in Kooperation mit Jugendhilfe, Frühförder- und Erziehungsberatungsstellen angemessen. Alle diese Formen können sich aber nur entfalten, wenn eine enge, vertrauensvolle Zusammenarbeit zwischen Erzieherinnen und Eltern etabliert ist.

So klappt die Zusammenarbeit

Die Zusammenarbeit von Familien und Kindertageseinrichtungen realisiert sich gegenwärtig in sehr unterschiedlichen Formen. Die folgende Zusammenstellung soll einen Eindruck von der lebendigen Vielfalt der Formen vermitteln, sie kann aber keinen Anspruch auf Vollständigkeit erheben. Die angeführten Formen sind grob nach Zielgruppen geordnet, es lassen sich aber natürlich auch andere Ordnungsprinzipien denken. Eine genauere Darstellung findet sich in neueren Praxisbüchern (etwa Textor 2000). Allerdings darf eine solche Zusammenstellung nicht den Eindruck erwecken, dass alle diese Formen überall vorkommen müssen, damit die Zusammenarbeit gelingt. Wichtiger als die Formen der Zusammenarbeit sind die Funktionen, die sie erfüllen, und die Einstellungen und Haltungen, die die Formen mit Leben erfüllen. Ich werde im Folgenden

nach den Funktionen der Zusammenarbeit zwischen Eltern und Erzieherinnen fragen und dabei im Prinzip vier Funktionen unterscheiden, die insgesamt die Erziehungskraft der Familien steigern können:
- die Förderung des einzelnen Kindes
- die Stärkung von Elternkompetenz
- Mitgestaltung
- Mitbestimmung

Vorausschicken möchte ich aber, dass als Voraussetzung für eine intensive Zusammenarbeit zunächst einmal wichtig ist, dass der Kindergartenalltag transparent gemacht wird, sodass alle Beteiligten sich klar orientieren können. Eine gute Möglichkeit dazu ist zum Beispiel ein sorgsam gestaltetes Eltern-Informationsheft, das quasi die Konzeption der Einrichtung in Informationen und Handlungsanleitungen für die Eltern übersetzt, ebenso sind dies aber auch übersichtlich gestaltete Anschlagtafeln in der Einrichtung.

Die Förderung des einzelnen Kindes

Die erste Funktion, die Entwicklungsförderung des Kindes im Kindergarten, wurde früher primär als Aufgabe der Erzieherinnen angesehen. In den letzten Jahren werden Eltern immer stärker einbezogen; es werden neue Formen entwickelt, beginnend mit dem Aufnahmegespräch, an das sich eine intensive Eingewöhnungsphase anschließt (vgl. Laewen/Andres/Hedervari 2005). In dieser Zeit sollte sich das allgemeine Vertrauen der Eltern, von dem oben die Rede war, zu einem persönlichen, vor allem aber auch zu einem fachlichen Vertrauen entwickeln, indem gegenseitige Erwartungen und Arbeitsansätze vermittelt werden und eine persönliche Beziehung etabliert wird.

Formen der Zusammenarbeit von Kindertagesstätten und Familien

Zusammenarbeit mit einzelnen Eltern:
- Aufnahmegespräche, Hausbesuche
- Tür- und Angelgespräche, Entwicklungsgespräche
- Hospitationen, Gespräche über pädagogische Arbeit
- Arbeit an der Bildungsdokumentation des Kindes

Zusammenarbeit mit Eltern in Gruppen:
- Einführungsabende, Elternversammlungen
- Themenspezifische oder nationale Elternabende
- Elterncafés, Gesprächskreise, Elternseminare
- Väterangebote, Renovierungen
- Bastelnachmittage/-abende für Eltern

Elternbeirat

Eltern unter sich
- Elternaktionen für Eltern (Tanz-, Nähkurs, Deutschkurs)
- Elternstammtische

Eltern und Kinder
- Schnuppertage, Eingewöhnungsphase
- Mitarbeit der Eltern im Kindergarten (Vorlesen, Backen)
- Spielnachmittage, Feste und Feiern
- Ausflüge, Familienfreizeiten

Sonstiges
- Eltern-Informationsheft
- schriftliche Infos, Kindergartenzeitung
- Infotafeln für aktuelle Informationen und Hintergrundwissen
- Dienste von außen im Kindergarten vermitteln
- Muttersprachliche Sprechstunden
- Kita-Räume als Treffpunkt für Eltern
- Cafeteria für Eltern und Kinder

Kristallisationspunkt der weiteren Zusammenarbeit in Bezug auf die Förderung des Kindes sind dann die regelmäßigen Entwicklungsgespräche. Standard ist hier, solche Gespräche zweimal im Jahr durchzuführen, bei Bedarf natürlich auch öfter. Es ist wichtig, dass Erzieherinnen solche Gespräche tatsächlich mit allen Eltern führen. Keine Familie soll sich aus dieser Form der Zusammenarbeit ausklinken können. Eine intensive Form der gemeinsamen Entwicklungsförderung ist die gemeinsame Arbeit von Eltern und Erzieherinnen an der Bildungsdokumentation (Portfolio) des Kindes. Das heißt, die Erzieherinnen besprechen mit den Eltern und den Kindern die Bilder, Fotos und Protokolle – kurz die dokumentierten Lebensäußerungen des Kindes – und tragen auch selbst zu dieser Dokumentation bei. Diese Arbeitsform geht auf Anregungen aus den Early Excellence Centres zurück und wird in verschiedenen Projekten in Deutschland verwirklicht (»Pen Green in Berlin« (Laewen 2002; Hebenstreit-Müller/Kühnel 2004); »Einstein in der Kita« (Jugendamt Stuttgart 2005)).

Die Stärkung von Elternkompetenz

Bei einer solchen intensiven Kooperation zur Förderung der einzelnen Kinder wird quasi nebenbei, aber nicht unbeabsichtigt, auch die Erziehungskompetenz der Eltern gestärkt. Die Eltern gewinnen durch den intensiven Austausch mit den Erzieherinnen genauere Vorstellungen von der Entwicklung ihres Kindes, sie werden zum Beobachten angeleitet und erhalten Einblicke in die pädagogische Arbeit der Erzieherinnen. Dadurch werden sie angeregt, auch ihr eigenes Erziehungsverhalten zu überdenken. Die erzieherische Kompetenz der Eltern wird auf andere Art auch durch thematische Elternabende, Elterncafés oder Gesprächskreise gefördert.

Hier findet pädagogischer Austausch der Eltern untereinander statt, und es entstehen Netzwerke. Darüber hinaus kann der Kindergarten Elternkurse anerkannter Träger in seinen Räumen anbieten oder die Eltern dorthin vermitteln. Der Kindergarten hat bei intensiver Zusammenarbeit Möglichkeiten, auch jene Eltern zu erreichen, die Kurse in Volkshochschulen oder Familienbildungsstätten aus verschiedenen Gründen nicht besuchen.

Mitgestaltung und Mitbestimmung

Die Entwicklungsförderung der Kinder und die Stärkung der elterlichen Erziehungskraft können als Erziehungspartnerschaft im engeren Sinne verstanden werden. Die beiden anderen Funktionen – Mitgestaltung und Mitbestimmung – realisieren Partizipation im Kindergarten. Sie helfen, die institutionellen Grenzen für die Eltern durchlässig zu machen und den Kindergarten zu einem Lebensraum für Kinder, Erzieherinnen und Familien werden zu lassen. Zwar wirken Eltern schon lange bei Festen und Ausflügen wie auch bei Renovierungen mit, die gegenwärtig praktizierte Mitgestaltung zielt jedoch darauf ab, durch spezifische Fähigkeiten der Eltern das Kindergartenleben zu bereichern. Allerdings ist hier wichtig, die Möglichkeiten nicht nur der engagierten und pädagogisch vorgebildeten Eltern zu nutzen, sondern auch andere Eltern mit ihren Fähigkeiten zu einzubeziehen.

Entscheidender für die Partizipation allerdings sind die Mitbestimmungsmöglichkeiten der Eltern. Die Elternvertretungen (Elternbeiräte) sind zwar seit langem etabliert, haben aber häufig eine eher begleitende Rolle gespielt und etwa Feste mitgestaltet. Inzwischen wird die Aussage des Kinder- und Jugendhilfegesetzes (KJHG) ernst genommen, dass nämlich »die Erziehungsberechtigten [...] an den Entscheidungen in wesentlichen Angelegenheiten der Tageseinrichtungen zu beteiligen [sind].« (§ 22 Abs. 3 SGB VIII). Elternvertreter wirken zum Beispiel in Bayern im Ausschuss der Tageseinrichtung mit, der zweimal im Jahr tagt, und dem paritätisch Fachkräfte, Träger und Eltern angehören. Die Eltern haben das Recht, über die Angebote zur »Information, Beratung, Bildung und Beteiligung der Eltern in der Tageseinrichtung« und über die Konzeption mitzuentscheiden. In vielen anderen Bereichen müssen die Elternvertreter gehört werden (Reichert-Garschhammer/Textor 2003, S. 176). Ähnliche Mitbestimmungsmodelle haben in anderen europäischen Ländern Tradition. In Deutschland stellen sie vielerorts eine Herausforderung zum Umdenken dar.

Erziehungspartnerschaft, das heißt gemeinsame Förderung der einzelnen Kinder und Stärkung der Elternkompetenz sowie Partizipation als Mitgestaltung und Mitbestimmung. Dies sind Leitlinien einer neuen Zusammenarbeit von Kindertagesstätte und Familie.

Eine Sache der Haltung

Eine solche Zusammenarbeit können Erzieherinnen und Eltern nur umsetzen, wenn sie eine positive Haltung dazu haben. Diese Aussage wird auch durch die Projektevaluation unterstrichen (Fröhlich-Gildhoff u.a. 2005, S. 4 ff). Um die Haltung verändern zu können, ist es wichtig, zunächst zu erkennen, welche Einstellungen überhaupt vorhanden sind. Dabei stellt man fest, dass auch innerhalb der Gruppe der Eltern und innerhalb der

Gruppe der Erzieherinnen unterschiedliche Einstellungen in Bezug auf Zusammenarbeit vorhanden sind. Ich möchte hier unterschiedliche Arten und Einstellungen (Modi) der Zusammenarbeit von Eltern und von Erzieherinnen betrachten, die ich in der Interpretation von Gesprächen mit Eltern aus verschiedenen Projektzusammenhängen entwickelt habe.[4]

Die Einstellungen der Eltern

Ich habe oben dargestellt, dass Eltern ein grundsätzliches Vertrauen zum Kindergarten haben. Dieses bedeutet für viele Eltern, dass sie die Erziehung pauschal an den Kindergarten zu delegieren scheinen. Sie übergeben den Erzieherinnen die Zuständigkeit für das Wohlergehen des Kindes und für seine Förderung. Überwältigend ist, dass auch viele Migranten, deren Kinder kaum ein Wort Deutsch können, die Erziehung so umfassend an die Einrichtung delegieren. Für die Haltung der Delegation gibt es sehr verschiedene Motive: Die Vorstellung vom Kindergarten als einer schulähnlichen Institution, in der alles »von oben« geregelt wird, oder der Wunsch nach Entlastung, zum Beispiel bei anstrengender Berufstätigkeit beider Eltern, bei mehreren Kindern in der Familie oder beim Hausbau. Schließlich gibt es auch Familien, die ihr Privatleben abschotten, die unsicher oder schüchtern sind und Angst vor den professionellen Erzieherinnen haben oder die vielleicht sogar desinteressiert sind an den Belangen ihrer Kinder. Auch diese Familien sind nicht an einer Kooperation mit dem Kindergarten interessiert.

---

4   Solche Überlegungen ergaben sich insbesondere im Projekt Leoni (R. Thiersch/B. Karner: Lebensfeldorientierte Arbeit im Kinderhaus St. Nikolaus: Abschlussbericht. Göppingen 2005) und im Projekt »Interkultureller Kindergarten Eugenstraße« (www.tuebingen.de/ratsdokumente/2006_79.pdf). Zu teilweise ähnlichen Einteilungen kommt Rabe-Kleberg (2005) in Analysen von Befragungen von Erzieherinnen.

Eltern, die die Zusammenarbeit mit dem Kindergarten in Form von Delegation praktizieren, sind oft erstaunt, wenn Erzieherinnen intensive Elternarbeit verwirklichen wollen. Sie erwarten am ehesten knappe Informationen über wichtige Dinge, schätzen eine effektive Art der Zusammenarbeit und möglichst wenig Anforderungen.

Andere Eltern (Mütter) können sich kaum von ihrem Kind lösen, sie möchten alles genau wissen und erwecken den Eindruck, als lebten sie mit dem Kind im Kindergarten mit. Oft wirkt es, als wollten sie die Erzieherinnen kontrollieren, sie fragen kritisch nach. Diese Art der Zusammenarbeit möchte ich als Modus der Identifikation mit dem Kind bezeichnen, die oft begleitet ist von Konkurrenzgefühlen gegenüber den Erzieherinnen. Motive für eine solche Form der Zusammenarbeit sehe ich in einem großen Engagement für das Kind und in der Annahme, der Kindergarten sei eine Einrichtung mit geringem Institutionalisierungsgrad.

Während delegierende Eltern in der Erzieherin eine professionelle Pädagogin sehen und mit ihr eher geschäftlich umgehen, sehen identifizierte Eltern die Erzieherin primär als Vertraute ihres Kindes und suchen eine persönliche Beziehung zu ihr zu entwickeln.

Schließlich gibt es Eltern, die den Erzieherinnen gegenüber vor allem im Modus der Beratungsbedürftigkeit auftreten, die ihnen also ihre Erziehungsschwierigkeiten, aber auch ihre privaten Probleme vortragen und die Erzieherinnen dadurch nicht selten überfordern. Und als vierten Modus könnte man den Modus der Unterstützung bezeichnen. Eltern, die im Modus der Unterstützung kooperieren, suchen nach Möglichkeiten, die Erzieherinnen zu unterstützen und im Sinne der Einrichtung als Ganzer zu agieren.

Natürlich sind diese Modi nur analytisch zu trennen, in Wirklichkeit kommen sie unterschiedlich ausgeprägt und vermischt vor.

Die Einstellungen der Erzieherinnen

Ein ähnliches Szenarium kann ich auch auf der Seite der Erzieherinnen konstruieren. Ich sehe hier zum einen den Modus der Abgrenzung: Erzieherinnen markieren ihre Professionalität und signalisieren den Eltern, dass sie die Aufgaben im Binnenraum des Kindergartens übernehmen, dass der Kindergarten gut funktionieren muss. Dieser Modus ist nach den Ergebnissen von Rabe-Kleberg (2005) immer noch sehr weit verbreitet.

Zum anderen konstatiere ich einen Modus der persönlichen Zuwendung: Erzieherinnen bemühen sich um persönliche Beziehungen zu den Kindern und zu ihren Eltern, sie nehmen intensiven Anteil an deren Leben. Schließlich lässt sich ein Modus der Belehrung erkennen: Erzieherinnen fühlen sich dazu aufgerufen, die unwissenden Eltern zu belehren und zu beraten. Eine vierte Gruppe agiert im Modus der Ressourcenorientierung; Erzieherinnen, die diesen Modus praktizieren, sehen vor allem die produktiven Möglichkeiten der Eltern und trauen ihnen auch zu, sinnvoll im Rahmen des Kindergartens zu handeln.

Aus der Zusammenstellung wird leicht ersichtlich, dass sich bestimmte Modi von Eltern und Erzieherinnen gut ergänzen. Der Modus der Delegation aufseiten der Eltern und der der Abgrenzung aufseiten der Erzieherinnen passen gut zusammen. Wo beide, Eltern und Erzieherinnen, ihn praktizieren, sind alle relativ zufrieden, obwohl wenig Zusammenarbeit stattfindet. Wenn gegenläufige Modi praktiziert werden, entsteht Frustration.

Die Identifikation dieser Modi der Zusammenarbeit erlaubt uns sowohl eine Analyse des aktuellen Zustandes als auch die Präzisierung der notwendigen Veränderungen. Es ist leicht nachzuvollziehen, dass die Modi der Unterstützung aufseiten der Eltern und der Ressourcenorientierung aufseiten der Erzieherinnen eine gute Basis für eine intensive demokratisch-partizipative und partnerschaftliche Zusammenarbeit sind.

Im Folgenden möchte ich diejenigen Einstellungen und Kompetenzen noch einmal genauer profilieren, die für eine gute Zusammenarbeit in den verschiedenen Dimensionen notwendig sind. Der Schwerpunkt der Darstellung liegt bei den Erzieherinnen, denn übereinstimmend werden sie als Professionelle als zuständig für den Stil der Zusammenarbeit angesehen (vgl. Preissing 2003). So formulieren Prott und Hautumm (2004, S. 28f) in ihrer kompakten Schrift zur Zusammenarbeit: »Erzieherinnen müssen ihre Arbeit darstellen und begründen – Eltern müssen ihr Handeln nicht rechtfertigen«.

Außerdem können und müssen sich Erzieherinnen durch fachliche Qualifizierung, zum Beispiel durch Fortbildung und Supervision, dabei unterstützen lassen, eine angemessene Haltung in Bezug auf die Zusammenarbeit zu erarbeiten und die notwendigen Kompetenzen zu erwerben. So kann zum Beispiel die Fähigkeit, sich in den jeweils anderen hineinzuversetzen und seine Perspektive einzunehmen, in Fallbesprechungen oder in Rollenspielen geübt werden.

Auch im Projekt »Stärkung der Erziehungskraft...« waren die Erzieherinnen die primären Ansprechpartnerinnen, selbst wenn es an verschiedenen Stellen gelang, Eltern direkt einzubeziehen. Die Projektevaluation beschreibt, dass für das Gelingen der Zusammenarbeit die Haltungsänderung von entscheidender Bedeutung war (Fröhlich-Gildhoff u.a. 2005, S. 4ff). Für die Haltung der Erzieherinnen erscheint allgemein als wichtig, dass sie allen Eltern ohne Angst und ohne Konkurrenzgefühle, sondern mit Anerkennung und Respekt begegnen, und dass sie ihre intuitive und reflexive elterliche Kompetenz anerkennen. Das bedeutet, Toleranz gegenüber anderen Erziehungsvorstellungen zu üben, sofern sie nicht dem Wohl und Interesse des Kindes und des Kindergartens

gravierend entgegenstehen. Eltern müssen mit ihren unterschiedlichen Fähigkeiten und Stilen als Ressource sowohl für die Entwicklung des einzelnen Kindes wie auch für den Alltag der Einrichtung gesehen werden.

Ebenso wichtig ist es, Transparenz in der eigenen Arbeit herzustellen, sodass sie den Eltern verständlich und nachvollziehbar wird. Die Reggio-Pädagogik hat eine faszinierende Dokumentationskultur entwickelt, die in deutschen Kindergärten vielfach noch adaptiert werden muss.

Im Konkreten braucht die Zusammenarbeit von Erzieherinnen und Eltern Absprachen in Bezug auf Termine, aber auch Rückmeldungen, etwa Auswertungsgespräche von Hospitationen, Elternangeboten und anderen gemeinsamen Aktivitäten. Es geht also nicht einfach darum, die Tür der Kindertageseinrichtung aufzumachen und Eltern beliebig und immer hereinkommen zu lassen. Es geht vielmehr um eine gestaltete Zusammenarbeit. Das bedeutet auch, deutlich zu machen, wann Eltern willkommen sind und wann nicht, weil die Erzieherinnen an anderen Aufgaben arbeiten, etwa Projekte mit den Kindern durchführen oder gruppenintern arbeiten.

Entwicklungsgespräche, die Arbeit an der Bildungsdokumentation der Kinder, das Ermöglichen von Austausch der Eltern untereinander und von Mitwirkung der Eltern, die Mitbestimmung im Elternbeirat – alle diese Arbeitsformen zu einem sinnvollen und bewältigbaren Ganzen zu fügen, ist aufwendig für Erzieherinnen und Eltern. Dafür ist auch wichtig, dass Eltern mit den Regeln vertraut gemacht werden, dass sie gewöhnt werden, sich an vereinbarte Regeln zu halten und dass sie den Erzieherinnen mit Takt begegnen und sich in die Arbeit in der Kindertageseinrichtung als Ganzer einfügen. Erzieherinnen haben hier durchaus Möglichkeiten, den Stil des gegenseitigen Umgangs zu bestimmen und sich bei bestimmten Eltern dafür Rückhalt zu holen.

Zur Zusammenarbeit gehört aber auch eine realistische Einschätzung der Rahmenbedingungen und der Leistungsfähigkeit des Teams sowie der Interessen der Kinder. Von da aus können und müssen auch Interessen und Aktivitäten der Eltern bewertet werden. Erzieherinnen sollten bereit sein, den Eltern »Raum« für ihre Mitwirkung zu geben, im realen wie im übertragenen Sinne. Sie müssen aber das Machbare und Sinnvolle im Blick haben und auch Grenzen bestimmen. Denn auch, wenn die Zusammenarbeit mit den Eltern betont wird – es darf nicht vergessen werden, dass der wesentliche Teil der pädagogischen Arbeit im Kindergarten den Kindern gilt.

Diese Überlegungen klingen, gemessen an der Darstellung der Funktionen der Zusammenarbeit, eher einschränkend und verhalten. Der Aufbruch zu innovativen Formen der Zusammenarbeit braucht auch die Orientierung am Machbaren.

Die Bedürfnisse von Eltern

Bisher wurde – wie in der Literatur generell – sehr pauschal von der Zusammenarbeit zwischen Erzieherinnen und Eltern gesprochen, so als seien alle Eltern beteiligt und als seien »die Eltern« eine homogene Gruppe mit einem gemeinsamen Willen. Aber in Wirklichkeit sind Eltern sehr unterschiedlich: Sie sind Mütter und Väter, haben ein oder mehrere Kinder, sie sind arm oder reich, Einheimische oder Zugezogene, sie verfügen über soziale Netze oder sind auf sich gestellt. Geschlecht, Lebenslagen und Sozialraum wirken sich auf die Zusammenarbeit aus. Sie müssen reflektiert und berücksichtigt werden.

Eltern als Mütter und Väter – die Geschlechterperspektive

Die moderne, geschlechtsneutrale Rede von »Eltern« und »Elternarbeit« ist hilfreich, weil sie auch die Väter einbezieht. Diese Redeweise verschleiert aber die tatsächliche Geschlechtsrollenbezogenheit der Elternarbeit; sie verdeckt, dass es noch immer die Mütter sind, die stärker auf die Kinder und die Einrichtung bezogen sind. Noch immer sind die Väter weniger engagiert in Kinderbetreuung und Zusammenarbeit mit dem Kindergarten. Das Engagement von Vätern und Müttern hängt natürlich wesentlich davon ab, wie Berufstätigkeit, Hausarbeit und Kindererziehung in der Familie aufgeteilt sind. Ob Väter sich intensiv an der Kinderbetreuung beteiligen oder nicht, ist auch abhängig von der sozialen Schicht und dem spezifischen Milieu, dem die Familie zugehört.

Für Mütter ist der Zugang zur Kindertageseinrichtung wesentlich leichter, weil die Erzieherinnen diesem Lebensraum ihren Stempel aufgedrückt haben. Man kann diese Einrichtungen als »von Frauen dominierten Lebensraum« bezeichnen (Thiersch 1998, S. 27), in dem auch die Formen der Zusammenarbeit oft eher den Themen und Arbeitsweisen von Frauen entsprechen. Für viele Mütter, die Hausfrauen sind oder in Teilzeit arbeiten, ist die Zusammenarbeit zeitlich und organisatorisch einfacher einzurichten als für die meist ganztags berufstätigen Männer. Viele Mütter sind froh über die Kontakte und die Betätigungsmöglichkeiten, die sie in der Kindertageseinrichtung finden.

Väter fühlen sich dort oft fremd. Sie sind unter dem Blick der Erzieherinnen und der anderen Mütter unsicher, als bewegten sie sich auf unsicherem Terrain. Viele Väter sind darauf angewiesen, dass sie besonders in die Zusammenarbeit mit der Kindertageseinrichtung einbezogen und ermutigt werden. Spezifische Angebote, die die Kompetenzen der Väter berücksichtigen, etwa Fußballspielen oder handwerklich-technische Aktivitäten, sind sicher als Einstieg wichtig.

Die Konsequenz aus diesen Betrachtungen ist, dass je nach Zusammensetzung der Elternschaft geschlechtsspezifische Angebote in der Elternarbeit ebenso ihren Ort haben müssen wie übergreifende Aktivitäten.

Lebenslagen von Eltern

Die allgemeine Rede von »Eltern« verdeckt auch, dass wir es bei der Zusammenarbeit mit Eltern in sehr unterschiedlichen sozialen Lagen zu tun haben. Diese Abstinenz in Bezug auf die soziale Lage kann man als Ausdruck einer Angst vor Stigmatisierung ansehen. Man kann sie aber auch als verengte, ungesellschaftliche Konzentration auf das »Pädagogische« interpretieren.

Eine andere Dimension ist die Arbeitssituation der Familien. Ob Vater oder Mutter eine gesicherte Arbeit haben, ob sie beide berufstätig sind, ob sie in Projekten mit Zeitverträgen arbeiten, ob sie arbeitslos sind oder ob sie damit rechnen müssen, berufsbedingt umzuziehen – das alles beeinflusst die Situation der Familie und ihre Bereitschaft zur Zusammenarbeit ganz wesentlich. Dass Eltern aus bildungsfernen Milieus ihre Kinder weniger fördern und sich auch im Kindergarten weniger engagieren, wurde lange Zeit konstatiert und hingenommen. Die Erfahrungen der Early Excellence Centres zeigen, dass auch solche Familien durch entsprechende Formen für die Zusammenarbeit gewonnen werden können.

Als weitere Lebenslage soll hier schließlich die der Situation der Migranten angeführt werden. Migranten-Eltern werden in den meisten Überlegungen zur Eltern-

arbeit benannt, häufig werden Migrantenfamilien dabei pauschal als defizitär etikettiert. Das ist unzulänglich, weil Migration erst in Verbindung mit bildungsferner Herkunft, schlecht bezahlten Arbeitsverhältnissen oder ungesicherter Lebensperspektive zu einem Risikofaktor für die Entwicklung der Kinder wird (vgl. Hamburger 2005).

Die Vorschläge zur Zusammenarbeit mit Eltern mit Migrationshintergrund betonen übereinstimmend, dass zunächst notwendig ist, die verschiedenen Kulturen (und Sprachen) durch die Kindertageseinrichtung zu akzeptieren, und sie zielen auf Einbeziehungen und Beteiligung der Eltern mit Migrationshintergrund ab. Beliebte Beispiele zur Integration sind etwa, dass die Mütter Gerichte ihrer Heimat kochen und Tänze vorführen. Unbestritten kann damit eine wichtige Brücke zwischen den Kulturen geschlagen werden. Aber wenn sich die Einbeziehung von Eltern mit Migrationshintergrund darin erschöpft und damit quasi auf der Ebene der Folklore bleibt, kann das nicht genügen.

Eltern mit Migrationshintergrund müssen im Kindergarten integriert werden. Sie brauchen den Austausch mit anderen Eltern, und sie müssen bei der Gestaltung des Kindergartens mitwirken und mitbestimmen können. Das setzt Kommunikationsfähigkeit voraus: Eltern müssen sich mit den Erzieherinnen und Eltern differenziert unterhalten können. Wenn sie nicht gut genug Deutsch können, brauchen sie die Hilfe eines Dolmetschers, eventuell auch von Eltern der gleichen Sprache im Kindergarten oder im Stadtteil. Viele Kindertageseinrichtungen vermitteln oder veranstalten Deutschkurse für die Eltern oder Mütter, nicht zuletzt im Interesse der Kinder.

Die deutschsprachigen Eltern müssen allerdings auch Geduld und Interesse für die Verständigung mit den Migranten-Eltern aufbringen, sonst leisten sie der Segregation – also der Absonderung einer Bevölkerungsgruppe – im Kindergarten Vorschub. Bei den offenen und unstrukturierten Formen der Elternzusammenarbeit, die in der letzten Zeit favorisiert werden, finden sich nämlich häufig diejenigen zusammen, die sich schon kennen, und diejenigen, die keine Kontakte haben, bleiben im Abseits. Diese Beobachtung müsste dazu herausfordern, auch Formen zu realisieren, in denen Eltern zu Kontakten untereinander ausdrücklich angestiftet werden.

Soziale Lage der Kindertageseinrichtung

Die angedeuteten Unterschiede in den sozialen Situationen der Familien bedeuten auch Unterschiede im Profil der verschiedenen Kindereinrichtungen. Elternarbeit sieht anders aus, wenn der Kindergarten in einem privilegierten Wohngebiet am Stadtrand liegt und die Familien aus der gehobenen Mittelschicht stammen, als wenn die Kita in der Innenstadt liegt und die Familien arm sind und aus bildungsfernen Schichten stammen. Ob die Einrichtung in einem sozialen Brennpunkt liegt oder ob sie eine sehr gemischte Klientel hat, hat (Rück-)Wirkungen auf die Arbeit mit Kindern und Eltern.

Es ist daher erstaunlich, dass die sozialräumliche Dimension der Kindertageseinrichtungen so häufig vernachlässigt und damit die sozialpolitische Perspektive ignoriert wird. Statt der überall gängigen Unterscheidung der Einrichtungen nach Öffnungszeiten und Betreuungsformen oder nach dem Alter der Kinder (Krippe, Kindergarten, Kindertagesstätte, Hort) wäre es weiterführend, wenn Einrichtungen mit ähnlichen sozialräumlichen Bedingungen spezifische Profile der inhaltlichen Arbeit und der Zusammenarbeit mit den Eltern erarbeiten könnten und wenn sie dabei auch

besondere Bedürfnisse gemeinsam artikulieren könnten, etwa in Hinblick auf zusätzliches Personal.

Vor allem in Hinblick auf die Gestaltung von Elternbildung müssten spezifische Arbeitsformen entwickelt werden, die im Interesse der Kinder aus diesen Familien den Bedürfnissen von Eltern gerecht werden, die mit den eingeführten Formen der Zusammenarbeit und der Elternbildung nicht gut zurechtkommen. Hier liegt gegenwärtig noch ein großer Entwicklungsbedarf.

Die Herausforderung annehmen

Die dargestellten Aspekte zeigen die komplexe Herausforderung, der sich das Projekt »Stärkung der Erziehungskraft der Familie durch und über den Kindergarten« gestellt hat. Die Zusammenarbeit von Kindergarten und Familie, von Erzieherinnen und Eltern geschieht in einer in Ansätzen bereits vielgestaltigen Kooperationslandschaft, in der eine demokratisch-partizipative Erziehungspartnerschaft praktiziert werden soll. Die Funktionen einer solchen Zusammenarbeit lassen sich mit den Begriffen »Gemeinsame Förderung des einzelnen Kindes« und »Stärkung der Elternkompetenz« einerseits und »Mitgestaltung« und »Mitbestimmung« andererseits kennzeichnen. Kindertageseinrichtungen können mit einem solchen Verständnis zu »Orten für Familien« und zu »Orten der Bildung und Erziehung von Kindern und Eltern« werden, die auch präventiv auf Bildungs- und Erziehungsbenachteiligung wirken können.

Um eine solche Entwicklung anzustoßen, wurde im Projekt eine Vielzahl von Entwicklungsimpulsen eingebracht, durch breit gefächerte Veranstaltungen der Projektbegleiterinnen angeregt und durch Weiterentwicklungen vor Ort ausgestaltet. Es zeigte sich, dass viele Kindertageseinrichtungen sich schon selbst auf diesen Weg gemacht hatten, andere aber noch in den Anfängen steckten.

Die Evaluation konnte zeigen, dass der Arbeit an der Haltung der Erzieherinnen eine entscheidende Funktion in der Wirkungskette für eine erfolgreiche Zusammenarbeit zukam. Die Veränderung der Haltung bezog sich darauf, dass gegenseitige Vorurteile und Ängste abgebaut und der Blick über das Kind auf die Familie gelenkt wurden; ebenso aber auch darauf, dass die Erzieherinnen auf die Eltern zugehen und sich an deren Stärken und Interessen orientieren konnten (vgl. Fröhlich-Gildhoff u.a. 2005, S. 28). Daraus ergab sich die stimmige Weiterentwicklung von Methoden und Angeboten, durch die neue Gruppen von Eltern erreicht wurden, so auch verstärkt Väter und Eltern mit Migrationshintergrund (vgl. ebd., S. 12ff).

Die Projektarbeit bezog sich natürlich auch auf die Reflexion der Angebotsformen und die Erarbeitung von Arbeitsmaterialien (etwa zur Beobachtung oder zu Elterngesprächen), die die Erzieherinnen bei der Realisierung einer gelungen Zusammenarbeit unterstützten, die die Erziehungspartnerschaft konkret werden ließen und die auf Bildungsprozesse bei den Eltern abzielten. Der Evaluationsbericht formuliert: »Der Ausgangspunkt für diese Haltungsänderung waren Weiterbildungen – dabei hat es sich als vorteilhaft herausgestellt, wenn das gesamte Team an solchen Weiterbildungen teilnimmt. [...] Auf dem Hintergrund der Haltungsänderung wurden dann einrichtungs- und zielgruppenspezifisch unterschiedliche Angebote realisiert und Methoden angewandt, um Eltern zu erreichen, zu aktivieren, sie in die Kita einzubeziehen und sie in ihrer »Erziehungskraft« zu stärken.« (ebd., S. 27)

Es bleibt zu wünschen, dass die Veränderung der Haltung in Bezug auf Elternzusammenarbeit sich mithilfe der ausgearbeiteten Berichte, der dokumentierten methodischen Ansätze und der Arbeitsmaterialien in der folgenden Zeit weiter verbreiten wird. Eine gewisse Hoffnung dazu besteht, denn in allen Bildungsplänen, so auch im »Orientierungsplan für die Bildung und Erziehung für die Kindergärten in Baden-Württemberg«, wird eine intensive Zusammenarbeit von Eltern und Erzieherinnen als Rahmenbedingung für Bildungsprozesse der Kinder beschrieben und ausdrücklich Erziehungspartnerschaft eingefordert.

Dazu braucht es aber auch Rahmenbedingungen, die eine solche Zusammenarbeit gewährleisten. Das heißt, die räumlichen und zeitlichen Bedingungen müssen stimmen, und es muss ausreichend Fachkräfte in den Einrichtungen geben, damit die anspruchsvollen Ziele auch wirklich zu bewältigen sind.

Literatur

Bronfenbrenner, U. (1981): Die Ökologie der menschlichen Entwicklung. Stuttgart: Klett

Bundesministerium für Familie, Senioren, Frauen und Jugend (Hrsg.) (2005): Familie zwischen Flexibilität und Verlässlichkeit – Perspektiven für eine lebenslaufbezogene Familienpolitik. Siebter Familienbericht. Berlin

Colberg-Schrader, H./Krug, M./Pelzer, S. (1981): Soziales Lernen im Kindergarten. München: Kösel

Dippelhofer-Stiem, B. (2003): Beruf und Professionalität. In: Fried, L. u.a.: Einführung in die Pädagogik der frühen Kindheit. Weinheim, Basel, Berlin: Beltz, S. 122-153

Fröhlich-Gildhoff, K./Kraus, G./Rönnau, M. (2005): Evaluation des Projekts »Stärkung der Erziehungskraft der Familie durch und über den Kindergarten«. Zusammenfassung der Untersuchungsergebnisse. Freiburg (Manuskript)

Hamburger, F. (2005) Migration. In: Otto, H.-U./Thiersch, H. (Hrsg.): Handbuch Sozialarbeit/Sozialpädagogik, 3. Aufl., München: Reinhardt, S. 1211-1222

Hebenstreit-Müller, S./Kühnel, B. (Hrsg.) (2004): Kinderbeobachtung in Kitas. Erfahrungen und Methoden im ersten Early Excellence Centre in Berlin. Berlin: Dohrmann

Jugendamt der Landeshauptstadt Stuttgart (2005): Einstein in der Kita. Projekt-Broschüre. Stuttgart: Eigenverlag

Klein, G. (2002): Frühförderung für Kinder mit psychosozialen Risiken. Stuttgart: Kohlhammer

Laewen, H.-J. (Hrsg.) (2002): Bildung und Erziehung in der frühen Kindheit. Weinheim, Berlin, Basel: Beltz

Laewen, H.-J./Andres, B./Hedervari, E. (2005): Die ersten Tage in der Krippe. Ein Modell für die Gestaltung der Eingewöhnungsphase. 4. Aufl., Berlin: Eigenverlag

Papousek, H./Papousek, M. (1981): Intuitives elterliches Verhalten im Zwiegespräch mit dem Neugeborenen. In: Sozialpädiatrie in Praxis und Klinik, 3, S. 229-238

Preissing, Ch. (Hrsg.) (2003): Qualität im Situationsansatz. Qualitätskriterien und Materialien für die Qualitätsentwicklung in Kindertageseinrichtungen. Weinheim, Basel, Berlin: Beltz

Projekt »Stärkung der Erziehungskraft der Familie durch und über den Kindergarten« (2003): Projektskizze. Stuttgart (hekt.)

Prott, R./Hautumm, A. (2004): 12 Prinzipien für eine erfolgreiche Zusammenarbeit von Erzieherinnen und Eltern. Weimar, Berlin: das netz

Rabe-Kleberg, U.: Elternhaus Kindergarten. Institutionen und Akteure im Prozess des Aufwachsens von Kindern. Sonderforschungsbereich 580/C2. http://www.sfb580.uni-jena.de/c2.html (Stand 22.11.05)

Reichert-Garschhammer, E./Textor, M.R. (2003): Das Verhältnis der Tageseinrichtung zur Familie. In: Bundesministerium für Familie, Senioren, Frauen und Jugend (Hrsg.): Auf den Anfang kommt es an! Perspektiven zur Weiterentwicklung des Systems der Tageseinrichtungen für Kinder in Deutschland. Weinheim, Basel, Berlin: Beltz, S. 167-183

Sächsisches Landesamt für Familie und Soziales (Hrsg.) (2003): Modellprojekt »Familienbildung in Kooperation mit Kindertageseinrichtungen«. Zwischenbericht. Chemnitz: Selbstverlag

Textor, M.R. (2000): Kooperationmit den Eltern. Erziehungspartnerschaft von Familie und Kindertagesstätte. München: Don Bosco

Textor, M.R./Blank, B.: Einbindung von Eltern in die pädagogische Arbeit der Kindertageseinrichtung http://www.kindergarenpaedagogik.de/1145.html (Stand: 03.11.05)

Textor, M.R.: Innovative Ansätze der Elternarbeit. http://www.kindergartenpaedagogik.de/1093.html (Stand: 11.11.05)

Thiersch, H./Thiersch, R. (2005): Geteilte Zuständigkeiten. Über die Entwicklung des Verhältnisses von Eltern und Erzieherinnen im Kindergarten. In: Eltern- und Öffentlichkeitsarbeit. TPS Sammelband. Seelze: Kallmeyer, S. 16-19

Thiersch, R. (1998): Was lernen Jungen und was lernen Mädchen im Frauenbetrieb Kindergarten? In: TPS, H. 6, S. 26-31

Thiersch, R. (2005a): Kindertagesbetreuung. In: Otto, H.-U./Thiersch, H. (Hg.): Handbuch Sozialarbeit/Sozialpädagogik, 3. Aufl., München: Reinhardt, S. 964-984

Thiersch, R. (2005b): Rahmenbedingungen müssen stimmen für die Prävention im Kindergarten. Interview zum 2. Landesjugendbericht Baden-Württemberg. In: Kommunale Kriminalprävention aktuell H. 2, S. 11-14

Thiersch R. (2006): Familie und Kindertageseinrichtungen. In: Bauer P./Brunner E.J. (Hrsg.): Elternpädagogik – Von der Elternarbeit zur Erziehungspartnerschaft. Freiburg: Lambertus, S. 80-106

Tietze, W./Rossbach, H.-G./Grenner, K. (2005): Kinder von 4 bis 8 Jahren. Zur Qualität der Erziehungs- und Bildungsinstitutionen Kindergarten, Grundschule und Familie. Weinheim, Basel, Berlin: Beltz

Tschöpe-Scheffler, S. (Hrsg.) (2005): Konzepte der Elternbildung. Opladen: Barbara Budrich

Wagenblass, S. (2005): Vertrauen. In: Otto, H.-U./Thiersch, H. (Hrsg.): Handbuch Sozialarbeit/Sozialpädagogik, 3. Aufl., München: Reinhardt, S. 1934-1942

Wissenschaftlicher Beirat für Familienfragen beim Bundesministerium für Familie, Senioren, Frauen und Jugend (BMFSFJ) (2002): Die bildungspolitische Bedeutung der Familie – Folgerungen aus der PISA-Studie. Stuttgart: Kohlhammer

Wissenschaftlicher Beirat für Familienfragen beim Bundesministerium für Familie, Senioren, Frauen und Jugend (BMFSFJ) (2005): Familiale Erziehungskompetenzen: Beziehungsklima und Erziehungsleistungen in der Familie als Problem und Aufgabe. Weinheim, München: Juventa

Praktisches:

So gelingt Erziehungspartnerschaft zwischen Erzieherinnen und Eltern

Martina Wießler

Vom ersten Eindruck hängt vieles ab
Erziehungspartnerschaft von Anfang an

Stellen Sie Sich vor, Sie sind eine junge Mutter. Seit knapp zwei Jahren wohnen Sie in diesem Ort. Ihre Tochter ist zweieinhalb Jahre alt. Mit drei Jahren soll sie in eine Kindertageseinrichtung gehen, und in der Zeitung stand, dass alle Eltern ihre Kinder nun anmelden sollen.

Im Telefonbuch haben Sie daraufhin die Adresse einer Kindertageseinrichtung in Ihrer Nähe gefunden und machen sich mit Ihrer Tochter nun auf den Weg dorthin. Als Sie in die Straße einbiegen, an der die Kita liegt, entdecken Sie einen Wegweiser, und kurz darauf sehen Sie auch das Gebäude. Der Name der Kita steht groß über dem Eingangsbereich, und ihre Tochter entdeckt die gleichen Kinderfiguren wie auf dem Wegweiser. Hier sind Sie richtig!

Die Eingangstüre ist abgeschlossen, aber direkt daneben sehen Sie eine beschriftete Klingel. Sollen Sie klingeln oder besser zu einem anderen Zeitpunkt wiederkommen? Unschlüssig überlegen Sie, ob ... Aber da nimmt Ihre Tochter Ihnen die Entscheidung, indem sie auf die Klingel drückt.

Eine Frau mit ein paar neugierigen Kindern im Schlepptau öffnet Ihnen die Türe und begrüßt Sie und Ihre Tochter. Sie stellt sich als eine Erzieherin dieser Einrichtung vor und fragt nach Ihren Wünschen. Da im Moment in der Einrichtung Hochbetrieb herrscht, ist ein längeres Gespräch nicht möglich. Daher vereinbaren Sie einen Termin für nächste Woche. Die Erzieherin lädt Sie und Ihre Tochter ein, mit in ihre Gruppe zu kommen und so ein bisschen Kindergartenalltag mitzuerleben. Einige der Kinder informieren Sie stolz über alles, was ihnen wichtig und wissenswert erscheint...

Eine kleine Episode nur, Alltag – und doch bedeutsam. Denn der erste Eindruck, den etwas oder jemand in uns erweckt, wirkt stark und bleibt lange erhalten. Auf der Grundlage dieses ersten Eindrucks gestalten wir alle weiteren Begegnungen, kommunizieren und interagieren wir mit unserem Gegenüber. Ausschlaggebend sind dabei nicht nur das Auftreten und Aussehen des anderen, sondern auch unsere Vorerfahrungen, unser Vorwissen, auch unsere Vorurteile. Im Beispiel der eben genannten jungen Mutter gehören dazu:

- Welche Erfahrungen hat sie selbst als Kindergartenkind gemacht?
- Weiß sie um den Wandel in der Kindergartenpädagogik der vergangenen 30 Jahre?
- Welche Bedeutung hat für sie der Kindergarten als Säule im Bildungssystem?
- Welche Erfahrungen haben Freunde oder Verwandte mit Kitas und Erzieherinnen gemacht?
- Wie präsentiert sich die Kita im Ort oder in der Gemeinde?
- Wie wird im Ort/unter Eltern über die Kita geredet?
- Was erwartet sie von den Erzieherinnen und der Kita?
- Wie geht sie allgemein mit neuen Situationen und fremden Menschen um?

Mit all diesen Vorerfahrungen kommt die Mutter zur Kita, und je nachdem, wie viel Orientierung und hilfreiche Information oder wie viel Verunsicherung und

Verärgerung sie auf dem Weg zur Einrichtung und vor der Türe erlebt hat, trifft sie auf die Erzieherin am Eingang.

Auch die Erzieherin wird natürlich durch Vorerfahrungen beeinflusst – Erfahrungen mit klingelnden Menschen vor der Kindergartentüre, mit Eltern im Allgemeinen und im Besonderen. Ebenso wie die Mutter wird die Erzieherin zudem von ihrer momentanen Stimmung beeinflusst, die wiederum von ihrer Persönlichkeit, ihrem persönlichen Befinden und der aktuellen Situation in der Gruppe abhängt.

Wie wir uns einen Eindruck bilden

Bevor wir mit anderen Menschen in Beziehung treten können, müssen wir sie wahrnehmen und uns erschließen. Wie wir den Kontakt aufnehmen und gestalten, hängt von dieser ersten Einschätzung ab. »Die Wahrnehmung anderer ist eine der vorrangigsten und zugleich komplexesten Aufgaben, vor die wir tagtäglich gestellt werden«, schreibt Joseph P. Forgas (1987, S. 20) in dem Buch »Sozialpsychologie«. Und weiter: »Woher wissen wir, ob jemand wirklich ein freundlicher Mensch ist oder einfach nur ein gefälliges Wesen hat, ob er arrogant ist oder gerade Grund hat stolz zu sein, ob er ehrlich oder verlogen, verantwortungslos oder mutig ist?«

Um die Vielzahl an Informationen bewältigen zu können und in angemessener Zeit zu einer Einschätzung unseres Gegenübers zu kommen, bilden wir Kategorien (»Schubladen«). Das heißt, wir »sehen unsere Umwelt nicht, wie sie ist, sondern gemäß den Kategorien, über die wir zu ihrer Beschreibung verfügen. (...) Indem wir Menschen in ›Typen‹ einteilen, systematisieren wir unser Wissen über unsere Mitmenschen und erleichtern uns die Aufgabe der Personenwahrnehmung.« (ebd., S. 45)

Bei jeder neuen Begegnung nutzen wir diese »Menschentypen«, um die unbekannte Person einzuordnen und damit für uns einschätzbar zu machen. Dabei fügen wir bruchstückhafte und unzusammenhängende Informationen zu einem globalen Verständnis zusammen: Wir haben uns einen ersten Eindruck gebildet. Dieser Eindruck ist in der Regel sehr dauerhaft: »Wenn Beurteiler einem Menschen einmal gute (oder schlechte) Eigenschaften zuerkannt haben, neigen sie dazu, auch andere – mit dem bereits zugewiesenen Eigenschaften in keinem Zusammenhang stehende – Merkmale konsistent als gut oder schlecht zu beurteilen.« (ebd., S. 61) Die Mutter, die eine freundliche Erzieherin antrifft, ist also geneigt, dieser auch andere positive Eigenschaften zuzuschreiben, zum Beispiel Verantwortungsbewusstsein oder Engagiertheit. Diese Zuschreibungs-Effekte können auch durch das Aussehen, einen Gesichtsausdruck, den Vornamen oder einen Titel ausgelöst werden.

Wie man in den Wald hineinruft, so schallt es zurück. Das gilt nicht nur für das Echo, sondern auch für die Kommunikation zwischen Menschen. Wenn unser Gegenüber also so reagiert, wie wir es erwartet oder befürchtet hatten, könnte dieses Verhalten auch das Ergebnis einer sich selbst erfüllenden Prophezeiung sein. Oder, wie es Forgas formuliert: »Erwarten wir von jemandem unfreundliches oder aggressives Verhalten, ist die Rechtmäßigkeit dieser Erwartung nur schwer zu validieren. Denn wenn unsere Partner, wie es häufig geschieht, schließlich tatsächlich unseren Erwartungen gemäß reagieren, tun sie das nicht, weil sie wirklich unfreundliche oder aggressive Zeitgenossen sind, sondern weil wir ihnen permanent unfreundlich oder defensiv gegenübertreten.« (ebd., S. 69)

Wie wir den Eindruck beeinflussen können

Weder die oben genannten Zuschreibungs-Effekte, noch die Kategorisierung, noch andere Wahrnehmungsverzerrungen lassen sich verhindern. Dies hängt mit der Informationsflut zusammen, die uns ständig begegnet und die wir bewältigen müssen. Bei jeder Begegnung mit einem Menschen bilden wir uns daher unbewusst und blitzschnell einen Eindruck über seine Befindlichkeit, seine Stimmung, seinen Charakter, seine Persönlichkeit – und entscheiden, ob uns diese Person sympathisch ist oder nicht und was wir von ihr erwarten können.

Welchen Eindruck wir uns bilden, sagt deshalb nicht nur etwas über unser Gegenüber aus, sondern auch über uns selbst. Der erste Eindruck ist die Summe unserer Wahrnehmungen, Erwartungen, Vorerfahrungen, Gefühle und unserer Bewertung. Wir sehen primär das, was für uns Bedeutung hat – positiv oder negativ –, und das ist von Mensch zu Mensch verschieden. Denken Sie nur an die Frage der angemessenen Kleidung, des angemessenen Humors oder daran, als wie wichtig oder unwichtig Pünktlichkeit bewertet wird.

Vermeiden können wir nicht, dass wir uns von anderen und dass sich andere von uns einen Eindruck bilden. Doch das Wissen um die dabei ablaufenden Vorgänge hilft uns, Wahrnehmungsverzerrungen zu vermindern. Wir können sie sogar nutzen, um den ersten Eindruck zu steuern: Wenn wir uns bemühen, einen positiven Eindruck zu erwecken, wenn wir angemessen freundlich und höflich auf andere zugehen und von uns aus positive Erwartungen haben, dann nutzen wir den Zuschreibungs-Effekt und die selbsterfüllende Prophezeiung für uns – und zeigen zudem Professionalität im Umgang mit anderen Menschen.

Da zudem Eindrucksbildung und Eindruckssteuerung keine Einbahnstraßen sind, sondern sich im ständigen Fluss zwischen den Partnern abspielen, sollten wir uns prinzipiell bemühen, eher im positiv gestimmten Bereich zu agieren. »So erstaunlich es auch ist, aber die Befindlichkeit des Beurteilers hat merklichen Einfluss auf die Genauigkeit seines Urteils. Gutgelaunt scheinen wir eher geneigt, bei anderen positive, wünschenswerte Eigenschaften zu sehen, als missgelaunt.« (ebd. S. 31)

Wie wir bei den Eltern einen guten Eindruck erwecken

Wo ergeben sich für eine Kindertageseinrichtung und ihre Mitarbeiterinnen nun Möglichkeiten, einen guten Eindruck bei neuen Eltern zu erwecken und damit einen wichtigen ersten Schritt zum Aufbau einer partnerschaftlichen Beziehung zu gehen?[1]

Öffentlichkeitsarbeit

In die Öffentlichkeitsarbeit zu investieren lohnt sich. So können Sie dafür sorgen, dass Ihre Einrichtung in der Öffentlichkeit ein gutes Image bekommt und das Profil Ihrer Einrichtung »ein Gesicht« erhält. Schließlich sind das gute Image einer Einrichtung und ihr klares Profil wichtige Faktoren für Eltern, wenn sie sich für einen Kindergarten interessieren.

---

1   Siehe hierzu auch: Caritasverband für die Erzdiözese Freiburg 2006

Der Weg zum Kindergarten

Vor allem, wenn die Einrichtung vom Hauptweg nicht zu erkennen ist, hilft ein Wegweiser neuen Eltern und Besuchern, sich zu orientieren. Gleichzeitig ist ein schön gestaltetes Schild vor oder auf dem Kindergartengelände eine nette Begrüßung der Kinder und Eltern.

Das Gebäude

Ist die Einrichtung auf den ersten Blick als Kita zu erkennen? Dabei helfen nicht nur die Kunstwerke der Kinder an den Fenstern, sondern auch der gut sichtbare Name der Einrichtung. Hat eine Einrichtung mehrere Zugänge, sollte offenkundig sein, welcher der Haupteingang ist.

Die Eingangstür

Nichts ist ärgerlicher oder verunsichernder, als vor einer verschlossenen Türe zu stehen, ohne zu erfahren, wann ich willkommen bin oder wie ich hineinkomme. Informationen zu Öffnungszeiten, Sprechzeiten für Besucher und ein Hinweis auf den Türöffner sollten daher kurz und klar formuliert am Eingang angebracht werden. Wenn Platz vorhanden ist, können diese Informationen mit Fotos oder Werken der Kinder gestaltet werden.

Der Eingangsbereich

Der Eingangs- und Innenbereich ist die Visitenkarte der Einrichtung. Hier zeigen sich ihre Atmosphäre und ihre Kultur. Dieser Bereich hat vier verschiedene Funktionen:

Erstens: Er begrüßt die Familien durch angemessene Gestaltung und Dekoration und heißt sie willkommen.

Zweitens: Er dient der Orientierung und Information. So können etwa auf einem Plakat die Mitarbeiterinnen mit Foto, Namen und Funktion vorgestellt werden. Weitere Informationen wären ein Foto des Elternbeirats, Wegweiser zum Büro mit den Sprechzeiten der Leiterin, gegebenenfalls Wegweiser zu den Gruppen und eine übersichtlich und aktuell gestaltete Pinwand.

Drittens: Hier zeigt sich deutlich die Kultur der Einrichtung im Umgang mit Fremden: Wie verhalten sich Erzieherinnen, Kinder und Eltern untereinander? Je nach dem, ob auf Eltern eher herzlich und interessiert oder distanziert zugegangen wird, lässt das auch auf den Stellenwert der Eltern als Erziehungspartner und Beteiligte rückschließen.

Viertens: Der Eingangs- und Innenraum macht Aussagen zum Profil der Kita. Die aushängenden Arbeiten der Kinder, Fotos, Informationen und Dokumentationen zeigen, was für die Erzieherinnen in ihrer pädagogischen Arbeit wichtig ist und lassen die Eltern an den Erfahrungen und Erlebnissen ihrer Kinder teilhaben.

Der Telefonkontakt

Ein Telefon klingelt oft genau dann, wenn man am wenigsten Zeit hat. Doch dafür kann der Anrufer nichts. Die Erzieherinnen jeder Einrichtung müssen hier einen Weg finden, der einerseits eine ungestörte Arbeit mit den Kindern ermöglicht, andererseits den Anrufer nicht verschreckt. Eine kurze, aber freundliche Auskunft wie: »Frau Müller ist gerade nicht zu sprechen, kann sie Sie später zurückrufen?«, macht meist einen guten Eindruck. Der Anrufer merkt, dass sein Anliegen ernst genommen wird, die Antwort zeigt ihm aber zugleich, dass die Erzieherinnen Prioritäten setzen.

Das Anmelde- und Aufnahmegespräch

Hier geht es um das erste geplante Gespräch der Eltern mit der Leiterin oder einer Erzieherin. Dem Gespräch vorausgegangen ist eine gemeinsame Terminvereinbarung, die die Belange der Familie berücksichtigt, und die Information, worum es in diesem Gespräch gehen wird. Beim Termin selbst sorgt die Leiterin für eine freundliche Atmosphäre, in der sich Eltern und Kind wohlfühlen. Das Aufnahmeheft und Informationen für die Eltern liegen bereit, ebenso die Checkliste für die Gesprächsdokumentation.

Die Leiterin begrüßt die Eltern wenn möglich an der Eingangstüre und führt sie durch die Einrichtung. Dabei achtet sie darauf, mit den Eltern in ein Gespräch zu kommen und sie verständlich und in angemessenem Umfang über die Einrichtung zu informieren. Eine guter Einstieg ist die Frage, welche Erfahrungen die Eltern als Kindergartenkinder gemacht haben oder an was sie sich noch erinnern können. So lassen sich rasch Erwartungen und Unsicherheiten klären, und die Leiterin kann gleichzeitig auf die pädagogische Arbeit der Kita eingehen. Haben die Eltern keinerlei Kita-Erfahrungen, wird es ihnen schwer fallen, konkrete Fragen zu stellen. Dann benötigen sie einerseits allgemeine Informationen und andererseits die Überzeugung, dass ihr Gegenüber an den Fragen wirklich interessiert ist und sie ernst nimmt.

Für das weitere Gespräch ist es hilfreich, sich bewusst zu machen, dass diese Situation für die Erzieherin Alltag, für die Eltern aber neu und ungewohnt ist und die Kindergartenzeit einen neuen Abschnitt im Familienleben einläutet. Die Leiterin achtet deshalb darauf, den Eltern immer wieder zu verdeutlichen, dass für die Erzieherinnen der regelmäßige Kontakt mit den Eltern wichtig ist, um das Kind gemeinsam bestmöglich zu begleiten und zu fördern. Die schriftlichen Notizen der Leiterin liegen offen auf dem Tisch. Werden gemeinsame Vereinbarungen getroffen, sind diese in einem Kurzprotokoll für die Eltern und die Leiterin zusammengefasst.

Dieses erste geplante Gespräch ist ausschlaggebend für alle weiteren Gespräche und die weitere Beziehung von Eltern und Erzieherinnen.

Die Eingewöhnungsphase

Unbestritten ist die Eingewöhnungsphase für jedes Kind ein wichtiger und sensibler Abschnitt mit Auswirkungen auf die gesamte Kindergartenzeit. Gleiches gilt aber auch für die Eltern. Der enge Kontakt von Kind, Eltern und Erzieherin schafft ein gegenseitiges Vertrauen, mit dem der Schritt in die Kita für alle gut gelingen kann. Ein Konzept für die Eingewöhnungsphase beschreibt die Grundsätze, den Ablauf und die Maßnahmen und wird mit dem Blick auf die individuellen Bedürfnisse des Kindes und seiner Eltern umgesetzt.[2] Für den Aufbau einer Erziehungspartnerschaft sind die folgenden Schritte in der Eingewöhnungsphase bedeutsam:

Besprechen des Konzeptes: Die Erzieherin erklärt den Eltern das Konzept der Eingewöhnungsphase und bespricht mit ihnen die einzelnen Schritte. Dabei wird den Eltern deutlich, dass die Erzieherin Verständnis für ihre Unsicherheiten und Befürchtungen hat und ihnen jederzeit für Fragen zur Verfügung steht. Der Ablauf wird

---

2   Siehe dazu auch Caritasverband für die Erzdiözese Freiburg 2004, Bereich V. Kinder, Kapitel 1, Anlage 1

mit den Eltern gemeinsam geplant und Rituale werden besprochen, die dem Kind und den Eltern die Trennung erleichtern können.

Regelmäßige Kontakte: Der gemeinsam festgelegte Ablauf wird ständig daraufhin überprüft, ob er für das Kind und seine Eltern weiterhin der richtige ist. Das kann durch eine kurze Frage in der Gruppe oder ein Gespräch im Nebenraum geschehen, wenn neue Vereinbarungen getroffen werden müssen. Geplante Gespräche sollten am Ende der Kontaktphase, der Trennungsphase und der Stabilisierungsphase erfolgen. Der regelmäßige Kontakt ist einerseits wichtig für die Eingewöhnungsphase; andererseits erfahren die Eltern auch viel über die Einrichtung, das Konzept und die pädagogische Arbeit, und sie erleben, welche Mitwirkungsmöglichkeiten Eltern in der Kita haben.

Individuelle Lösungen: Eltern reagieren sehr unterschiedlich auf die Trennung von ihrem Kind. Je schwerer der Abschied fällt, desto wichtiger ist es, Lösungen zu finden, die dem Kind und seinen Eltern diese Situation erleichtern. Wenn die Erzieherin der Mutter signalisiert, dass sie deren Trennungsschmerz ernst nimmt und mit ihr gemeinsam überlegt, wodurch der Abschied leichter werden könnte, sind folgende Lösungen möglich: Die Mutter geht zuerst nur in einen Nebenraum; die Mutter verlässt die Einrichtung, kann aber anrufen und nachfragen, wie es ihrem Kind geht; ein spezielles Abschiedsritual wird erarbeitet; erfahrene Kindergartenmütter stehen als Patinnen zur Seite.

Das Tür- und Angelgespräch

Die sogenannten Tür- und Angelgespräche, wenn ein Kind gebracht oder abgeholt wird, sind nicht zu unterschätzen. Sie dienen der Kontaktpflege zwischen Eltern und Erzieherinnen und dem Austausch von Informationen über das Kind.

Jede Beziehung – besonders wenn sie noch im Aufbau ist – nährt sich aus Begegnungen, wobei häufige Kontakte besonders wichtig für die Verlässlichkeit sind. Wenn ich zu vielen verschiedenen Gelegenheiten die Erfahrung gemacht habe, dass meine Meinung wichtig ist, kann ich sicher sein (und nicht nur vermuten), dass dem tatsächlich so ist.

Ein dauernder Streitpunkt bei den Tür- und Angelgesprächen ist die Frage, ob die Aufmerksamkeit der Erzieherinnen den Kindern oder den Eltern gehört. Ganz einfach: Sie gehört beiden. Der Kontakt zu den Eltern ist für die Kinder wichtig, denn sie erleben die beiden für sie wichtigsten Lebenswelten im Miteinander. Die Begegnung am Anfang oder Ende eines Kita-Tages ist außerdem für Eltern und Erzieherinnen bedeutsam, um aktuelle Erlebnisse oder Befindlichkeiten des Kindes auszutauschen und das Kind dadurch besser verstehen zu können.

Ob zwischen Tür und Angel auch weiterführende Gespräche zu Erziehungsfragen stattfinden können oder gelegentlich ein kurzer Plausch über andere Themen, hängt von der allgemeinen und aktuellen Situation ab, für die die Erzieherin verantwortlich ist. Wie beim Telefonieren gilt auch hier: Ein Gespräch höflich zu beenden oder zu verschieben, zeigt Professionalität.

Das Entwicklungsgespräch

Im Entwicklungsgespräch tauschen Eltern und Erzieherinnen ihre Erfahrungen, Erlebnisse und Beobachtungen mit dem Kind aus und vereinbaren gemeinsam Schritte, um das Kind bestmöglich zu begleiten und zu fördern. Voraussetzung für ein erfolgreiches Entwicklungsgespräch ist, dass durch die oben beschriebenen Faktoren ein guter Kontakt und eine wertschätzende Beziehung aufgebaut wurde, sodass Eltern und Erzieherinnen voneinander profitieren können. Das Entwicklungsgespräch ist ein sehr wichtiges Element der Erziehungspartnerschaft und wird in den Kapiteln »Kinder im Blick – Systematisches Beobachten und Dokumentieren der Entwicklung von Kindern« (Seite 52) und »Alte Schätze, neu gehoben – Entwicklungsgespräche mit Eltern führen« (Seite 61) ausführlich beschrieben.

Beteiligung und Partizipation

Die partnerschaftliche Zusammenarbeit von Eltern und Erzieherinnen und die Unterstützung der Familien wird durch viele kleine Beteiligungen im Alltag der Kita, durch gemeinsame Aktionen und Ideen gelebt und weiterentwickelt. Wenn der gemeinsame Start der Kindergartenzeit erfolgreich war, sind die Möglichkeiten für eine weitere Partnerschaft vielfältig, bereichernd und begeisternd, wie auch die Beispiele der folgenden Kapitel zeigen.[3]

Fazit

Von einem gelungenen Anfang der Kindergartenzeit profitieren alle:
- die Kinder, die einen harmonischen, wenn auch manchmal nicht ganz reibungslosen Schritt in eine neue Lebensphase gehen und sich dabei von ihren Eltern und Erzieherinnen gut begleitet erleben. Ist dieser erste Schritt gelungen, hilft die gute Erfahrung, auch andere Veränderungen zu meistern;

- die Eltern, da der Beginn der Kindergartenzeit bereichernd für sie ist. Sie erleben, wie ihr Kind sich in der neuen Umgebung und Situation zurechtfindet und nehmen daran teil. Gemeinsam mit den Erzieherinnen suchen und finden sie Wege, ihr Kind in seiner Entwicklung zu unterstützen, und sie erhalten Anregungen für ihre Erziehungsarbeit und die Familie. Die Wertschätzung ihrer Erziehungsarbeit und die Einblicke in und Teilhabe an der pädagogischen Arbeit der Einrichtung schärft ihre Wahrnehmung und erweitert ihr Handlungsspektrum.

- die Erzieherinnen, da sie ein besseres Verständnis für das Kind entwickeln können, wenn die Eltern ihnen erzählen, wie das Kind sich in der Familie verhält, mit was es sich beschäftigt und welche Beobachtungen und Erfahrungen sie gemacht haben. Oft genug zeigen Kinder in der Kita andere Verhaltensweisen als zu Hause, und bei den Beschreibungen der Eltern und der Erzieherin scheint es sich um zwei verschiedene Kinder zu handeln. Doch das Kind zeigt lediglich zwei Seiten seiner Persönlichkeit. Nur durch den Austausch können Erzieherinnen ihr Bild von diesem Kind überprüfen und mit den Eltern einen Weg finden, der die gesamte Persönlichkeit des Kindes berücksichtigt.

Die partnerschaftliche Zusammenarbeit mit den Eltern ist aber nicht nur in fachlicher Hinsicht ein Gewinn für die Erzieherinnen. Durch Erziehungspartnerschaft und Partizipation fühlen sich die Eltern als Teil der Einrichtung akzeptiert. Sie erkennen die Professionalität der Erzieherinnen und schätzen ihre Arbeit. Das Klima in der Einrichtung ist dann freundlich, wohlwollend und unterstützend und stärkt alle, Erzieherinnen, Eltern und Kinder. Diese Atmosphäre wiederum wirkt nach außen,

---

2   Siehe hierzu auch: Caritasverband für die Erzdiözese Freiburg 2006

und das positive Image macht, dass andere Eltern sich auf die Zeit in »ihrer« Kita freuen – und bestimmt einen guten ersten Eindruck haben werden!

Literatur

Caritasverband für die Erzdiözese Freiburg e.V. (Hrsg.) (2006): Ausprobiert und weiterempfohlen. Tageseinrichtungen für Kinder, die am Projekt »Stärkung der Erziehungskraft der Familie durch und über den Kindergarten« teilgenommen haben, geben ihre Erfahrungen weiter (als Download unter http://www.dicvfreiburg.caritas.de/25206.html)

Caritasverband für die Erzdiözese Freiburg e.V. (Hrsg.) (2004): Quintessenz. Rahmenhandbuch zur Weiterentwicklung der Qualität in katholischen Tageseinrichtungen für Kinder in der Erzdiözese Freiburg (zu beziehen über: Caritasverband für die Erzdiözese Freiburg, Referat Tageseinrichtungen für Kinder, Alois-Eckert-Str. 6, 79111 Freiburg, quintessenz@caritas-dicv-fr.de)

Forgas, J.P. (1987): Sozialpsychologie. Eine Einführung in die Psychologie der sozialen Interaktionen. München-Weinheim: Psychologie Verlags Union

Andrea Gerth · Stefanie Theuer

Kinder im Blick
Systematisches Beobachten und Dokumentieren der Entwicklung von Kindern

Will man in der Erziehung, Bildung und Betreuung von Kindern mit den Eltern zusammenarbeiten, erfordert dies vor allem Gespräche, und zwar ganz unterschiedlicher Art. Zentrale Bedeutung kommt hier den regelmäßigen Entwicklungsgesprächen zwischen Eltern und Erzieherinnen zu. Diese gelingen umso besser, je gründlicher sich Erzieherinnen und auch Eltern darauf vorbereiten.

Bestens geeignet zur Vorbereitung sind systematische Beobachtung, Reflexion und Dokumentation kindlicher Entwicklungsprozesse. Sie ermöglichen einen differenzierten Blick auf das Kind, statt den Eltern nichtssagende Pauschalurteile zu präsentieren wie: »Ihr Benjamin ist immer so angepasst, er geht gar nicht aus sich heraus.«

Wenn Erzieherinnen Entwicklungsgespräche systematisch vorbereiten, erleben sie sich selbst als kompetent und können selbstbewusst ihre zuvor im Team reflektierten Sichtweisen gegenüber den Eltern vertreten. Wird darüber hinaus zur Beobachtung ein Verfahren gewählt, das die Ressourcen der Kinder in den Blick nimmt und nicht (nur) ihre möglichen Defizite, verändert sich die Atmosphäre im Gespräch mit den Eltern zum Positiven hin: »Freuen wir uns gemeinsam über die Entwicklungsschritte des Kindes und überlegen wir, was wir jeweils tun können, um es weiter bei seinen Bildungsprozessen zu begleiten und zu unterstützen.« Insofern wird es nicht verwundern, dass das Thema »Entwicklungsbeobachtung und -gespräche« einen Schwerpunkt in allen fünf Einzelprojekten zur »Stärkung der Erziehungskraft der Familie durch und über den Kindergarten« bildete.

Doch nicht nur aus dem Blickwinkel gelingender Erziehungspartnerschaft ist Entwicklungsbeobachtung sinnvoll: Die veränderte Perspektive auf das Kind als Akteur seiner eigenen Bildungsbiografie, wie sie etwa im Orientierungsplan für Bildung und Erziehung für die baden-württembergischen Kindergärten (2006) beschrieben ist, erfordert eine Umorientierung der Erzieherinnen in Bezug auf ihre Aufgaben. Sie sollen die kindlichen Selbstbildungsprozesse begleiten, anregen und unterstützen. Diesen Aufgaben können sie aber nur dann gerecht werden, wenn sie wissen, welche Themen das einzelne Kind gerade beschäftigen. Auch hierfür ist die systematische Beobachtung, Reflexion und Dokumentation kindlicher Entwicklung eine notwendige Voraussetzung.

In diesem Kapitel wird daher das konkrete Vorgehen im Einzelprojekt Nordbaden des »Paritätischen« dargestellt. Darin verpackt finden sich aber auch allgemeine Aussagen zur Entwicklungsbeobachtung und zur Dokumentation.

Aus der Erkenntnis heraus, dass gelingende Entwicklungsgespräche einen sehr guten Einstieg in eine Erziehungspartnerschaft zwischen Eltern und Erzieherinnen ermöglichen, wurde diesem Thema ein breiter Raum in der Projektarbeit gegeben. Ziel unseres Einzelprojektes war es, die Erzieherinnen für systematische Beobachtung und Dokumentation sowie für gelingende Kommunikation mit Eltern zu qualifizieren. Darüber hinaus sollten die Teams bei der konkreten Einführung eines Beobachtungssystems in ihrem Kindergarten unterstützt werden. Und zu guter Letzt ging es darum, Eltern für die Wahrnehmung frühkindlicher Bildungsprozesse zu sensibilisieren.

Erzieherinnen und Eltern qualifizieren

Um die eben genannten Ziele zu erreichen, haben wir im Rahmen des Einzelprojekts Nordbaden Angebote auf zwei Ebenen gemacht. Auf der Fortbildungsebene gab es zweitägige Seminare zu den Themen »Kindliche Entwicklung beobachten und dokumentieren« sowie »Kommunikation gestalten und trainieren«, die sich an Erzieherinnen und Eltern richteten. Auf der Einrichtungsebene wurde in jedem Kindergarten ein Inhouse-Seminar zum Thema »Entwicklungsbeobachtung in unserer Kita« durchgeführt. Dabei wurde in den meisten Fällen ein Pilotprojekt vereinbart, für dessen Auswertung ebenfalls eine projektseitige Unterstützung möglich war.

Das Inhouse-Seminar »Entwicklungsbeobachtung in unserer Kita« richtete sich an Erzieherinnen und Eltern eines Kindergartens, fand in den Räumen der Einrichtung statt und bestand aus zwei Teilen.

Ziel des ersten Veranstaltungsteils war es, im Sinne von Erziehungspartnerschaft eine gemeinsame Informationsgrundlage für Beobachtung und Dokumentation kindlicher Entwicklung bei Erzieherinnen und Eltern zu schaffen. Dabei sollten auch Eltern von Anfang an für kindliche Bildungsprozesse sensibilisiert werden, damit sie zu Hause aufmerksam verfolgen konnten, auf welchen Wegen sich ihr Kind die Welt erschließt. Außerdem sollte bei den Eltern Verständnis und Einverständnis für mögliche Veränderungen erreicht werden, die sich mit der Einführung von Beobachtung und Dokumentation im Kindergarten ergeben.

Der zweite Teil des Inhouse-Seminars richtete sich an das Erzieherinnenteam, um Hilfestellung bei der praktischen Umsetzung von Beobachtung, Reflexion und Dokumentation im Kindergartenalltag zu geben. Die Inhalte des Inhouse-Seminars werden im Folgenden kurz dargestellt.

Kindliche Bildungsprozesse sind Selbstbildungsprozesse

Anhand vieler Alltagsbeispiele aus dem Kindergarten und von zu Hause wurde gezeigt, wie sich Kinder aktiv die Welt aneignen: Sie machen Erfahrungen in ihrer Umwelt, nehmen diese mit allen Sinnen und in Interaktion mit anderen auf, verarbeiten sie selektiv und individuell und erwerben sich so das Wissen und die Fähigkeiten, die sie brauchen, um in ihrer Welt zurechtzukommen. Auf diese Weise erforscht und gestaltet das Kind von Geburt an. Sein Verhalten macht ihm daher immer Sinn, auch wenn Erwachsene diesen Sinn oft nicht auf Anhieb erkennen können.

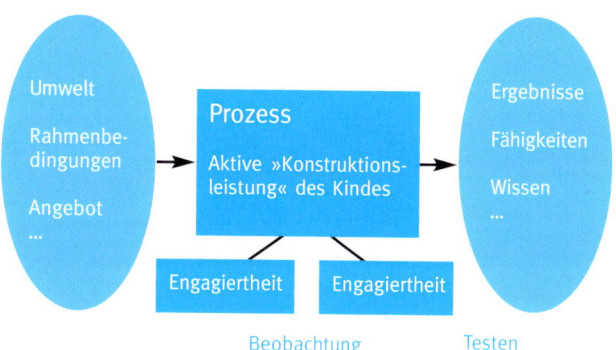

Lernen: Kinder eignen sich die Welt an

Die Aufgabe der Erwachsenen, die mit Kindern umgehen, besteht darin, Kindern ein Umfeld zu schaffen, in dem ihre Neugier und ihr Entwicklungsdrang angeregt werden. Notwendige Voraussetzung dafür ist ein Klima von Sicherheit und Geborgenheit, denn emotionales Wohlbefinden unterstützt die natürliche Aktivität und Lernbereitschaft des Kindes.

Diese Sichtweise war für viele Eltern neu, aber doch schnell nachvollziehbar. Oft entwickelte sich ein reger Austausch zwischen Eltern und Erzieherinnen über »Lernbeispiele« der Kinder und über ihre ganz individuellen Zugänge zur Welt.

Pädagogische Herausforderungen: Bildungsprozesse des Kindes erkennen und den unterschiedlichen Entwicklungsständen der Kinder gerecht werden

Hierzu fordert der Orientierungsplan für Bildung und Erziehung für die baden-württembergischen Kindergärten (2006) unter anderem die »Wahrnehmung, Beobachtung und regelmäßige Dokumentation des Entwicklungsstandes bzw. der Entwicklungsfortschritte jedes Kindes und Umsetzung dieses Wissens in der Planung und Gestaltung von Aktivitäten zur Anregung und Förderung der Bildungsprozesse jedes einzelnen Kindes« sowie die »Besprechung und Abstimmung der Aktivitäten zur Anregung und Förderung der Bildungsprozesse der Kinder mit den Eltern«. Für die Fachkräfte eines Kindergartens ergeben sich somit viele gute Gründe für Beobachtung und Dokumentation. Sie können damit:

- Themen, Interessen und Bedürfnisse von Kindern erkennen,
- die individuelle Entwicklung eines Kindes verfolgen und seine Bildungsbiografie dokumentieren,
- den Entwicklungsstand des Kindes erheben, seine Kompetenzen beschreiben sowie Entwicklungsrisiken erkennen,
- soziale Beziehungen und Spielkonstellationen in der Gruppe erfassen,
- Situationen, Räumlichkeiten und pädagogische Maßnahmen analysieren und planen,
- die eigene professionelle Kompetenz stärken und erweitern und
- eine Grundlage für qualifizierte Entwicklungsgespräche mit Eltern schaffen.

Das passende Beobachtungssystem finden

Auf der Suche nach dem passenden Beobachtungssystem lassen sich zwei Perspektiven unterscheiden, die beide ihre Berechtigung haben: Soll es um ein Einschätzen oder Beurteilen der kindlichen Entwicklung in den unterschiedlichsten Bereichen (zum Beispiel Motorik, Sprache, soziale Kompetenz) gehen? Unter diesem Blickwinkel wird man eher Ergebnisse erhalten, die eine Klassifizierung des Kindes im Vergleich zu Gleichaltrigen ermöglichen und Entwicklungsrisiken und -defizite aufdecken. Oder steht die Beschreibung kindlicher Verhaltensweisen im Alltag im Vordergrund? Aus dieser Perspektive wird stärker auf die Bildungsprozesse des Kindes, auf seine Stärken und Ressourcen fokussiert. Das Kind wird in seiner Individualität »sichtbar«.

Der Blick auf die altersgemäße Entwicklung dient somit eher der Absicherung gegenüber Risikolagen in der kindlichen Entwicklung, der zweitgenannte eher der Bildungsdokumentation des Kindes. Beides sind Anforderungen an Erzieherinnen im Kindergarten, die durch entsprechende Beobachtungsverfahren unterstützt werden können.

Bildungsprozesse beobachten und dokumentieren mit der Leuvener Engagiertheits-Skala für Kinder (LES-K)

Als eine Möglichkeit zur Bildungsdokumentation wurde Eltern und Erzieherinnen die LES-K vorgestellt (Laevers 1997), ein Beobachtungskonzept, das
- die Kriterien professioneller Beobachtung erfüllt,
- unabhängig von der Ausrichtung der pädagogischen Konzeption einsetzbar und im Alltag gut handhabbar ist,
- an der aktuellen Lernbereitschaft von Kindern ansetzt,
- auf die Interessen und Fähigkeiten der Kinder und auf die Gestaltung pädagogischer Angebote fokussiert und
- den Erzieherinnen und Eltern eine gemeinsame Sprache und Grundlage für den Dialog gibt.

Anhand von Beispielsequenzen aus dem Trainingsvideo zur LES-K wurden die Dimensionen von Engagiertheit (siehe Kasten) verdeutlicht und die Beobachtung geübt.
In der Auswertung und Reflexion der mit der LES-K gemachten Beobachtungen lassen sich zwei Fragestellungen verfolgen:
- Was sagt mir die Beobachtung über Interessen und Fähigkeiten des Kindes?
- Was sagt mir die Beobachtung über die Gestaltung des pädagogischen Angebots?

Dieser »Blick in beide Richtungen« fand insbesondere bei den Erzieherinnen großen Zuspruch. Eltern schätzten besonders den ressourcenorientierten Blick auf das Kind, der als viel wertschätzender erlebt wurde als eine Kann-/Kann-nicht-Einschätzung der Fähigkeiten des Kindes.

Dimensionen von Engagiertheit

Ausdauer und Konzentration
Engagierte Kinder lassen sich nicht leicht ablenken, sie bleiben »dabei« und richten ihre Aufmerksamkeit auf einen bestimmten Ausschnitt

Kreativität und Explorationslust, »an die Grenzen gehen«
Engagiert tätige Kinder gehen an die Grenzen ihrer Möglichkeiten, sie forschen und entdecken Neues, sie nehmen Herausforderungen an

Freude und Befriedigung
Engagierte Kinder haben ein starkes Gefühl der Befriedigung, sind freudig erregt und von der Sache begeistert

Präzision und Genauigkeit
Engagierte Kinder »schludern« nicht, sie widmen ihrer Arbeit viel Aufmerksamkeit und Zeit, sie achten auf Einzelheiten, sie arbeiten (spielen) genau

Energie
Wenn Kinder ganz in einer Tätigkeit aufgehen, dann mobilisieren sie viel Energie, bekommen z.B. rote Backen, schwitzen…

Absicherung gegenüber Risikolagen mit den »Grenzsteinen der Entwicklung«

Eltern erwarten von Fachkräften in Kindertageseinrichtungen, dass sie Entwicklungsrisiken bei Kindern frühzeitig bemerken und Eltern darüber informieren. Hierzu können beispielsweise die »Grenzsteine der Entwicklung« (Laewen 2002) herangezogen werden, ein Verfahren, das

- als Grundlage eines Frühwarnsystems für Risikolagen in Kindertageseinrichtungen dient,
- im Alltag gut handhabbar ist,
- »Meilensteine der Entwicklung« in den sechs wichtigen Bereichen Körpermotorik, Hand-Finger-Motorik, Sprachentwicklung, Kognitive Entwicklung, Soziale Kompetenz und Emotionale Kompetenz überprüft,
- sich an Entwicklungsmarken orientiert, die von 90 bis 95 Prozent der gleichaltrigen Kinder erreicht werden,
- bei Auffälligkeiten auf die diagnostische Abklärung durch erfahrene Fachkräfte (zum Beispiel den Kinderarzt oder die Frühförderstelle) verweist.

Im Vergleich der beiden vorgestellten Ansätze wurde Erzieherinnen und Eltern die Unterschiedlichkeit verschiedener Beobachtungsverfahren deutlich.

Das individuelle Bild abrunden: Drei Zugänge im Beobachtungssystem

Um eine ganzheitliche Sicht auf Kinder zu entwickeln, lassen sich verschiedene Methoden der Beobachtung und Dokumentation sinnvoll kombinieren. Dabei werden alltagsnahe, ungerichtete und punktuelle Beobachtungen mit prozessorientierten, standardisierten Einschätzungen verknüpft, und es entsteht für jedes Kind eine umfassende Sammlung, die die individuelle kindliche Entwicklung abbildet:

- Sammlung von Produkten: Ergebnisse kindlicher Aktivität – beispielsweise Zeichnungen, Gebasteltes, Fotos – werden, mit Datum und kindlichen Kommentaren versehen, aufbewahrt. So kann kindliche Entwicklung gegenüber Eltern und Kindern sichtbar gemacht werden.
- Freie Beobachtung: Über Tagebücher, laufende Noti-

zen, »Kleine Geschichten über Kinder« werden Alltagsbeobachtungen gesammelt und systematisch dokumentiert.
- Strukturierte Formen der Beobachtung: Standardisierte Beobachtungs- und Einschätzungsbögen, zum Beispiel LES-K (Engagiertheit), Grenzsteine, SISMIK (Sprachentwicklung), werden eingesetzt, um für die Interpretation des Beobachteten gemeinsame Kategorien zur Verfügung zu haben.

Die praktische Umsetzung von Beobachtung, Reflexion und Dokumentation im Kindergartenalltag

In diesem zweiten Teil des Inhouse-Seminars wurde mit den Erzieherinnen an den Fragen gearbeitet, die jeweils nur für die einzelne Einrichtung mit ihren speziellen Rahmenbedingungen und Fachkräften zu beantworten sind. Bei den Fragen ging es zum einen um allgemeine Klärungen wie:
- Welche pädagogischen Ziele möchten wir mit Beobachtung und Dokumentation erreichen?
- Welche Verfahren sind geeignet? Was haben wir bereits, was wäre eine sinnvolle Ergänzung?

Die Antworten darauf fielen unterschiedlich aus, je nach Situation und Konzeption des Kindergartens. Ein Beispiel findet sich als Tabelle auf der folgenden Seite.
Dann ging es aber auch um sehr konkrete Themen, die die Umsetzung und Integration von Beobachtung und Dokumentation in den Alltag betrafen:
- Wie soll Beobachtung und Dokumentation in die Arbeit integriert werden?
- Wie lässt sich der zeitliche Aufwand für Beobachtung und Dokumentation abschätzen?

Zeitraum	Beobachtungsverfahren	Elterngespräch
Eingewöhnungszeit	• Beobachtungsbogen nach der Eingewöhnungszeit	Elterngespräch nach Ablauf der Eingewöhnungszeit
1. Kindergartenjahr	• Engagiertheitsbeobachtung (LES-K) • Grenzsteine der Entwicklung (48 Monate)	Elterngespräch spätestens 4 Wochen nach dem 4. Geburtstag des Kindes
2. Kindergartenjahr	• Engagiertheitsbeobachtung (LES-K) • Grenzsteine der Entwicklung (60 Monate) • SISMIK für Kinder mit Migrationshintergrund	Elterngespräch spätestens 4 Wochen nach dem 5. Geburtstag des Kindes
3. Kindergartenjahr Vorschulzeit Übergang zur Schule	• Engagiertheitsbeobachtung (LES-K) • Grenzsteine der Entwicklung (72 Monate) • Schuleingangsuntersuchung in Kooperation mit Gesundheitsamt	Elterngespräch im ersten Vierteljahr des letzten Kindergartenjahres

Beispiel für ein Beobachtungssystem

- Wie und wie viele Zielkinder ordnen wir uns Fachkräften zur Beobachtung zu?
- Wie funktioniert die personelle Planung für die Beobachtungszeiten?
- Wo finden wir Zeiten für Austausch und Reflexion im Team?
- Wie kann durch eine schriftliche Beobachtungsplanung Verbindlichkeit und Durchhaltedisziplin erreicht werden?
- Wie sichern wir die Verfügbarkeit der Verfahren und der technischen Hilfsmittel?
- Welche Absprachen treffen wir mit Eltern und Kindern?

Aus den Antworten auf diese Fragen wurden kindergarteneigene Pilotprojekte entwickelt (Beispiele siehe nachfolgender Kasten). Nach diesem Vorgehen meldeten Erzieherinnen zurück, wie wertvoll es war, aufbauend auf der Theorie aus der Fortbildung nun Zeit und Raum im Team zu haben, das Thema Beobachtung mit Blick auf die Besonderheiten der eigenen Einrichtung zu diskutieren, Stolpersteine abzuwägen und mit fachlicher Unterstützung erste Schritte zu planen.

Pilotphase Beobachtung: Mitte Juni bis Ende Juli 2006

- Zwei Kinder pro Gruppe werden beobachtet
- Zweimal zehn Minuten pro Woche abwechselnd von jeder Gruppenerzieherin
- Verwendeter Bogen: Beobachtungsbogen 1a der LES-K

- Während der Freispielzeit zwischen 10 und 11 Uhr
- Gelben Schal (als Zeichen für die beobachtende Erzieherin) für die Kinder umbinden
- Nach der Beobachtung zehn Minuten Zeit einplanen für erste Auswertung
- Material (Fotos, Bilder, Geschichten), das die Beobachtungen illustriert, wird gesammelt
- Gruppenerzieherinnen werten montags vor der Dienstbesprechung ihre Beobachtungsergebnisse mit dem Reflexionsbogen zur LES-K aus (30 Minuten)
- Offene Fragen werden anschließend im Gesamtteam diskutiert (30 Minuten)
- Vorbereitung des Elterngesprächs entlang Leitfaden durch die Gruppenerzieherinnen
- Durchführung des Elterngesprächs und gemeinsame Dokumentation der Ergebnisse

Was sich verändert hat

Beobachtet wurde in den Kindergärten auch schon vor der Beschäftigung mit diesem Projektschwerpunkt. Im Mittelpunkt standen dabei aber vor allem die Kinder, die ein auffälliges und damit störendes Verhalten zeigten. Die anderen Kinder blieben dadurch eher im Hintergrund. Insofern wurde der in den Fortbildungen vorgestellte ressourcenorientierte Blick auf das Kind von den Erzieherinnen gerne übernommen: »Wir beobachten jetzt viel unvoreingenommener, das Kind mit seinen Interessen steht dabei im Mittelpunkt.«[1]

Auch fiel es leicht, den Engagiertheitsblick auf die Kinder zu erlernen und in den Alltag mitzunehmen: »Unsere Beobachtung ist durch die Auseinandersetzung mit Engagiertheit noch differenzierter geworden: Eltern erleben bei Elterngesprächen, dass ihr Kind ganz gezielt wahrgenommen wird. Wir haben nun noch mehr Material als Grundlage für diese Gespräche, zum Beispiel konkrete Situationsbeispiele oder Fotos zur Engagiertheit des Kindes.«

Materialsammlungen von Kindern gab es schon immer. Doch handelte es sich dabei eher um eine zufällige Sammlung kindlicher Produkte als um eine systematische Dokumentation kindlicher Bildungsprozesse. Im letzteren Fall zählt nicht die Frage: »Ist es schön?«, sondern wichtig ist vielmehr die Überlegung: »Verdeutlicht das Produkt einen weiteren Entwicklungsschritt des Kindes?«.

Insbesondere durch das Inhouse-Seminar und die dabei vereinbarte Pilotphase wurde der vor den Erzieherinnen liegende Berg an Anforderungen und vermuteten Überforderungen, die mit der Einführung einer systematischen Beobachtung, Reflexion und Dokumentation verbunden zu sein schien, kleiner. Sie trauten sich diese begrenzte Aufgabe zu und konnten die daraus erwachsenden Erfahrungen nutzen, um ihr eigenes Beobachtungssystem weiterzuentwickeln. Unterstützend war dabei die Erfahrung, dass die Erzieherinnen sich selbst als besser vorbereitet auf die Entwicklungsgespräche erlebten und diese folglich mit größerer Sicherheit führen konnten.

Auch Rückmeldungen der Eltern auf diese Gespräche waren positiv. Durch eine systematische Vorbereitung und den ressourcenorientierten Blick auf das Kind rückten die gemeinsamen Interessen von Eltern und Erzieherinnen in den Vordergrund, es kam zu gemeinsamen Vereinbarungen statt zu gegenseitigen Schuldzuweisungen.

---

[1] Die folgenden Zitate stammen aus der Abschlussbefragung der Erzieherinnen zu den Veränderungen, die durch das Projekt bewirkt wurden.

Die erreichten Haltungsänderungen lassen sich nur schwer von den angestoßenen Prozessen trennen, sodass hier vor allem noch einmal folgende Veränderungen hervorgehoben werden sollen:

- Um Beobachtung, Reflexion und Dokumentation kindlicher Entwicklungsprozesse in den Alltag zu integrieren, mussten die Erzieherinnen ihre Rolle neu definieren: Sie sind nicht mehr diejenigen, die dafür sorgen, dass die Kinder etwas zu tun haben – also diejenigen, die permanente Angebote machen. Vielmehr schaffen sie Räume, in denen die Kinder ihren Interessen selbst nachgehen können, und die Erzieherinnen beobachten, begleiten und unterstützen sie dabei.
- Die Ressourcenorientierung veränderte den Blick auf das Kind – nicht seine Schwächen und Defizite stehen im Vordergrund, sondern seine momentanen Entwicklungswege/-themen und die Frage, wie jedes einzelne Kind dabei gefördert werden kann.
- Auch für Eltern war der positive Blick auf das Kind eine wichtige Erfahrung: Sie konnten das ihnen manchmal unsinnig erscheinende Verhalten ihres Kindes auf die dahinter liegenden Bildungsprozesse hin interpretieren und dadurch einen anderen Zu- und Umgang damit finden.

Die gemeinsame Beschäftigung mit dem Thema Beobachtung erlebten Erzieherinnen und Eltern als sehr fruchtbar. Durch den Austausch der unterschiedlichen Perspektiven auf den Kindergarten, seine Anforderungen und Aufgaben entstand ein Verständnis für die jeweils andere Seite.

Fazit

Im Rahmen des Projekts gab es mehrere Stolpersteine bei der Einführung einer systematischen Beobachtung, Reflexion und Dokumentation. Zum einen können Widerstände beim Team auftauchen: »Wie sollen wir das denn auch noch schaffen?« Diesem Einwand kann nur durch eine veränderte Rollenbeschreibung und Aufgabendefinition begegnet werden: »Wer Neues will, muss Altes lassen.« Deshalb ist es notwendig, die Erzieherinnen beim »Lassen« zu unterstützen und mit ihnen (und den Eltern) gemeinsam zu erarbeiten, woher die Zeit für die neuen Aufgaben kommen kann.

Die Einführung eines Beobachtungssystems war dort am einfachsten, wo es eine gemeinsame Teamentscheidung für Beobachtung und die gewählten Verfahren gab und die Leitung sich als Promoter des Themas verstand. Die persönliche Qualifizierung aller Teammitglieder ist Voraussetzung für professionelle Beobachtung und für eine fruchtbare Diskussion im Team. Wenn es Erzieherinnen gelingt, sich in Bezug auf Beobachtung auch als Lernende zu begreifen, können sie in Pilotprojekten den Weg der kleinen Schritte gehen und auf diese Weise Erfahrungen machen und gemeinsam auswerten. So können Misstrauen ausgeräumt und Erfolge gesehen werden – ein kindergarteneigenes System zur Beobachtung und Dokumentation kindlicher Entwicklung muss wachsen.

Aber auch bei Eltern trifft das Beobachten nicht immer auf ungeteilte Zustimmung: »Ich will doch nicht, dass hier schon schulische Verhältnisse Einzug halten. Mein Kind soll hier in Ruhe und ohne Beobachtung oder Bewertung spielen können.« Hier wird deutlich, wie wichtig es ist, die Eltern für kindliche Bildungsprozesse und ihre Begleitung und Unterstützung durch

Erwachsene zu sensibilisieren. Nur wenn Eltern den Wert von Beobachtung und Dokumentation zu schätzen wissen, kommt der Einwand, »die sollen doch lieber was für die Kinder machen«, nicht mehr vor.

Abschließend lässt sich festhalten, dass die Einführung einer systematischen Beobachtung, Reflexion und Dokumentation kindlicher Bildungsprozesse nicht nur auf der handwerklichen Ebene zu bewältigen ist. Es reicht nicht aus, ein Seminar zu diesem Thema zu besuchen und sich mit der Technik vertraut zu machen. Vielmehr ist eine grundlegende Haltungsänderung bei den Erzieherinnen erforderlich, eine Neudefinition der Rolle der Erzieherin und damit oft auch eine Veränderung in der pädagogischen Praxis. Deshalb ist es sinnvoll, wenn sich Kindergärten bei diesem Prozess begleiten lassen, denn so können sie die Chancen, die hierin liegen, auch eher nutzen.

Literatur

Laewen, H.J. (2002): Grenzsteine der Entwicklung als Grundlage eines Frühwarnsystems für Risikolagen in Kindertageseinrichtungen. Berlin: infans

Laevers, F. (Hg.) (1997): Die Leuvener Engagiertheits-Skala für Kinder LES-K. Handbuch zum Video. Erkelenz: Berufskolleg des Kreises Heinsberg in Erkelenz, Fachschule für Sozialpädagogik, Westpromenade 2, 41812 Erkelenz

Mayr, T./Ulich, M. (1999): Beobachtung und Professionalität. In: Colberg-Schrader, H./Engelhard, D./Höltershinken, D./Neumann, K./Sprey-Wessing, T.: Kinder in Tageseinrichtungen. Ein Handbuch für Erzieherinnen. Seelze-Velber: Kallmeyersche Verlagsbuchhandlung, S. 375-381

Ministerium für Kultus, Jugend und Sport Baden-Württemberg (2006): Orientierungsplan für Bildung und Erziehung für die baden-württembergischen Kindergärten. Weinheim: Beltz

Völkel, P./Viernickel, S. (2005): Beobachten und dokumentieren im pädagogischen Alltag. Freiburg, Basel, Wien: Herder

Uta Stolz

Alte Schätze, neu gehoben
Entwicklungsgespräche mit Eltern führen

Gemeinsames Anliegen von Eltern und Erzieherinnen ist es, die Entwicklung »ihrer« Kinder bestmöglich zu fördern. Dieses Anliegen, der Wunsch und die Notwendigkeit, darüber mit Eltern in Austausch zu treten, sind die Ausgangsbasis für regelmäßige Entwicklungsgespräche. Immer mehr Kindergärten sind daher dazu übergegangen, diese Gespräche vorbereitet anzubieten.

Neu sind Gespräche mit Eltern über ihre Kinder nicht. Bisher wurden sie jedoch aus speziellen, eher negativ gefärbten Anlässen initiiert, etwa bei Auffälligkeiten im Verhalten oder in der Entwicklung des Kindes. Eine gewisse Regelmäßigkeit erfuhren sie vor der Einschulung der Kinder, wenn es um die Schulfähigkeit der Kinder ging. Die Einladung zu einem Gespräch bedeutete für Eltern in der Regel: Beschwerden entgegennehmen, mit Versagen, Fehlverhalten oder Unzulänglichkeiten der Kinder konfrontiert werden und sich mit unangenehmen Problemen oder Schuldzuweisungen auseinandersetzen müssen.

Neuerdings erfahren Eltern in Einrichtungen eine ganz neue Qualität von Gesprächen: Entwicklungsgespräche in unterschiedlichen Phasen der Kindergartenzeit werden zunehmend konzeptioneller Bestandteil der pädagogischen Arbeit. Leiterinnen kündigen schon bei der Anmeldung an, dass die Erzieherinnen sich regelmäßig mit Eltern über die Entwicklung des Kindes austauschen wollen. Sie bereiten sich mit Hilfe systematischer Beobachtungen darauf vor, laden in ansprechender Form ein, nachdem sie Termine vereinbart haben, die die individuelle Lebens- und Arbeitssituation der Eltern berücksichtigen und ihnen eine Teilnahme erleichtern. Das Projekt hat gezeigt, dass sich auch zunehmend die Väter für diese Gespräche interessieren.

Gängige Praxis in vielen Projekteinrichtungen ist es inzwischen auch, dass im Vorfeld eines Entwicklungsgespräches die Eltern einen Beobachtungsbogen erhalten. Dieser Bogen beinhaltet Fragen zu Stärken und Interessen des Kindes, die im Gespräch wieder aufgegriffen werden können. Er unterstützt Eltern dabei, ihrerseits Bildungsprozesse zu beobachten und wichtige Signale wahrzunehmen. So können sich Eltern bereits im Vorfeld Gedanken über das Entwicklungsgespräch machen und es gemeinsam vorbereiten.

Partnerschaft und Kooperation

Erzieherinnen haben erkannt, dass Entwicklungsgesprächen eine Schlüsselrolle in der Kommunikation mit Eltern zukommt. Sie schätzen ihre Eltern als wichtige Partner für die Interpretation und Deutung dessen, was sie im Kindergarten beobachten, und beziehen deren Erfahrungen zur Unterstützung der Kinder vielfältig ein. Die Fragen der Erzieherinnen werden von Eltern als Interesse verstanden, nicht als Kontrolle. Eltern fühlen sich in ihrer Elternrolle und in ihren eigenen Erziehungsbemühungen ernst genommen. Sie sind deshalb sehr aufgeschlossen gegenüber den Berichten von Beobachtungen aus dem Kindergarten. Denn wer, außer interessierten Erzieherinnen, nimmt schon so aufmerksam, wertschätzend und differenziert Anteil am Erziehungsgeschehen, an Sorgen und Glücksmomenten der Eltern mit ihren Kindern? Ausreichend Zeit und Raum dafür bieten regelmäßige Entwicklungsgespräche.

Bildung, Betreuung und Erziehung beinhalten Beziehungsgestaltung. Die Beziehung zum Kind, Interaktionen und Angebote an die Gruppe, die Gestaltung von Räumen und die Bereitstellung von Materialien machen einen wesentlichen Teil der Arbeit aus. Aber auch die professionelle Gestaltung der Beziehung zu den Eltern war schon immer ein wichtiger Aspekt für die erfolgreiche Arbeit im Kindergarten. Durch das Projekt »Stärkung der Erziehungskraft...« hat sich jedoch bei den teilnehmenden Einrichtungen ein entscheidender Perspektivwechsel ergeben: Die Wahrnehmung des Kindes als Teil einer Familie und die Einbindung der Eltern in die Arbeit des Kindergartens begründet eine Erziehungspartnerschaft, die sich als gemeinsame Verantwortung für die bestmögliche Entwicklung und Förderung des Kindes versteht. Das drückt sich aus in der Formulierung einer Erzieherin: »Kein Kind kommt allein!« Worin liegt das Geheimnis einer guten Erziehungspartnerschaft? Entscheidend für ein Gelingen ist die Einstellung der Erzieherinnen den Eltern gegenüber: Werden Eltern geschätzt und in ihrer Unterschiedlichkeit gesehen, in ihrer jeweils besonderen Lebenssituation? Sind sie willkommen oder stören sie? Diese Fragen sind Ausdruck bestimmter Haltungen, und diese Haltungen schwingen im Hintergrund mit, wenn sich Eltern und Erzieherinnen begegnen und miteinander ins Gespräch kommen. Geht es um Kooperation, um das gemeinsame Handeln für eine bestmögliche Begleitung und Förderung des Kindes, dann bietet eine partnerschaftliche Zusammenarbeit eine optimale Ausgangslage.

»Zusammenarbeit kann nicht eingefordert werden, sie muss gewonnen werden«, so bringt es Rudolf Dreikurs, Psychologe und Pädagoge, auf den Punkt (Dreikurs, zitiert nach Horst 2005). Das gilt umso mehr für professionelle Kooperation im Rahmen eines Kindergartens. Den Erzieherinnen kommt dabei die impulsgebende Rolle bei der Initiierung von Erziehungspartnerschaft zu. Doch die Mühe lohnt sich, ist ein Fazit der Projektbeteiligten.

Austausch unter Experten

Erzieherinnen haben eine begrenzte Zuständigkeit für ein Kind. Sie sind für bestimmte Zeiten in einer bestimmten Lebensphase des Kindes verantwortlich. Eltern sind ihren Kindern ein Leben lang verbunden. Sie kennen die Familiengeschichten über Generationen, sie wissen um die Empfindlichkeiten und Eigenheiten ihres Kindes. Familien teilen Gefühle, Kommunikationsmuster, Traditionen, eine Familienkultur und Lebensregeln. Das macht Eltern zu Experten im Sinne von Menschen, die hinsichtlich ihrer Kinder ein großes Wissen besitzen. Das heißt jedoch nicht, dass sie alles perfekt machen. Auch Experten können Fehler machen.

Die professionelle Rolle der Erzieherinnen beinhaltet, dass sie auch Gestalterinnen für die Beziehung zu Eltern sind. Die Erzieherinnen können entscheiden, unter welchen Bedingungen die Gespräche stattfinden. Sie gestalten Ort und Form, sodass Anliegen Gehör finden und Beobachtungen und Deutungen ausgetauscht werden können, denn der Kindergarten ist ihr Arbeitsplatz, der Ort, an dem sie ihr professionelles Handeln unter Beweis stellen. Sie schaffen die Grundlage für den Austausch, bemühen sich um den entsprechenden Rahmen mit Verbindlichkeit und Struktur und ermöglichen die Transparenz ihrer pädagogischen Arbeit: Durch regelmäßige Gespräche über die Entwicklung des

Kindes wird ein sorgfältiger Aufbau eines partnerschaftlichen Vertrauensverhältnisses zwischen Eltern und Erzieherinnen gefördert und gepflegt.

Nun sind nicht alle Eltern gleich. Entwicklungsgespräche geben den Erzieherinnen aber die Gelegenheit, auf unterschiedliche Eltern und jede einzelne Familie ganz individuell einzugehen. Wenn Sprachschwierigkeiten bestehen, bieten Fotos oder Videos aus dem pädagogischen Alltag eine wunderbare Möglichkeit sich über die Kinder zu verständigen. Mit Bildern ist das Interesse der Eltern leicht zu gewinnen. So können Lernschritte sichtbar gemacht und die intensive Auseinandersetzung eines Kindes mit einem Thema gezeigt werden.

Wichtig ist: Die Zusammenstellung von Materialien, das Eingehen auf einzelne Eltern und ihre spezifische Situation – seien es zeitliche Einschränkungen, der Wunsch zu zweit zu kommen oder ein besonderes Anliegen –, erfordert eine gründliche Vorbereitung der Gespräche.

Gut vorbereiten

Entwicklungsgespräche finden nach der Eingewöhnung statt, regelmäßig innerhalb jedes Kindergartenjahres und schließlich vor der Einschulung. Sie geben Eltern und Erzieherinnen Gelegenheit, sich gemeinsam auf Entdeckungsreise der kindlichen Bildungs- und Entwicklungsspuren zu machen. Der Erzieherin obliegt die Auswahl von Situationen für den Austausch von Beobachtungen. Beim Versuch, die Bedeutung von Handlungen und Verhalten der Kinder zu verstehen, können beide, Eltern wie Erzieherinnen, auf Gemeinsamkeiten und Unterschiede in der Wahrnehmung und Interpretation dieser Situationen stoßen.

Eine zusätzliche Qualität erhält das Gespräch, wenn ihm strukturierte Beobachtungen zugrunde liegen. Da Beobachtungen Instrument einer tragfähigen Entwicklungsbegleitung sind, ist es wichtig, dass sie sich nicht an Defiziten oder ausschließlich an erkennbaren Leistungen der Kinder orientieren, sondern dass sie dazu einladen, Stärken, Interessen und Themen der Kinder zu beschreiben und ihre Herangehensweise an Aufgaben in den Mittelpunkt zu stellen. Eltern zeigen sich oft verwundert: »Was Erzieherinnen alles wahrnehmen!«, sagte einmal eine Mutter hinsichtlich der Fähigkeiten und Talente, die ihr Kind in der Einrichtung zeigte. Erzieherinnen können differenziert und anschaulich auf Grund einer fundierten Dokumentation ihrer Beobachtungen berichten.

Ein wichtiges Ergebnis des Projektes ist die Entwicklung eigens für Eltern konzipierter Beobachtungsbögen. Mit Hilfe strukturierter Fragen haben auch Eltern die Chance, im Vorfeld gezielt ihre Kinder zu beobachten, sich auf die Gespräche vorzubereiten und ihre Sichtweise einzubringen.

Beobachtungsbögen für Eltern unterstützen das Vorhaben, in einen dialogischen Austausch zu treten. Erzieherinnen bereiten sich auf die Entwicklungsgespräche mit regelmäßigen Beobachtungen und Dokumentationen vor. Im Rahmen des Projektes haben sie darüber hinaus auch Eltern die Gelegenheit gegeben, mit Hilfe strukturierter Bögen ihr Kind im Vorfeld gezielter zu beobachten und sich so auf den gemeinsamen Termin vorzubereiten. Auf diese Art kann eine gemeinsame Sprache und kann ein gemeinsamer Fokus entstehen. Angesprochen werden dann eher der gesamte Entwicklungsprozess, die Stärken und Interessen des Kindes als Einzelkompetenzen oder Defizite.

Vertiefende Impulse dazu kamen aus den positiven Erfahrungen der englischen Early Excellent Centres in ihrer Zusammenarbeit mit Eltern. Gleichzeitig setzten

63

sich viele Einrichtungen mit der Leuvener Engagiertheits-Skala auseinander. Dadurch richtete sich der Blick der Erzieherinnen und der Eltern beim Beobachten auf Engagiertheit, Wohlbefinden, auf Entwicklungsprozesse, auf die Art, wie Kinder etwas tun und woran sie stark interessiert sind. Als Fundament für einen Austausch eignet sich diese Sichtweise eher als der Blick auf Einzelkompetenzen.

Die Fragestellungen aus dem Beobachtungsbogen für Eltern nach der Eingewöhnungsphase nehmen Veränderungen in den Blick und werden hier als Beispiel auszugsweise aufgeführt:

- Wie wirkt sich der Wechsel zwischen zu Hause und dem Kindergarten bei meinem Kind aus?
- Welche Freundschaften oder Kontakte sind entstanden?
- Nehmen Sie Veränderungen im Spielverhalten, in der Sprache oder in der Selbstständigkeit wahr?
- Mit welchen Spielen und Materialien geht mein Kind zu Hause um?
- Gibt es Themen oder Vorlieben, mit denen es sich zu Hause häufig befasst?

Als Hilfestellung für die Beobachtung zu Hause und als Grundlage für weitere Gespräche während der Kindergartenzeit können folgende Einschätzungen dienen:

- Ich sehe mein Kind am lebendigsten, wenn...
- Ich sehe mein Kind besonders geschickt, wenn...
- Ich sehe mein Kind besonders vertieft bei der Sache, wenn...
- Mein Kind erzählt gerne, wenn...

Vor der Einschulung fragen viele Eltern nach Schulkompetenzen. Dahinter steht die Sorge: Wird mein Kind den Wechsel problemlos schaffen? Wird es diese lebensentscheidende Phase erfolgreich durchlaufen können? Auch

hier bieten Elternbeobachtungsbögen Orientierung und eine Gesprächsgrundlage, die den Blick über die üblichen Erwartungen von »Bleistifthaltung«, »Zahlenverständnis« und »Stillsitzen« hinaus öffnet. Wichtig dabei ist wieder ein positiver und wertschätzender Blick auf das Kind und seine vielfältigen Fähigkeiten und Möglichkeiten. Das schließt neben kognitiven auch seine sozialen Fähigkeiten ein: zu einer Gemeinschaft beizutragen, einen eigenen Weg zu finden oder auf sich selbst vertrauend neue Herausforderungen anzunehmen.

Durch die beidseitige Vorbereitung findet dieser Austausch auf Augenhöhe statt. Die Gespräche haben einen dialogischen Charakter und bieten beiden Seiten, Erzieherinnen wie Eltern, eine gute Chance, gemeinsam zu überlegen, wie das Kind weiter gefördert werden kann. Ein solcher wechselseitig geführter Dialog beinhaltet viel an Wertschätzung und Anerkennung für die Erziehungsleistung der Eltern, die sich dabei auch als Ansprechpartner für die Erziehung ihrer Kinder ernst genommen fühlen.

Gemeinsam für das Kind

Beobachtungen im Vorfeld bieten Ansatzpunkte für ein gemeinsames Verständnis des kindlichen Handelns und der kindlichen Entwicklung: Welcher Beitrag der Erwachsenen, welches Verhalten war förderlich und unterstützend? Gibt es Felder, die in nächster Zeit größerer Beachtung bedürfen? Eine Verständigung darüber regt beide Seiten dazu an, sich neugierig und offen auf den Weg zu machen. Ein kurzes Ergebnisprotokoll, in dem Themen, aber auch Vereinbarungen vermerkt sind, gibt beiden Seiten Gelegenheit, im Bedarfsfall immer wieder auf das Besprochene zurückzugreifen.

Eltern erhalten mit den Impulsfragen die Gelegenheit,

sich eigene Gedanken zu bildungs- und entwicklungsrelevanten Situationen ihres Kindes zu machen. Sie werden zu Beobachtungen angeregt und wissen, dass sie für einen Austausch darüber interessierte Zuhörerinnen finden. »Die Qualität der Gespräche hat bei uns stark zugenommen«, sagte zum Beispiel eine Erzieherin aus dem Projekt: »Eltern berichten präziser, machen ihre Aussagen oft an konkreten Beobachtungen fest und weisen uns auf interessante Entwicklungsschritte hin.«

Eine Öffnung dieser Art führt dazu, dass Eltern erleben, wie Erzieherinnen mit den Kindern umgehen, wie sie Probleme und Konflikte lösen, wie sie Angebote planen und durchführen. Dabei können Eltern Anregungen für den eigenen Erziehungsalltag bekommen. Sie erfahren aber auch gleichzeitig, was an einem Tag im Kindergarten alles passiert, wie vielfältig die Erfahrungs- und Lernbereiche für Kinder sind.

Erzieherinnen, die Eltern den Zugang zu ihrer Arbeit mit den Kindern gewährt haben, erfahren viel Wertschätzung und Anerkennung für ihre geleistete Bildungs- und Erziehungsarbeit. Eine positive Einstellung der Erzieherinnen zu den Fähigkeiten eines Kindes überträgt sich. Eltern bemerken genauso wie fachlich geschulte Erzieherinnen positive Veränderungen, kleine Erfolge oder Phasen intensiver Auseinandersetzung. Da sie ihnen möglicherweise im Vergleich zu störendem Verhalten oft klein vorkommen, werden sie als unbedeutend eingeschätzt. Durch einen Austausch der Sichtweisen über Situationen, in denen die Stärken, eine hohe Engagiertheit oder Signale des Wohlbefindens sichtbar waren, entsteht auch bei Eltern eine Veränderung der Wahrnehmung, des Denkens und der Gefühle. Das stärkt das Vertrauen der Eltern in ihre eigenen Fähigkeiten und Möglichkeiten.

Für die Einführung und Weiterentwicklung von Entwicklungsgesprächen waren zwei Aspekte von Bedeutung: die mehr und mehr mit Leben gefüllte Partnerschaftlichkeit während der Projektzeit und die Vielfalt der Handlungsfelder im Kindergarten zur Stärkung der Eltern. Entwicklungsgespräche bieten eine einzigartige Gelegenheit, Fragen zu stellen, Rückmeldung auf die eigenen Gedanken zu erhalten und eigenes Wissen und Verstehen zu erweitern, und sie leisten so einen elementaren Beitrag zur Elternbildung. Durch die individuelle Ansprache an einem vertrauten Ort sind die Gespräche niedrigschwellig und werden – von wenigen, meist begründeten Ausnahmen abgesehen – von allen Eltern gerne wahrgenommen.

Was sich verändert

Beim Projekt waren Eltern und Erzieherinnen eingeladen, im Rahmen von Workshops gemeinsam solche Beobachtungsbögen für Eltern zu entwickeln und zu diskutieren. Die direkten Rückmeldungen von Eltern im Prozess und ihre Fragen belebten die Suche nach Lösungen und führten oft zu nicht vorhergesehenen Ergebnissen.

Diskutiert wurden Fragen wie: Werden Eltern durch die Bögen überfordert? Wie umfangreich darf ein solcher Bogen sein? Müssen Eltern die Bögen ausfüllen? Sollen in einem Bogen einzelne Kompetenzfelder enthalten sein? Befördert die Aufzählung einzelner Kompetenzen einen »Leistungswettbewerb«, oder sind eher offene Fragen hilfreich?

Die Modellphase und die gute Kommunikation mit Eltern im Vorfeld gaben Mut, Varianten zu erproben und immer wieder zu verbessern. Beobachtungsbögen wurden gekürzt, Defizitfragen (»das Kind ist unruhig«) wurden verändert, und es sind Begleitschreiben und Übersetzungen in andere Sprachen entstanden.

Die Rückmeldungen der Eltern auf die Bögen und die Auswertung der Gespräche bestärkten den eingeschlagenen Weg: »Die Qualität der Gespräche ist größer geworden. Wir kommen schnell in einen intensiven Austausch und verstehen jeweils, was der andere meint«, so beschreibt eine Erzieherin ihre Erfahrungen nach einem Jahr. »Selbst in Tür- und Angelgesprächen geht es jetzt öfter um Beispiele von Lernschritten, um neue ›Forschungsthemen‹ der Kinder.«

Der Einfluss der Eltern wurde am deutlichsten am Bogen, der für das Gespräch vor der Einschulung entwickelt wurde. Es bestand eine hohe Nachfrage nach einem Kompetenzprofil: Was muss mein Kind können, wenn es in die Schule kommt? Ein ganzheitliches Bild des Kindes über alle Kompetenzfelder kam dem Bedürfnis der Eltern nach Orientierung für die Einschulung am nächsten. Auf der anderen Seite stand der Wunsch, Kinder möglichst lange vor Leistungsdruck zu schützen, ihren Zugang zur Welt zu beschreiben und zu bestärken und ihnen einen Schutzraum zur Entfaltung bereitzustellen.

Die Perspektive der Eltern war kontinuierlich in den gesamten Bearbeitungsprozess eingebunden, nicht nur sporadisch oder einmalig. Weitere Anregungen und Korrekturen durch kollegialen Austausch erhielten die Einrichtungen bei den regelmäßigen Projekttreffen. So konnten die Teams von den Erfahrungen und Sichtweisen anderer profitieren. Begleitende Fortbildungen zum Thema Entwicklungsgespräche und zur Beobachtung und Dokumentation unterstützten die gemeinsame Auseinandersetzung.

Fazit: Geschenkte oder verschenkte Zeit?

Eltern und Erzieherinnen im Gespräch: Wie viel Fürsorge, wie viel Zeit und Fantasie sind Kinder wert? Wie viel Arbeitszeit, Mütter- und Väterzeit, wie viel Beziehungszeit wird für sie aufgewendet?

Sicher ist: Entwicklungsgespräche sind gut investierte Zeit für Kinder. Die Anregungen für Eltern, für Erzieherinnen und für Kinder, die durch Entwicklungsgespräche zu Tage befördert werden, sind unschätzbar. Die Erinnerungsspuren, die für Kinder bleiben, weil die Erwachsenen sie mit ihnen teilen, können sie ein Leben lang bereichern. Mit dieser Arbeit wird daher das Leben vieler Familien berührt.

Zwar ist der Einfluss auf Familien nicht direkt messbar. Dennoch werden sich die meisten Eltern bestärkt fühlen, wenn sie auf diese Weise ein kurzes Stück auf ihrem Lebensweg begleitet werden. Die Früchte dieser anregenden Kooperation kommen zunächst den Kindern zu Gute, ihrem Wohlergehen, ihrer Bildung und Erziehung, die beiden Seiten gleichermaßen am Herzen liegen.

Diese partnerschaftliche Kooperation, die sich in regelmäßigen Entwicklungsgesprächen verfestigt, fördert aber auch den Dialog zwischen Eltern und Erzieherinnen und trägt insgesamt zu einer Verbesserung der Kommunikation bei. Der wechselseitige Austausch stärkt das Binnenverhältnis von Erzieherinnen und Eltern und führt zu mehr Transparenz dessen, was beide Seiten für eine optimale Entwicklung des Kindes wünschen und umsetzen. Zudem fördert eine solche positive Grundstimmung die Identifikation der Eltern mit der Einrichtung.

Was ist bei der Durchführung von Entwicklungsgesprächen zu beachten?

Vorbereitung allgemein:
* allgemeine Information aller Eltern über die Einführung oder Durchführung regelmäßiger Entwicklungsgespräche: ihre Ziele und Inhalte, ihre Häufigkeit, Hinweis auf vorliegende Beobachtungsbögen

Vorbereitung der einzelnen Gespräche:
* gezielte Beobachtung der Kinder/Festhalten der Beobachtungen/Austausch mit Kolleginnen über die Beobachtungen
* Erarbeitung eines Gesprächsleitfadens (Was ist für die Eltern von Interesse? Was gibt es zu berichten? Fragen an die Eltern? Beobachtungen der Eltern?)
* Vorbereitung des Raumes/der Gesprächssituation (Herstellen einer ungestörten Situation/Getränke vorbereiten etc.)

Durchführung des Gespräches:
* Zeitrahmen festlegen
* Ziele des Gesprächs festlegen
* Gegenseitiger Bericht über die gemachten Beobachtungen
* Überlegungen zu weiteren Unterstützungsmaßnahmen für das Kind
* Zusammenfassung des Gesprächs
* Gemeinsame Vereinbarungen, Protokoll

Literatur

Kühn W.: Eröffnungen, Wirkung von Eröffnungen. In: klein & groß 6 (2006), Weinheim: Beltz

Berg, I.K. (1995): Familien – Zusammenhalt(en). Dortmund: Verlag modernes lernen

Elschenbroich, D. (2001): Weltwissen der Siebenjährigen. München: Kunstmann

Dreikurs, R., zitiert nach: Horst, Ch. u.a. (2005): Der Elternkurs Kesserziehen. München: Knaur

Landesverband Katholischer Kindertagesstätten Diözese Rottenburg-Stuttgart e.V (Hrsg.) (2007): Handreichung Beobachten und Dokumentieren. Eine Arbeitshilfe zur Beobachtung von Kindern und zur Dokumentation von Bildungs- und Entwicklungsprozessen. Erarbeitet von Uta Stolz und Sylvia Zöller im Rahmen des Projektes »Stärkung der Erziehungskraft der Familie durch und über den Kindergarten«. Stuttgart: Eigenverlag

Vereinigung Hamburger Kindertagesstätten gGmbH: Jahresbericht 2002/2003 »Bildung von Anfang an«

Pohl, B. /Stolz, U.: Entwicklungsgespräche. In: Welt des Kindes, Fachzeitschrift für Kindertageseinrichtungen, 5 (2005), Freiburg: Kösel

Martina Wießler

Interkulturelle Kompetenz
Eine Schlüsselqualifikation von Erzieherinnen, ein Bildungsziel für Kinder

Typisch deutsch, typisch arabisch, typisch ... das sagt sich schnell. Doch was ist eigentlich »typisch« für eine Nation? Bei einem Seminar für Erzieherinnen und Eltern zum Thema »Kontaktaufbau zu Familien mit Migrationserfahrung« beschäftigten wir uns daher zunächst mit unserer eigenen kulturellen Identität.

Die kulturelle Identität wird unter anderem bestimmt durch die Geografie eines Landes, die Sprache und Dialekte, die Geschichte, die Lebenswelten und Überzeugungen, das Rechtssystem und die Rechtssicherheit, die Künste, die Bildungs- und Arbeitsbedingungen, die Werte und das soziale und familiäre Netzwerk.

Vor allem das Zusammenleben in der Familie ist prägend: »Für kleine Kinder ist Kultur nichts Abstraktes. Kultur wird täglich gelebt und gelernt durch die Art und Weise, wie die Familienmitglieder miteinander umgehen, durch Sprache, Familiengeschichten, Werte der Familie und dadurch, wie Sinnfragen beantwortet werden, sowie durch Gepflogenheiten im Haushalt und durch die Tätigkeiten der Familienmitglieder. Feiertage sind nur ein Aspekt einer Kultur, auch wenn sie für Außenstehende am Offensichtlichsten als Teil einer Kultur erkennbar sind« (Derman-Sparks 1989).

Als typisch deutsche Werte sammelten wir in diesem Seminar: Ordnung und Struktur, Gründlichkeit, Zuverlässigkeit, Sauberkeit, Erfindergeist, Freiheit, Individualität und Pünktlichkeit. Als wir uns diese Aufzählung ansahen, kamen wir ins Zweifeln, ob dies wirklich die Werte sind, die für uns bedeutsam sind. Wollen wir tatsächlich so sein: ordentlich, gründlich, zuverlässig? Wieso

waren wir uns beim allgemeinen Sammeln einig über das, was »typisch deutsch« ist, und sind uns dessen nicht mehr so sicher, wenn es um uns selbst geht?

Beim weiteren Diskutieren stellten wir fest, dass wir nur die übertriebene Form dieser Werte ablehnten, aber keinen dieser Werte in der Basisform streichen würden. Zudem erkannten wir, dass unsere Liste neben Ordnung und Gründlichkeit ja auch Kreativität und Lebensfreude aufwies. Und außerdem, seien wir ehrlich: Wenn wir einen Termin für 17 Uhr ausmachen und wir um 17.10 Uhr noch immer alleine da sitzen, ohne dass ein Anruf kam ..., dann merken wir, welche Bedeutung auch Werte wie Pünktlichkeit und Zuverlässigkeit für uns haben.

Warum überhaupt haben wir uns mit deutschen Werten beschäftigt? Weil unsere kulturelle Identität und unsere persönlichen Erfahrungen Einfluss darauf haben, wie wir mit Fremden und mit Fremdem umgehen. Und mit Fremdem müssen wir uns häufig auseinandersetzen. Ob durch Schulwechsel, Umzug oder den Eintritt in einen neuen Verein, ob im Beruf oder Urlaub – immer wieder befinden wir uns in ungewohnten Situationen, in denen wir uns neu orientieren müssen. Jeder Mensch hat dafür seine eigenen Strategien entwickelt, die auch von seiner Persönlichkeit abhängen. Mancher reagiert sehr direkt, der andere eher abwartend.

Unsere Reaktion hängt aber auch davon ab, ob eine neue Situation bei uns Unsicherheit und Angst oder Aufmerksamkeit und Neugier hervorruft. Je nachdem gehen wir entweder zurückhaltend oder interessiert mit den Herausforderungen um.

Gerade wenn wir anderen Menschen zum ersten Mal begegnen, bestimmen unsere Erwartungen – oder auch Befürchtungen – mit, wie dieser Kontakt verläuft (vgl. hierzu auch das Kapitel »Vom ersten Eindruck hängt vieles ab – Erziehungspartnerschaft von Anfang an«, Seite 44).

Miteinander lernen

Erzieherinnen in einer Kindertageseinrichtung begegnen ständig neuen Kindern und ihren Eltern, neuen Kolleginnen und neuen Anforderungen an ihre Arbeit. Das Auseinandersetzen mit Fremden und Fremdem ist Teil ihres Arbeitsalltags und zeigt – je nachdem, wie gut es gelingt – ihre Professionalität. Sie sind darin auch Vorbild für die Kinder, wenn diese erleben, wie neue Kinder und ihre Familien in der Einrichtung aufgenommen und neue Ideen aufgegriffen werden.

Ein Teilbereich dieser interessierten und lernfreudigen Haltung, die sich unter anderem an die Menschen, Traditionen, Sprachen, Religionen und Künste fremder Kulturen richtet, ist die interkulturelle Kompetenz. Sie »wird verstanden als Fähigkeit, die eigenen tragenden kulturellen Orientierungen und Verhaltensweisen durch den Austausch mit anderen Kulturen weiterzuentwickeln. Voraussetzungen dafür sind eine eigene kulturelle Identität und darauf aufbauende Aufgeschlossenheit für andere Kulturen. Interkulturelle Kompetenz wird erreicht durch einen Lernprozess, der geprägt ist vom Interesse und der Neugierde an anderen Menschen und Kulturen. Der Lernprozess realisiert sich im Dialog und Handeln von Menschen aus verschiedenen Kulturen.« (Caritasverband für die Erzdiözese Freiburg 2004, Bereich V. Kinder, Kapitel 5., S.1) Dieser Lernprozess wiederum »ist zu verstehen als ein Lernen von ›Kopf, Herz und Hand‹« (Deutscher Caritasverband 2005, S. 6).

Unabhängig vom Anteil ausländischer Familien in der Kindertageseinrichtung ist die interkulturelle Kompetenz eine Schlüsselqualifikation der Erzieherinnen und ein Bildungsziel für alle Kinder. »Sie eröffnet den Kindern ein selbstbewusstes und selbstbestimmtes Leben in unserer multikulturellen Gesellschaft, verwurzelt in der eigenen Kultur, tolerant und offen für andere Kulturen und Lebensweisen.« (vgl. Caritasverband für die Erzdiözese Freiburg 2004, Bereich V., Kapitel 5). Interkulturelle Kompetenz sollte also ein Bildungsziel aller Kitas sein.

Die Kinder bestmöglich in ihre Zukunft zu begleiten, ist das wichtigste Ziel der Erziehungspartnerschaft von Eltern und Erzieherinnen. Kinder aus Familien mit Migrationserfahrungen leben in der Kultur, Sprache und Religion ihrer Familie und erleben gleichzeitig die deutsche Kultur, Sprache und christliche Religion. Wenn das Kind erlebt, dass seine beiden wichtigsten Lebenswelten – seine Familie und die Kindertageseinrichtung – miteinander in Kontakt sind und sich gegenseitig respektieren und achten, hat das Kind die Chance, seine eigene tragende kulturelle Identität zu entwickeln und selbstsicher seinen Weg zu finden.

Kleine Schritte im Alltag

Interkulturelle Lernprozesse von Erzieherinnen und Kindern finden im alltäglichen Zusammenleben in der Kita statt und erfordern folgende Schritte:

Die eigene Haltung bewusst machen

Da unsere Erwartungen und Erfahrungen die Begegnung mit fremden Menschen mitbestimmen, müssen wir uns unsere eigenen Vorbehalte Fremden und Fremdem gegenüber bewusst machen und unsere Vorstellungen und Verhaltensweisen reflektieren.

Interkulturelle Kompetenz erfordert, dass die Erzieherinnen eine akzeptierende und wertschätzende Grundhaltung haben, die sie jedem Menschen entgegenbringen unabhängig von Nationalität, Sprache und Religion. »Der Prozess der eigenen Entwicklung hin zu diesen Haltungen muss wiederum nicht bereits abgeschlossen sein. Jeder darf auf dem Weg sein, Gefühle, Meinungen und Erfahrungen zu prüfen und ggf. neu zu besetzen. Jedoch scheint mir ein grundsätzlicher und antreibender Wunsch, sich gegen rassistische, fundamentalistische und antidemokratische Tendenzen stellen zu wollen, unabdingbar zu sein. Auf der Suche zu sein ist dann in diesem Sinne besonders befruchtend, wenn es gemeinsam mit anderen geschieht.« (Schlösser 2004, S. 19)

Fremdes wahrnehmen

Ein wacher Blick auf die Dinge und Menschen, die uns umgeben, und das Interesse an ihnen ermöglicht uns, Erfahrungen mit anderen Kulturen zu machen. Die Erzieherinnen interessieren sich für die Familien und ihre kulturellen Wurzeln und für die unterschiedlichen Kulturen, die im Umfeld der Kindertageinrichtung präsent sind. »Sie verstehen es als Chance, über das Kennenlernen des Fremden mehr über sich selbst zu erfahren und neue Sicht- und Verhaltensweisen zu gewinnen.« (Caritasverband für die Erzdiözese Freiburg 2004, Bereich V. Kinder, Kapitel 5, Seite 3)

Sich mit fremden Kulturen beschäftigen.

Im Austausch mit anderen Kulturen, im persönlichen Gespräch, im Erleben von Traditionen oder durch Medien und Literatur erfahren wir, was die wichtigsten Überzeugungen und tragenden Inhalte einer fremden Kultur sind. Nur so können wir uns ein Bild machen.

Die kulturelle Identität ist ein wichtiger Teil der Persönlichkeit eines Menschen. Wenn Erzieherinnen ein Kind und sein Verhalten verstehen und mit seinen Eltern partnerschaftlich zusammenarbeiten wollen, müssen sie sich mit den kulturellen Wurzeln der Familie beschäftigen. Am besten gelingt dies, wenn Eltern in diesen Prozess einbezogen werden und ihre Kultur selbst erklären.

»Das Zusammenleben in der Gruppe/in der Einrichtung ist geprägt von Offenheit und Interesse für Neues und Unbekanntes. Die Mitarbeiterinnen ermöglichen den Kindern, die Präsenz und Wertschätzung verschiedener Sprachen, Kulturen und Religionen im Alltag konkret zu erfahren. Sie sind dabei Vorbild.« (ebd.)

Gemeinsamkeiten und Unterschiede herausfinden

In der Auseinandersetzung mit anderen kulturellen Traditionen, Überzeugungen, Symbolen und Ritualen erkennen wir Gemeinsamkeiten mit unserer eigenen Kultur sowie Unterschiede zu ihr. Die Gemeinsamkeiten schaffen Nähe und Vertrauen, die Unterschiede zeigen das Profil der jeweiligen Kultur.

Sofern die Besonderheiten einer anderen Kultur den Grundüberzeugungen im Leitbild der Einrichtung nicht widersprechen, werden sie akzeptiert und geschätzt. Bei grundsätzlichen Differenzen kann es helfen, die UN-Kinderrechtskonvention heranzuziehen und zu versuchen, über diese Aussagen eine Verständigung zu erreichen.[1] Auch Deutschland hat die UN-Kinderrechtskonvention 1992 ratifiziert und sich verpflichtet, die Bestimmungen in die deutsche Gesetzgebung einzubinden und dafür Sorge zu tragen, dass die Kinderrechte in allen Bereichen der Kinder- und Jugendhilfe zur Geltung kommen.

Die Erzieherinnen »machen Widersprüche, Konflikte aber auch Gemeinsamkeiten deutlich, die sich aus den alltäglichen Begegnungen verschiedener Kulturen ergeben und helfen den Kindern, dies zu verarbeiten. Die Kinder erfahren dadurch mehr über ihre eigene und fremde Kulturen und entwickeln so ihre kulturelle Identität« (Caritasverband für die Erzdiözese Freiburg, Bereich V. Kinder, Kapitel 5, S. 4).

Die Eltern erleben, dass ihre Kultur in einer deutschen Einrichtung präsent ist und wertgeschätzt wird. Sie fühlen sich als Person wahr- und ernst genommen und können so auch für sich und für ihre Kinder einen Weg in der für sie fremden Kultur in Deutschland finden.

Lebendige Integration

Integration ist ein Prozess, in dem Menschen aus unterschiedlichen Kulturen lernen miteinander zu leben und durch wechselseitige Annäherung eine Gemeinschaft zu werden. In dieser Gemeinschaft genießt jede Person gleiche Achtung und Wertschätzung. Interkulturelle Kompetenz ist hierfür Voraussetzung.

Erzieherinnen, Kinder und Eltern akzeptieren und tolerieren unterschiedliche Kulturen, sind aneinander interessiert und lernen voneinander. Mit dieser Haltung wird die Kindertageseinrichtung zu einem weltoffenen lernfreudigen Ort mit toleranten und selbstbewussten Menschen.

»ExpertInnen sind sich einig, dass das friedliche Mit- und Nebeneinander in einer multikulturellen Gesellschaft nur gelingen kann, wenn Einheimische und Zugewanderte sich gegenseitig aufeinander einlassen, bereit sind voneinander zu lernen, aber auch unüberbrückbare Gegensätze stehen lassen können, ohne sich davon bedroht zu fühlen. Gelingt dies nicht, wird ›das Fremde‹ als Bedrohung erlebt, entsteht Rassismus.« (Knisel-Scheuring 2002, S. 8).

Missverständnisse und Erwartungen

Differenzen und Missverständnisse zwischen Erzieherinnen auf der einen und Familien mit Migrationserfahrung auf der anderen Seite ergeben sich oft dadurch, dass viele Angelegenheiten – vor dem jeweiligen kulturellen Hintergrund – unterschiedliche Bedeutung haben oder anders eingeschätzt werden. Dazu ein paar Beispiele:

Die Kindertagesstätte als öffentliche Einrichtung
In vielen Ländern sind die Kindertageseinrichtungen strukturell anders eingebunden als in Deutschland und haben dadurch auch andere Aufträge und Rechte. Für

---

1   Die Konvention über die Rechte des Kindes wurde am 20.11.1989 von der UN-Generalversammlung beschlossen. Sie ist das erste Abkommen, das die internationale Anerkennung der Menschenrechte von Kindern festschreibt und in 54 Artikeln völkerrechtlich verbindliche Mindeststandards zum Wohle von Kindern und Jugendlichen im Alter von null bis 18 Jahren festlegt. Sie wurde inzwischen nahezu universell ratifiziert und ist deshalb das Menschenrechtsinstrument mit der höchsten Akzeptanz durch die internationale Staatengemeinschaft (www.national-coalition.de).

viele Eltern ist es ungewohnt, dass sie Mitbestimmungsrechte haben, die gesetzlich verankert sind, und dass ihre Mitwirkung in der Kita gewünscht wird.

Die Ausbildung der Eltern

In Deutschland ist geregelt, mit welcher Ausbildung welcher Beruf ausgeübt werden kann. Ausbildungsabschlüsse aus anderen Ländern werden mit den deutschen Voraussetzungen verglichen und dementsprechend anerkannt oder nicht anerkannt. Zusätzlich zu den neuen Lebensbedingungen in Deutschland müssen einige Familien so auch noch bewältigen, dass sie plötzlich als gering- oder nichtqualifiziert gelten. Die Eltern nach ihrer Ausbildung zu fragen, zeigt daher Wertschätzung und Interesse an ihrer Person.

Das Verständnis von Erziehung

Ebenso wie die allgemeinen Werte einer Gesellschaft werden auch die Erziehungsziele von der Kultur bestimmt. Was soll ein Kind lernen? Welche Persönlichkeitseigenschaften und Verhaltensweisen sind gewünscht? Wer erzieht und mit welchen Maßnahmen? Für die partnerschaftliche Zusammenarbeit von Eltern und Erzieherinnen ist es wichtig, diese Fragen zu besprechen und die jeweilige Sichtweise zu verstehen. Kinder können sehr gut mit unterschiedlichen Regeln in der Familie und im Kindergarten umgehen, vor allem wenn sie merken, dass sich beide trotzdem tolerieren und schätzen.

Die Familienstrukturen und das Rollenverständnis

Die Regeln im familialen Netzwerk und die Rollen mit den damit verbundenen Rechten und Pflichten sind in den Kulturen sehr unterschiedlich. Diese Strukturen sind traditionell gewachsen und oft religiös untermauert. Interkulturelle Kompetenz zeigt sich, wenn dieses Familienverständnis akzeptiert wird und gleichzeitig die

eigenen Überzeugungen erklärt werden. Im Gespräch darüber können Vorurteile abgebaut und Missverständnisse geklärt werden.

Die Religion

»Der Dialog mit anderen Religionen ermöglicht den Kindern und Eltern unterschiedlicher Religionen und religiöser Einstellungen, gemeinsame Lebensformen zu entwickeln und dabei die jeweiligen religiösen Traditionen und Prägungen zu achten« (Caritasverband für die Erzdiözese Freiburg 2004, Bereich IV. Glaube, Kapitel 2, Anlage 1).

Die Tabus

Hauptmerkmale von Tabus sind zum einen, dass man darüber nicht redet, und zum anderen, dass auf die Verletzung von Tabus sehr emotional reagiert wird. Ein Gespräch über Tabu-Themen ist selbst wieder ein Tabu. Deshalb sollten sich Erzieherinnen mit den wichtigsten Grundüberzeugungen der Kulturen in ihrer Einrichtung vertraut machen und mit den Themen Nähe und Distanz sowie Frau und Mann sehr sensibel umgehen.

Die Sprache

»Sich verständlich machen zu können und verstanden zu werden, fördert das Selbstbewusstsein, schafft Orientierung und gibt das Gefühl dazuzugehören und wichtig zu sein. Für Kinder aus Familien mit Migrationshintergrund ist es wichtig, dass sie mit ihrer Muttersprache und der deutschen Sprache aufwachsen« (ebd., Anlage 2).

Die Selbstständigkeit der Kinder und ihre Partizipation

Die Kinder zu Selbstständigkeit zu erziehen und viel Vertrauen in ihre Fähigkeiten zu setzen, ist wichtiger Bildungsinhalt in unseren Kitas. Selbstständigkeit bezieht sich auch darauf, für sich selbst zu sorgen, Probleme zu lösen und in Konflikten selbstbewusst die eigene Position zu vertreten. Unsere Vorstellungen von selbstständigen Kindern, die am Kindergartenalltag teilhaben und mitbestimmen, reiben sich zum Teil mit anderen Auffassungen über die Rechte von Kindern, das Verständnis von Respekt und Gehorsam und die angemessenen Verhaltensweisen von Mädchen oder Jungen. Auch hier heißt interkulturelle Kompetenz, Verständnis für die unterschiedlichen Sichtweisen zu haben, Verbindendes und Trennendes herauszufinden und einen gemeinsamen Weg zu suchen.

Die Vorstellungen von Ordnung und Pünktlichkeit

Zu Beginn dieses Kapitels habe ich die Erfahrungen in einem Seminar mit den deutschen Werten beschrieben. Egal, wie großzügig wir im privaten Bereich mit Themen wie Ordnung, Sauberkeit, Pünktlichkeit und Verbindlichkeit umgehen, im beruflichen Umfeld sind sie wichtig und werden – auch von uns – eingefordert. Man könnte auch sagen: Das sind einige unserer Tabu-Themen, und dementsprechend reagieren wir, wenn sie nicht beachtet werden. Alle diese Werte sind für uns für das Zusammenleben und die Organisation in einer Kita wichtig. Also begründen wie sie und geben Eltern mit anderen kulturellen Werten die Chance, uns zu verstehen.

Fazit

Die Erziehungspartnerschaft von Erzieherinnen und Eltern mit Migrationshintergrund ist eine spannende und bereichernde Auseinandersetzung mit sich selbst und dem Fremden. Diese partnerschaftliche Beziehung entwickelt sich in einer Kultur des Miteinander-Wachsens und Voneinander-Lernens. Schließlich lässt sich »die Einzigar-

tigkeit jeder einzelnen Familie [...] nur herausfinden, wenn Erzieherinnen sich immer wieder auf den lebendigen und lernenden Dialog mit Eltern einlassen« (Knisel-Scheuring 2002, S. 10). Auch sollten wir uns »bemühen, jede Familie ganz individuell zu sehen. [...] Es gibt nicht ›die typisch türkische Familie‹ oder ›das typische Aussiedlerkind‹ und auch nicht das ›typisch deutsche Kind‹. Auch vor der ›typischen Erzieherin‹ sollten wir uns hüten!« (ebd., S. 34).

Das Ziel aller Beteiligten ist, dass die Kinder mit Migrationshintergrund und ihre Familien einen guten Weg finden, ihre eigene und die deutsche Kultur zu leben. Nur so haben die Kinder auch gute Zukunftschancen, und nur so kann Integration gelingen.

Eine Mutter, die in Russland geboren wurde und in Deutschland aufgewachsen ist, fasste dies einmal gut zusammen: »Geht immer wieder auf uns zu, sprecht uns an, fragt uns. Zeigt uns, dass Ihr daran interessiert seid, wie wir denken, was uns wichtig ist, wie wir über die Erziehung unserer Kinder denken. Wir sind dankbar, wenn uns jemand hilft zu verstehen. Wir sind nicht richtig ›russisch‹ und nicht richtig ›deutsch‹ und müssen für uns eine Orientierung in den beiden Kulturen finden. Bei uns ist vieles anders: Versucht auch Ihr, das zu verstehen, damit wir unseren Kindern helfen können.«

Literatur

Caritasverband für die Erzdiözese Freiburg e.V. (Hrsg.) (2000): Arbeitshilfe Leitbild katholischer Tageseinrichtungen für Kinder in der Erzdiözese Freiburg (zu beziehen über: Caritasverband für die Erzdiözese Freiburg, Referat Tageseinrichtungen für Kinder, Alois-Eckert-Str. 6, 79111 Freiburg)

Caritasverband für die Erzdiözese Freiburg e.V. (Hrsg.) (2004): Quintessenz. Rahmenhandbuch zur Weiterentwicklung der Qualität in katholischen Tageseinrichtungen für Kinder in der Erzdiözese Freiburg (zu beziehen über: Caritasverband für die Erzdiözese Freiburg, Referat Tageseinrichtungen für Kinder, Alois-Eckert-Str. 6, 79111 Freiburg, quintessenz@caritas-dicv-fr.de)

Derman-Sparks, L. (1989): Kulturelle Unterschiede und Ähnlichkeiten kennen lernen. Erschienen im Projekt Kinderwelten Berlin

Knisel-Scheuring, G. (2002): Interkulturelle Elterngespräche. Gesprächshilfen für Erzieherinnen in Kindergarten und Hort. Lahr: Ernst Kaufmann

Schlösser, E. (2004): Zusammenarbeit mit Eltern – interkulturell. Münster: Ökotopia

Martina Wießler

Vielfalt bereichert
Kulturelle Vielfalt in der Kita leben

»Jedes Kind ist eine eigenständige Persönlichkeit mit seiner speziellen Lebensgeschichte, mit individuellen Fähigkeiten, Eigenarten und Begabungen. Wir achten und schätzen diese Individualität der Kinder. [...] Unsere Tageseinrichtung für Kinder ist ein Ort der Begegnung für alle Eltern und Bezugspersonen der Kinder.« (Caritasverband für die Erzdiözese Freiburg 2000, S. 18ff)

Wenn wir diese Sätze aus dem Leitbild katholischer Tageseinrichtungen für Kinder in der Erzdiözese Freiburg ernst nehmen, heißt dies, dass wir die unterschiedlichen Kulturen der Familien unserer Einrichtung wahrnehmen, wertschätzen und ihnen im alltäglichen Zusammensein Raum geben.

Der interkulturelle Auftrag der Kita hat jedoch nicht nur diese einrichtungsinterne, sondern auch eine gesellschaftliche Dimension. In Deutschland leben in etwa 14 Millionen Menschen mit Migrationshintergrund, und der Kontakt mit unterschiedlichen Kulturen gehört zu unserem Alltag. Auch wenn zur Kita keine Familien mit Migrationshintergrund gehören, gilt: Je bereichernder und selbstverständlicher Kinder den Kontakt mit verschiedenen Kulturen erleben, desto toleranter und selbstbewusster werden sie die kulturelle Vielfalt in Deutschland leben. Damit das Zusammenleben gut oder zumindest besser gelingt – dafür können wir etwas tun.

Ideen, Anregungen, Erprobtes

Viele Erzieherinnen und Elternbeiräte aus den Projekteinrichtungen hatten es sich zum Ziel gesetzt, den Kontakt zu Familien mit Migrationshintergrund zu verbessern und die Gemeinschaft aller Familien der Einrichtung zu fördern. Im Folgenden werden viele dieser – manchmal nur kleinen – Ideen und Maßnahmen beschrieben, um Anregungen zu geben, wie die kulturelle Vielfalt in der Kita gelebt werden kann. In jeder Kita müssen Erzieherinnen und Eltern jedoch erarbeiten, welcher Weg für sie angemessen und passend ist.

Die optische Präsenz der Kulturen in der Einrichtung

Die optische Präsenz der verschiedenen Kulturen zeigt den Familien, dass sie wahrgenommen werden und dass ihre Kultur in der Kita einen Platz hat. Allen Kindern und Eltern wird dadurch vermittelt, dass die Erzieherinnen weltoffen sind und interessiert an Fremdem und Neuem.

- Ein freundliches Plakat an der Eingangstüre oder im Eingangsbereich begrüßt die Familien mit »Herzlich willkommen« in verschiedenen Sprachen und Schriften.
- In einer großen Weltkarte stecken Marker, die zeigen, aus welchen Ländern die Kinder und ihre Eltern stammen, die zur Zeit in der Einrichtung sind.

- Der Innenbereich wird so dekoriert, dass er die jahreszeitlich oder projektbezogenen Themen aus verschiedenen Kulturen widerspiegelt.
- In der Kita werden abwechselnd einzelne Kulturen vorgestellt. Eine Landkarte, aus feinem Schmirgelpapier geschnitten, dient den Kindern als sinnliche Anregung und hilft ihnen, die Form des Landes zu erinnern. Vielleicht können einige Familien besondere Kleidungsstücke, kulturtypische Symbole, Kunstgegenstände oder Fotos bereitstellen? So werden sie zu Botschaftern ihrer Kultur und wecken bei anderen Kindern und Erwachsenen das Interesse dafür.
- Durch Bilderbücher, Atlanten, Bildbände, CDs, Videos und Kassetten, die sie sich anschauen beziehungsweise anhören können, begegnen Kinder, Erzieherinnen und Eltern anderen Landschaften, Geschichten und Sprachen.

Die Präsenz der Kultur jedes einzelnen Kindes

Der Start in den Kindergarten ist für jedes Kind eine neue Situation, die bewältigt werden muss. Für viele Kinder aus Familien mit Migrationshintergrund ist er zusätzlich die Begegnung mit einer fremden Sprache, mit anderen Umgangsformen und Verhaltensweisen. Unser Ziel muss es sein, allen Kindern den Kita-Start zu erleichtern und damit auch Eltern mit Migrationshintergrund zu zeigen, dass sie und ihre Kinder willkommen sind.

- Die Anrede mit dem Namen zeigt, dass wir an der Person und ihren Bedürfnissen interessiert sind. Die Namen der Kinder und ihrer Eltern zu lernen ist zwar manchmal eine Herausforderung, doch die Mühe lohnt sich. Sollten Sie nicht (mehr) wissen, wie ein Name ausgesprochen wird, fragen Sie nach, auch mehrmals.

- Mit Hilfe seiner Eltern gestaltet sich das Kind »Mein Buch«. Dazu klebt es auf einige zusammengeheftete Seiten Fotos von seiner Familie und der Dinge, die ihm wichtig sind. Unter jedem Bild steht in wenigen Worten ein Kommentar des Kindes in seiner Muttersprache sowie in der deutschen Übersetzung. Mit dem Büchlein bringt das Kind seine Kultur in die Kita mit und hat – da sich alle sehr dafür interessieren – so eine Möglichkeit, mit den anderen Kindern in Kontakt zu kommen.
- Die Kinder und Erzieherinnen der Gruppe begrüßen sich regelmäßig in verschiedenen Sprachen. Kommen neue Kinder in die Gruppe, ist deren Muttersprache die Begrüßungssprache an diesem Tag.
- Besondere Feste oder Feiern der verschiedenen Kulturen werden in der Gruppe angesprochen, nach Möglichkeit ausführlicher erklärt und erlebbar gemacht. Dabei können die Eltern um Unterstützung gebeten werden.

Erziehungspartnerschaft konkret

Voraussetzung, um mit Eltern mit Migrationshintergrund partnerschaftlich zusammenarbeiten zu können, ist die interkulturelle Kompetenz der Erzieherinnen (siehe hierzu auch das vorhergehende Kapitel). Die Erzieherinnen erwerben das Vertrauen der Eltern, indem sie Interesse an deren Situation zeigen und Verständnis für die kulturellen Hintergründe haben. Sie belassen die Verantwortung für die Kinder bei den Eltern und erkennen sie als Spezialisten für ihr Kind und ihre Kultur an. Gleichzeitig verdeutlichen sie den Eltern, wie wichtig ihre Zusammenarbeit für die Lebens- und Bildungschancen ihres Kindes ist.

- Eltern sind an ihren Kindern interessiert. Deshalb ist

das Gespräch über das Kind das wichtigste Moment von Erziehungspartnerschaft. Diese Gespräche können kurz und spontan stattfinden, etwa beim Bringen oder Abholen des Kindes, oder geplant. Bei geplanten Gesprächen werden aussagekräftige Fotos und Werke des Kindes einbezogen sowie die Erkenntnisse der systematischen Beobachtung (siehe hierzu auch Kapitel »Kinder im Blick. Systematisches Beobachten und Dokumentieren der Entwicklung von Kindern«, Seite 52).

- Wenn Eltern und Erzieherinnen ihre Beobachtungen und Erfahrungen mit dem Kind austauschen, müssen sie auch die Werte und Erziehungsziele des jeweils anderen kennen, um sich verstehen zu können. Die Erzieherinnen machen daher die Ziele und Werte ihrer pädagogischen Arbeit für die Eltern nachvollziehbar.
- Bei Hausbesuchen bleibt die Familie in ihrer gewohnten Umgebung, und die Erzieherin lernt die Familie in ihrem Umfeld kennen. Die eigene Wohnung gibt vielen Eltern Sicherheit und erleichtert ihnen das Gespräch. Hausbesuche sind ein Angebot der Erzieherinnen; die Entscheidung über den Gesprächsort liegt bei den Eltern.
- An zwei festgelegten Tagen pro Jahr finden mit allen Eltern Entwicklungsgespräche statt. Dazu tragen sich die Eltern in ausgehängte Listen ein. Bei der Terminplanung wird auch auf Arbeitszeiten Rücksicht genommen. Geschwisterkinder werden während des Gesprächs in den Gruppen betreut.[1]

Von Anfang an dazugehören

Im dem Kapitel »Vom ersten Eindruck hängt vieles ab – Erziehungspartnerschaft von Anfang an« (Seite 44) ist beschrieben, wie wichtig der Anfang für alle Kinder und ihre Eltern ist. Die folgenden Punkte ergänzen dieses Kapitel.

- Im Anmeldegespräch fragen die Erzieherinnen die Eltern, was ihnen wichtige Erziehungsziele sind, wie sich ihr Kind entwickeln und was es lernen soll. So kann von Beginn an über gleiche und unterschiedliche Vorstellungen gesprochen und nach akzeptablen Lösungen gesucht werden.
- Schnupperbesuche des Kindes mit einer Betreuungsperson erleichtern den ersten Kontakt. Die Erzieherinnen suchen dabei das Gespräch mit den Eltern und erklären angemessen ihre Arbeit.[2]
- Bei den regelmäßigen Kontakten während der Eingewöhnungsphase schaffen die Erzieherinnen durch viele Gespräche eine Vertrauensbasis, auf der Erziehungspartnerschaft aufgebaut werden kann.
- Im Eingangsbereich liegt ein Ordner aus, in dem die Kita mit vielen Fotos und wenig Text vorgestellt wird. Dazu gehören Informationen über den Träger und die Erzieherinnen, die Räume und ihre Funktionen, Regeln für Kleidung und Schuhe und vieles mehr. Der Ordner liegt einmal in deutscher Sprache sowie in verschiedenen Übersetzungen aus.[3]
- Die Eltern ergänzen das »Herzlich willkommen«-Plakat durch die Begrüßung in ihrer Sprache und setzen den Marker auf der Weltkarte in ihr Heimatland.
- Eltern, die schon einige Zeit in der Kita sind, werden

1 Siehe dazu auch Caritasverband für die Erzdiözese Freiburg e.V. 2006, S. 19
2 vgl. auch Caritasverband für die Erzdiözese Freiburg 2006, S. 20f.
3 vgl. auch ebd., S. 24f

Paten für neue Eltern, die aus dem gleichen Kulturkreis stammen. Die »alten« Eltern geben ihre Erfahrungen weiter und helfen den neuen über ungewohnte Situationen in der Eingewöhnungsphase.

Vielfalt der Sprachen und Sprachlosigkeit

Sich verständigen zu können und verstanden zu werden gibt Sicherheit und Geborgenheit. Schließlich hat Sprache etwas mit Heimat zu tun. Kinder aus Familien mit Migrationshintergrund wachsen in mindestens zwei Kulturen und mit zwei Sprachen auf, auch wenn sie Deutsch oft nur in der Kita hören. Erwachsene pflegen mit ihrer Muttersprache auch die Heimat, die sie verlassen haben. Die deutsche Sprache zu lernen ist deshalb nicht nur eine kognitive Angelegenheit, die didaktisch angegangen werden kann, sondern immer auch eine emotionale Angelegenheit. Die Erzieherinnen gehen deshalb sehr sensibel mit Verständigungsproblemen um.

- Informationen an die Eltern sind klar und verständlich formuliert. Die Kennzeichnung »wichtig«, »Termin« oder »Information« in verschiedenen Sprachen hilft den Eltern, die Bedeutung des Schreibens einzuschätzen.
- Wichtige Mitteilungen erhalten die Eltern nicht nur schriftlich. Die Kinder werden einbezogen und erinnern ihre Eltern daran, und die Erzieherinnen fragen persönlich nach.
- Die Erzieherinnen informieren die Eltern, dass bei Gesprächen ein Dolmetscher einbezogen werden kann. Oft bringen die Eltern jemanden aus der Familie oder dem Bekanntenkreis mit, dem sie vertrauen.

- Verständigungsprobleme werden durch den Einsatz von Fotos, Bildern und Werken der Kinder verringert. Auch kreative Maßnahmen wie Rollenspiele, Zeichnungen und eine ausdruckstarke Gestik und Mimik unterstützen das Verstehen.
- Sprachkurse für Eltern im Kindergarten sind erfolgreich, da die Kinder betreut werden und die Eltern in einer vertrauten Umgebung sind.[4] Die Sprachförderung der Kinder berücksichtigt die Bedeutung der Muttersprache.[5]

»Zur sprachlichen Situation gilt grundsätzlich, dass man sich bei gutem Willen auch näher kommen und in einfachen Belangen verstehen kann, wenn man sich rein sprachlich nicht versteht. Der gute Wille und die nonverbalen Signale sind da die ersten Türöffner. Miteinander ins Gespräch zu kommen heißt eben nicht nur, sich Wort für Wort zu verstehen.« (Schlösser 2004, S. 38)

Teilhabe im Alltag – Kultur ist mehr als Folklore

Die Beteiligung von Eltern im alltäglichen Ablauf und bei Aktionen stärkt die Erziehungspartnerschaft, da der Einblick in die Kita und damit das Verständnis der pädagogischen Arbeit wächst. Gleichzeitig können Eltern ihre Kompetenzen einbringen, und Kinder, Erzieherinnen und Eltern können miteinander und voneinander lernen.

- Eltern hospitieren in der Gruppe oder bei Ausflügen. Die Erzieherinnen besprechen mit den Eltern vorher die Ziele und wichtige Grundsätze der Hospitation. Durch Hospitationen können Eltern den Alltag in der

---

4   vgl. auch ebd., S. 22f
5   vgl. auch Caritasverband für die Erzdiözese Freiburg 2004, Bereich V. Kinder, Kapitel 2, Anlage 2

Kita erleben und ihr Kind in einer anderen als der Familiensituation beobachten. Beides verbessert das Verständnis für ihr Kind. Hospitationen sind für alle Eltern bereichernd, für Familien mit Migrationshintergrund ermöglichen sie zudem Einblicke in und Verständnis für den anderen Kulturkreis. Im Anschluss an die Hospitation besprechen Eltern und Erzieherin ihre Beobachtungen.

- Eltern bringen ihr Können und Wissen in die Kita ein, indem sie Kindern von ihrer Kultur erzählen, mit ihnen Tänze lernen, Geschichten erzählen, Lieder in ihrer Sprache singen, ihre Spiele spielen und Ähnliches. Die Erzieherin unterstützt die Eltern dabei, den Kindern auch die Hintergründe und Zusammenhänge verständlich zu machen.
- Feste bergen »zweierlei Gefahren in sich: Erstens werden die Immigranten auf die Rolle derjenigen festgelegt, die etwas Besonderes und Bereicherndes bieten sollen, was sich dann oft in Form von exotischem Essen und Folklore darbietet, und zweitens besteht die Gefahr, dass gerade dadurch stereotype Bilder wie ›die Türken‹ oder ›die Afrikaner‹ sind, entstehen bzw. verstärkt werden« (Knisel-Scheuring 2002, S. 29). Bei Festen werden Eltern deshalb bereits von Beginn an beteiligt, damit sie ihre Vorstellungen über Elemente ihrer Kultur bei der Planung einbringen können und es eine wirklich interkulturelle Veranstaltung wird.
- Die Kinder besuchen mit der Erzieherin die Kinder ihrer Gruppe und deren Familie zu Hause. So erleben die Gastkinder andere Wohnungseinrichtungen, erfahren, wie Räume auf andere Art als bei ihnen zu Hause genutzt werden können und lernen vielleicht neue Nahrungsmittel kennen; und das besuchte Kind ist stolz, sein Zuhause präsentieren zu können.

Der Dialog mit anderen Religionen

»Der Dialog mit anderen Religionen ermöglicht, mit Kindern und Eltern unterschiedlicher Religionen und religiöser Einstellungen gemeinsame Lebensformen zu entwickeln und dabei die jeweiligen religiösen Traditionen und Prägungen zu erhalten.« (Caritasverband für die Erzdiözese Freiburg 2004, Bereich IV. Glaube, Kapitel 2, Anlage 1)

- Die Symbole und Feste der Religionen werden als Teil der jeweiligen Kultur wahrgenommen und wertgeschätzt und sind in der Kita präsent.
- Eltern werden in den Dialog mit anderen Religionen einbezogen durch gemeinsame Veranstaltungen, Gesprächskreise und Feste.

Beteiligung und Mitbestimmung

Die Mitbestimmungsrechte gelten für alle Eltern. Die Aufgabe der Erzieherinnen ist es, Ideen und Maßnahmen zu entwickeln, damit auch Eltern mit Migrationshintergrund ihre Rechte wahrnehmen können.

- Die Erzieherinnen sprechen die Eltern an und fragen sie nach ihrer Meinung und ihren Bedürfnissen.
- Klar strukturierte nichtsprachliche Methoden zur Rückmeldung, zum Beispiel durch Grafiken oder Fotos, überwinden die Sprachbarriere.
- Der Elternbeirat sollte repräsentativ für die Elternschaft der Kita sein. Seine Aufgabe ist es, alle Eltern anzusprechen und zu vertreten.

Elternbildung konkret

Bei der Planung von Bildungsangeboten mit und für Eltern mit Migrationshintergrund ist zu beachten, dass die deutsche Sprache für sie eine Fremdsprache ist. Auch wenn sich Eltern gut verständigen können, kann das Sprachverständnis bei einem Vortrag oder in einer Diskussion schwierig sein.

- Ein Sprachkurs für die Mütter oder Betreuungspersonen der Kinder setzt an den Alltagsthemen und den Wörtern an, die in der Kita verwendet werden.[6]
- Im Café International treffen sich regelmäßig deutsche und ausländische Mütter, eine Erzieherin und Mitarbeiterinnen des Ortscaritasverbandes, um aktuelle Fragen der Familien zu klären und um die Familien bei Behördengängen, Formularen und ähnlichem zu unterstützen.
- Gesprächskreise mit Eltern mit Migrationshintergrund werden im folgenden Kapitel beschrieben.

Der Kontakt der Familien untereinander

Die Kita ist ein Treffpunkt für alle Familien. Die Erzieherinnen unterstützen gemeinsame Treffen und Veranstaltungen der Familien.

- Patenschaften langjähriger Kita-Eltern helfen den neuen Familien über die oft schwierige Anfangssituation hinweg.
- Bei Wanderungen oder Spielefesten für die ganze Familie kommen die Eltern und Kinder ungezwungen mit anderen in Kontakt.
- Aus gemeinsamem Interesse treffen sich russlanddeutsche Frauen regelmäßig zum Nähen in der Kita.

Neben der praktischen Arbeit werden viele Themen rund um die Familie, die Kita und das alltägliche Leben besprochen.

Damit die partnerschaftliche Zusammenarbeit gelingt

Bei der Auswertung des Projektes »Stärkung der Erziehungskraft der Familie durch und über den Kindergarten« mit den Erzieherinnen und Eltern haben sich einige Faktoren herauskristallisiert, die für die partnerschaftliche Zusammenarbeit förderlich sind. Diese Faktoren verdeutlichen die wertschätzende Haltung der Erzieherinnen und ihr Verständnis von Erziehungspartnerschaft mit den Eltern.

Mehr mit statt für Eltern

Der wichtigste Faktor in der Zusammenarbeit mit Eltern ist das gemeinsame Verständnis des Teams: Was heißt für uns Erziehungspartnerschaft? Welche Ziele haben wir? Wie wollen wir mit Eltern zusammenarbeiten?

Im traditionellen Verständnis der Elternarbeit haben Erzieherinnen – überspitzt betrachtet – mit viel Engagement und Zeit Elternabende und Aktionen vorbereitet und waren häufig über die Resonanz bei den Eltern enttäuscht. Mit Eltern gemeinsam Ideen zu sammeln, zu planen und Maßnahmen durchzuführen, erfordert ein Umdenken und verändert das Arbeiten. Das Ergebnis ist jedoch eindeutig positiv: mehr Zufriedenheit bei Eltern und Erzieherinnen und bessere Zusammenarbeit für das Kind. Vor allem wenn die gemeinsame Sprache fehlt,

---

6   vgl. auch Caritasverband für die Erzdiözese Freiburg e.V. 2006, S. 22f.

fördert das gemeinsame Tun die Kontaktpflege und das gegenseitige Verstehen.

Mehr Transparenz als Befürchtungen

Damit das Miteinander von Eltern und Erzieherinnen gut gelingt, ist Offenheit wichtig. Wenn Eltern die konzeptionellen Grundlagen und Schwerpunkte der Kindertageseinrichtung kennen, wenn sie um ihre Beteiligungsmöglichkeiten und die Rechte des Trägers wissen und wenn die Erzieherinnen Gesprächsbereitschaft für Fragen und Rückmeldungen signalisieren, dann können Eltern und Erzieherinnen voneinander für die Kinder profitieren.

Mehr hören als sagen

Erzieherinnen haben Eltern gegenüber einen großen Informationsvorsprung, klare Vorstellungen über die Erziehungsziele und -methoden, und sie sind im Gespräch geübt. Eltern brauchen Zeit, sich den alltäglichen Umgang mit ihren Kindern bewusst zu machen und in Worte zu fassen. Die Geduld der Erzieherinnen und ihr aktives Zuhören sind entscheidende Voraussetzungen, damit Gespräche mit Eltern erfolgreich verlaufen.

Mehr Bedarf der Eltern als Anspruch des Teams

Welche Aktionen zeigen gute Elternarbeit? Diese Frage kann so allgemein nicht beantwortet werden und ist Indiz für ein veraltetes Verständnis von Elternarbeit. Zum einen kommt es nicht auf die Aktionen an, sondern vor allem auf den alltäglichen partnerschaftlichen Kontakt und die gemeinsamen Gespräche von Eltern und Erzieherinnen. Zum anderen entscheiden die Bedingungen vor Ort – die Lebenssituationen der Familien, ihre Bedarfe, die Rahmenbedingungen der Kita, die Stärken und Professionalität der Erzieherinnen – über die Maßnahmen und Ideen, die für diese Kita angemessen und passend sind. Kurz: Es geht um Qualität, nicht um Quantität.

Mehr direkt erfragen als vermuten

Was, glauben wir, erwarten Familien mit Migrationshintergrund von unserer Kita, und welche Unterstützung wäre hilfreich? Sicherlich ist die Erfahrung und Einschätzung der Erzieherinnen ein wichtiger Faktor, wenn es um die Arbeit in der Kita geht. Statt aber nur zu vermuten, was Eltern wichtig ist, ist es effektiver und auch partnerschaftlicher, sie zu fragen. Zudem ist fragen die einzige Möglichkeit, Missverständnisse und Verletzungen zu vermeiden.

Mehr klein und gezielt als groß und allgemein

Die Lebenswelten der Familien einer Kita sind meist sehr verschieden und damit auch ihre Interessen und Erfahrungen. Eltern möchten mit anderen Eltern ins Gespräch kommen, informiert werden und für ihre Fragen und Situationen Unterstützung bekommen. Das gelingt mit gruppeninternen Veranstaltungen, Treffen für bestimmte Elterngruppen oder Gesprächskreisen, bei denen Verständigungsprobleme und Unsicherheiten leichter aufgefangen werden können.

Mehr Praxis als Theorie

Alle Eltern möchten wissen, was ihre Kinder in der Kita erleben. Oft erzählen Kinder nur wenig oder unzusammenhängend, und für Eltern mit anderen Muttersprachen stellt sich zusätzlich das Problem der kindergartentypischen Begriffe, die von den Kindern nicht übersetzt werden können (Stuhlkreis, Bewegungsbaustelle, bestimmte Spiele oder Materialien). Es ist für viele Eltern interessant, über das informiert zu werden, was ihr Kind gerade macht, mit welchen Themen sich die Gruppe beschäftigt und welche Bücher oder Spiele gerade aktuell sind – oder noch besser: Es zu erleben – praktisch, nicht theoretisch.[7] Theoretische Vorträge sind lediglich eine Veranstaltungsform für eine bildungsgewohnte Zielgruppe mit gutem deutschem Sprachverständnis.

Mehr Alltag als Aktionen

Aktionen zu planen und durchzuführen kostet Zeit und Engagement. Gerade kleine Ideen lassen sich aber auch spontan umsetzen. Es muss schließlich nicht alles perfekt und bis ins letzte Detail durchgeplant sein, um zum Erfolg zu werden. Zu viel Planung kann auch lähmen. Gerade hier treffen die »typisch deutsche« Gründlichkeit und das deutsche Regelungsbedürfnis mit der Spontaneität und Leichtigkeit anderer Kulturen aufeinander.

Eines unserer Ziele in der Kita-Arbeit ist, die Vielfalt im Alltag zu leben, sie als Teil der Lebenswirklichkeit zu verstehen. Wann aber ist die kulturelle Vielfalt in der Kita lebendig? Wenn Erzieherinnen, Kinder und ihre Familien sich von dem Unbekannten und Neuen anderer Kulturen herausfordern lassen und sich damit auseinandersetzen; wenn sie Wege gefunden haben, ihre Gemeinsamkeiten zu feiern und Trennendes zu akzeptieren; wenn sie in unserer multikulturellen Gesellschaft ihre kulturelle Identität gefunden haben; wenn sie Ideen und Maßnahmen entwickelt haben, die die Vielfalt der Kulturen zeigen und das Zusammensein bereichern; und wenn sie miteinander und voneinander lernen.

Literatur

Caritasverband für die Erzdiözese Freiburg e.V. (Hrsg.) (2000): Arbeitshilfe Leitbild katholischer Tageseinrichtungen für Kinder in der Erzdiözese Freiburg (zu beziehen über: Caritasverband für die Erzdiözese Freiburg, Referat Tageseinrichtungen für Kinder, Alois-Eckert-Str. 6, 79111 Freiburg)

Caritasverband für die Erzdiözese Freiburg e.V. (Hrsg.) (2006): Ausprobiert und weiterempfohlen. Tageseinrichtungen für Kinder, die am Projekt »Stärkung der Erziehungskraft der Familie durch und über den Kindergarten« teilgenommen haben, geben ihre Erfahrungen weiter. Freiburg: Verbandsprodukt (als Download unter http://www.dicvfreiburg.caritas.de/25206.html)

Caritasverband für die Erzdiözese Freiburg e.V. (Hrsg.) (2004): Quintessenz. Rahmenhandbuch zur Weiterentwicklung der Qualität in katholischen Tageseinrichtungen für Kinder in der Erzdiözese Freiburg. Freiburg: Verbandsprodukt (zu beziehen über: Caritasverband

7 vgl. auch ebd., S. 26

für die Erzdiözese Freiburg, Referat Tageseinrichtungen für Kinder, Alois-Eckert-Str. 6, 79111 Freiburg, quintessenz@caritas-dicv-fr.de)

Knisel-Scheuring, G. (2002): Interkulturelle Elterngespräche. Gesprächshilfen für Erzieherinnen in Kindergarten und Hort. Lahr: Ernst Kaufmann

Schlösser, E. (2004): Zusammenarbeit mit Eltern – interkulturell. Münster: Ökotopia

Thomas Thiel

Austausch multinational
Gesprächskreise für Eltern mit Migrationshintergrund

»Elterngesprächskreis – bitte nicht stören!« Dort, wo sonst geheiratet wird, im Kleinen Trauzimmer des Rathauses von Lauffen am Neckar, war in letzter Zeit immer wieder dieses Schild zu lesen. Dann nämlich, wenn sich Eltern aus dem nahe gelegenen Kindergarten regelmäßig zu ihren Gesprächskreisen über Erziehungsfragen trafen. Dies blieb nicht lange unbemerkt, und vom Bürgermeister bis hin zur jüngsten Praktikantin im Rathaus erkundigten sich alle interessiert, was denn dort in diesen Gesprächskreisen so vor sich gehe. Die Teilnehmerinnen berichteten gern über ihre Zusammenkünfte und den Austausch. Themen wie »Jedes Kind ist einzigartig!«, »Was heißt hier, die Kinder spielen ja bloß?« oder »Kinder brauchen Wurzeln und Flügel« standen auf dem Programm und wurden moderiert von einer Erzieherin des Kindergartens. Das, was ursprünglich als Notlösung geplant war, weil im Kindergarten kein geeigneter Raum für die Gesprächskreise zur Verfügung stand, erweckte durch seine Verlagerung ins Rathaus zusätzliche Öffentlichkeit und eine breite Wirkung.

Gesprächskreise – warum?

Diese Gesprächskreise, die in verschiedenen katholischen und evangelischen Kindergärten in Baden-Württemberg durchgeführt wurden, gehen zurück auf die Initiative des Projektes »Stärkung der Erziehungskraft der Familie durch und über den Kindergarten«. Eine Reihe von Projekteinrichtungen hatte im Rahmen ihrer Situationsanalyse, in der es darum ging zu recherchieren, welche Eltern sie nur wenig oder gar nicht erreichen, festgestellt, dass der Kontakt zu Migrantenfamilien nur sehr sporadisch und oft auch mit großen Verständigungsschwierigkeiten oder gegenseitigen Missverständnissen verbunden ist. Sie besser zu erreichen und mit ihnen über Fragen frühkindlicher Entwicklung und Erziehung ins Gespräch zu kommen, war diesen Einrichtungen ein großes Anliegen. Sie sahen in den Gesprächskreisen eine gute Chance, mit Migranteneltern einen Austausch über Erziehungsfragen anzuregen, sie in ihren Erziehungsbemühungen zu unterstützen und ihnen gleichzeitig mehr Raum im Kindergarten zu geben. Und erste Rückmeldungen von Eltern ließen auf ein großes Interesse und eine hohe Resonanz schließen.

In der Beziehung zu Migrantinnen und Migranten verzeichneten Erzieherinnen ein hohes Vertrauen ihnen gegenüber in Erziehungs- und Alltagsfragen. Sie spürten zudem, dass für diese Eltern der Kindergarten am ehesten ein Ort war, an dem sie sich auf den Dialog über Erziehungsfragen einlassen konnten. Es fehlte jedoch ein ausgearbeitetes Konzept, an dem sich die Erzieherinnen inhaltlich und auch methodisch orientieren konnten.

Erprobt wurden in diesem Zusammenhang ganz unterschiedliche Formen: offene sporadisch durchgeführte Treffs von Eltern, mit oder ohne Anwesenheit einer Erzieherin des Kindergartens, oder auch Gespräche im Rahmen von Elterncafés, bei denen ein spezielles

Thema aufgegriffen wurde, vorbereitet entweder von einer Erzieherin oder der Leiterin und meist in lockerer Runde.

Zur Unterstützung der Angebote der Einrichtungen und der Bemühungen der Erzieherinnen und gleichzeitig, um die Gespräche über Erziehungsfragen mit Migranten auf systematischere und kontinuierlichere Beine zu stellen, nahmen wir Kontakt zum Berliner Projekt KINDERWELTEN auf.[1] Dort gab es gute Erfahrungen mit muttersprachlichen Gesprächskreisen, die auf einem klaren Konzept und gut ausgearbeiteten Modulen basierten. Sie waren mit türkischen und arabischen Migranten erprobt, wurden aber auch mit deutschen Eltern bereits erfolgreich durchgeführt (siehe Şıkcan 2003).

Als inhaltliche und methodische Grundlage für diese Gesprächskreise dienten ausgearbeitete Module des Berliner Arbeitskreises Neue Erziehung e.V. (ANE)[2] aus dessen Fortbildungsprogramm »Mit Eltern – Für Eltern« und die ebenfalls vom ANE herausgegebenen Elternbriefe zu Erziehungsfragen (siehe Hahn u.a. 2004).

Für die Projekteinrichtungen des Projektes »Stärkung der Erziehungskraft...?«, die von einer hohen Zahl von Migrantenfamilien genutzt wurden, erschien dieses Angebot eine gute und passgenaue Grundlage für entsprechende Gesprächskreise. Wichtig war auch die Chance, Erzieherinnen durch eine Qualifizierung zu unterstützen.

Die Inhalte

Eltern mit Kindern im Kindergartenalter bewegen oft ähnliche Fragen: Sie beschäftigen sich immer wieder mit Regeln und Grenzen. Es geht ihnen um gesunde Ernährung und um eine altersgemäße Entwicklung ihres Kindes. Diese Fragestellungen werden im Konzept des ANE in verschiedenen Modulen aufgegriffen und ergänzt mit Themenfeldern, in denen es auch um spezifische Migrationserfahrungen geht oder um mehrsprachiges Aufwachsen. So finden sich im gesamten Themenkatalog unter anderem Module, die sowohl für Migranteneltern wie für deutsche Eltern interessant sind und ihnen bei Erziehungsfragen helfen können.

Im Folgenden findet sich eine Auswahl aus den insgesamt 15 Modulen der Gesprächskreise, die deren breites thematisches Spektrum deutlich machen (vgl. ebd., S. 1):

- Modul 1: »Jedes Kind ist einzigartig« – unsere Bilder vom Kind.
- Modul 2: »Was kleine Kinder können, wie sie lernen, was sie brauchen« – frühkindliche Entwicklung und Entwicklungspotentiale kleiner Kinder.
- Modul 4: »Was heißt hier, die Kinder spielen ja bloß?« – die Bedeutung des Spiels für die kindliche Entwicklung.
- Modul 5: »Heimat, was ist das?« – frühkindliche Erziehung in der eingewanderten Familie.
- Modul 6: »Kinder brauchen Wurzeln und Flügel« – Kinder in ihrer Identität stärken.
- Modul 7: »Freiheit lassen – Grenzen setzen« – was tun bei Konflikten mit kleinen Kindern?
- Modul 14: »Unser Kind geht in den Kindergarten« – Eingewöhnung im Kindergarten.
- Modul 15: »Eltern und Erzieherinnen als gleichberechtigte Partner in der Erziehung der Kinder« – Beteiligungsrechte von Eltern im Kindergarten.

1 Informationen zum Projekt »Kinderwelten« im Internet unter: www.kinderwelten.net
2 Informationen zum ANE im Internet unter: www.arbeitskreis-neue-erziehung.de

Die Ziele

Die Entscheidung, diese Form der Gesprächskreise für Projekteinrichtungen mit einer hohen Zahl von Migrantenfamilien im Einzugsbereich anzubieten, hing damit zusammen, dass sich das Konzept der Elterngesprächskreise des Arbeitskreises Neue Erziehung mit den Intentionen des Projektes im Einklang befindet: Auch die ANE-Module thematisieren die Erziehungsvorstellungen vor dem Hintergrund der aktuellen Lebenssituation von Eltern und bieten Eltern Unterstützung im Umgang mit ihren Kindern an. Sie verfolgen das Ziel, »Eltern mit Handlungsalternativen bekannt zu machen und wollen dazu beizutragen, dass Eltern ihr Handlungsrepertoire in der Erziehung der Kinder erweitern und Alternativen ausprobieren. Anregungen und Rückmeldungen von anderen Eltern können hierbei sehr hilfreich sein« (ebd., S. 7). Die Module wollen deshalb Eltern über Fragen der Entwicklung und Erziehung ihrer Kinder miteinander ins Gespräch bringen und entsprechendes Hintergrundwissen methodisch vielfältig vermitteln.

Die dem Konzept zugrunde liegende Haltung ist dabei nicht belehrend, sondern wertschätzend, und hebt die Erfahrungen und Kenntnisse hervor, die Eltern über die Entwicklung ihres Kindes bereits haben. Die Module greifen im Besonderen die Lebenssituation der Eltern als Migranten auf und setzen auf einen gemeinsamen Austausch zwischen den teilnehmenden Eltern. Ein besonderes Augenmerk liegt dabei auf dem »Respekt für Kinder als aktive, eigensinnige, fähige Persönlichkeiten und Verständnis für die besondere Lebensphase Kindheit zu vermitteln und dies zu verknüpfen mit den eigenen Erfahrungen im hiesigen sozialen Kontext« (vgl. ebd., S. 6ff).

Das Konzept

Das Konzept der Module bietet einer Gesprächskreisleiterin ganz konkrete Vorschläge für Inhalte und Methoden zur Durchführung eines Gesprächsnachmittags oder -abends. Die Module sind so angelegt, »dass sich Eltern damit beschäftigen, wie sie das Eltern-Kind-Verhältnis begreifen, welches Bild vom Kind sie haben, wie sie sich zu seinen Bedürfnissen, Gefühlen, Gedanken verhalten« (ebd., S. 6f).

Erzieherinnen oder die jeweilige Moderatorin der Gesprächskreise sorgen dabei für den entsprechenden Rahmen für einen Austausch und einen geschützten Raum, in dem den ganz unterschiedlichen, oft sehr persönlichen Erfahrungen mit Wertschätzung begegnet wird. Dabei ist es besonders wichtig, dass die geäußerten Erfahrungen und biografischen Bezüge nicht entwertet und in irgendeiner Form relativiert oder in Frage gestellt werden.

Die Materialien sind ausführlich in vielfältigen Praxisbezügen erprobt, gerade auch in der Arbeit mit Migrantenfamilien, und befähigen Erzieherinnen, als Multiplikatorinnen die Inhalte weiterzugeben. Dies hat den Vorteil, dass man für die Moderation der Gesprächskreise nicht unbedingt Referenten von außen einsetzen muss, sondern dass man diese Aufgabe Personen übertragen kann, die den Eltern bekannt und vertraut sind. Dies hilft Eltern oft, die Scheu zu überwinden, über ganz Persönliches, auch Schmerzliches zu sprechen. Sie fühlen sich in ihrer Lebenssituation besser verstanden und trauen sich, um Hilfe in Erziehungsfragen nachzusuchen.

Im Projekt gab es zwei Varianten bei der Durchführung der Gesprächskreise: Analog zum ursprünglichen Konzept wurden sie einerseits in der Muttersprache der Teilnehmerinnen und Teilnehmer durchgeführt, in unserem Fall in Türkisch mit einer türkischen Referentin. Dabei beobachteten wir, dass sich die Mütter – es waren ausschließlich türkische Mütter – wohl- und sicherfühlten. Der Austausch in ihrer Muttersprache knüpfte an ihre kulturellen Erfahrungen an. Die vertraute Sprache erleichterte es ihnen, auch über Gefühle und Empfindungen im Umgang mit ihren Kindern zu sprechen. Die Muttersprache erlaubte es zudem, auf bekannte Sprachbilder zurückzugreifen, die von den anderen der Runde verstanden und nachvollzogen werden konnten. Dies ist in einer Zweitsprache, die nicht so gut beherrscht wird, sehr viel schwieriger. Zudem beobachteten wir, dass es in einer sprachhomogenen Gruppe, die oft über ähnliche Migrationserfahrungen und einen ähnlichen Lebenskontext verfügt, leichter war, auch über schmerzliche Erlebnisse und Erfahrungen zu berichten. Muttersprachliche Gesprächskreise sollten also nicht primär deshalb angeboten werden, weil die Eltern Sprachdefizite in der deutschen Sprache haben. Wichtiger ist der Aspekt, dass der Austausch in der Erstsprache Eltern oft erst ermöglicht, bestimmte Erfahrungen und Themen auszudrücken und zu besprechen. Solche Gesprächskreise können jedoch nur dann angeboten werden, wenn es entweder muttersprachliche Erzieherinnen in der Einrichtung gibt oder Referentinnen, die diese Sprache beherrschen. Sie sind ein Angebot, das deutlich macht: Hier, in unserer Einrichtung, werden andere Sprachen und damit andere Kulturen und die sie repräsentierenden Familien wertgeschätzt.

Das Angebot, diese Gesprächskreise in einer im Kindergarten häufig anzutreffenden Muttersprache durchzuführen, ist nicht unumstritten. Ein Argument, das häufig dagegen angeführt wird, ist, die Durchführung in deutscher Sprache fördere auch die Sprachkompetenz der teilnehmenden Migranteneltern in der deutschen Sprache. Dies trifft jedoch nur bedingt zu.

Zudem sollte die Initiative für ein solches Angebot nicht von einem defizitären Blick auf die Eltern geleitet werden – nach dem Motto: Wenn die Eltern kein oder wenig Deutsch sprechen, findet der Gesprächskreis entweder gar nicht oder nur in deutscher Sprache statt. Im Vordergrund bei diesen Gesprächskreisen steht der Austausch über Erziehungsfragen. Deshalb sollten wir die mehrsprachige Situation der Familien berücksichtigen und es Eltern ermöglichen, bestimmte Erfahrungen und Themen untereinander in ihrer Erstsprache zu besprechen.

Für Angehörige von Minderheiten, die sonst häufig ignoriert oder an den Rand gedrängt werden, ist es leichter, über Migrationserfahrungen, Diskriminierung oder Ausgrenzung mit Menschen zu sprechen, die Ähnliches erlebt oder ähnliche Werte- und Bezugssysteme haben. Häufig lässt sich dies besser in der Erstsprache tun. Zudem belegen Erfahrungen, »dass die mehrsprachige Angebotsleistung interkulturell arbeitender Tageseinrichtungen viel eher zu Interesse an Deutschkursen führen als anklagende oder einfordernde Haltungen« (Schlösser 2004).

In vielen Kindergärten findet sich eine Vielzahl von Muttersprachen unter einem Dach. Allen Eltern Gesprächskreise in ihrer jeweiligen Muttersprache anzubieten, wäre ein unrealistisches Unterfangen. Deswegen sieht es das Konzept dieser Gesprächskreise durchaus vor, deutschsprachige Erzieherinnen in der Moderation und in der Vermittlung der Inhalte zu schulen, und die Gesprächskreise in deutscher Sprache für Eltern mit unterschiedlichem kulturellem Hintergrund durchzuführen. Um möglichen Sprachschwierigkeiten zu begegnen, bietet sich an eine Person einzubeziehen, die dolmetschen kann, oder »Murmelgruppen« einzurichten, in denen jemand »murmelnd« simultan übersetzt. Diese Alternativen ersetzen aber nicht die vorher erwähnten Austauschmöglichkeiten in der Erstsprache.

Im Projekt wurde auch deutlich, dass an den Themen, Inhalten und Fragestellungen der Module genauso deutsche Eltern interessiert sind und dass sie sich durch die Ausschreibung und die Titel der einzelnen behandelten Aspekte durchaus angesprochen fühlen. Auch die Erzieherinnen profitierten von der Moderation der Gesprächskreise, denn sie erhielten eine Fülle an Informationen über das Leben der teilnehmenden Eltern, über ihren familiären Hintergrund, ihre Werte und Normen, gewannen Einsichten in ihre Ängste und Sorgen, ihre Lebensplanung für sich und ihre Kinder. Viele Verhaltensweisen lassen sich so besser nachvollziehen und erklären und bleiben nicht dem Bereich der Vermutungen und Spekulationen überlassen.

Die Stärken

Die gut ausgearbeiteten Module folgen einem klaren und immer wiederkehrenden Aufbau. In sieben Schritten wird das jeweilige Thema methodisch vielfältig aufbereitet und bietet somit einen roten Faden für die Umsetzung in der eigenen Einrichtung:

- Was soll vermittelt werden?
  Ein kurzer Abriss über den Inhalt des Moduls
- Wie kann ich in das Thema einsteigen?
  Hinweis auf eine einführende Übung
- Wie kann ich den ANE-Elternbrief nutzen?
  Auszug aus einem Elternbrief zur inhaltlichen Vertiefung des Themas mit entsprechenden Fragestellungen für die Gruppe
- Weitere Übungen zum Thema
- Was muss ich noch wissen?
  Aufbereitetes Material zum jeweiligen Modulthema
- Hinweise auf Literatur und weitere Materialien
- Kopiervorlagen

Die Module stellen eine gelungene Mischung dar aus Sachinformationen über frühkindliche Entwicklung und der Möglichkeit, das eigene Verhalten, die eigenen Sichtweisen zu reflektieren. Sie regen dazu an, sich an die eigene Kindheit zu erinnern und nachzuspüren: Woher habe ich als Mutter, Vater meine Erziehungseinstellungen und -praktiken?

Den Erzieherinnen, die die Gesprächskreise moderieren, bieten die Module vielfältiges Material, um sich inhaltlich systematisch vorzubereiten. Die vorhandene Methodenvielfalt verspricht darüber hinaus spannende und abwechslungsreiche Auseinandersetzungen.

Die einzelnen Module sind in sich abgeschlossene Einheiten. Sie bauen nicht direkt aufeinander auf, setzen also eine kontinuierliche Teilnahme nicht zwingend voraus. Sie sind auch in ihrer Abfolge flexibel handhabbar und lassen sich auf die Interessen der Eltern oder die aktuellen Themen im pädagogischen Alltag des Kindergartens abstimmen. Manche Einrichtungen haben ein Modul auch über mehrere Termine behandelt, weil es zu diesem Thema umfassenden Gesprächsbedarf bei den Eltern gab. Die einzelnen Termine, die in der Regel von etwa zehn Müttern besucht wurden – Väter waren die Ausnahme –, fanden meist während des Tages statt. Jüngere Geschwisterkinder wurden während dieser Zeit in der Einrichtung mitbetreut.

Sinnvoll ist, die Gesprächskreise nicht nur schriftlich anzukündigen, etwa durch ein Plakat oder einen Flyer, sondern die Eltern im persönlichen Gespräch einzuladen und ihnen die Vorzüge und den Gewinn, der mit einer Teilnahme verbunden ist, darzulegen. »Wir haben einen Flyer an alle verteilt und an jeder Tür einen Aushang eine Woche vorher, um Eltern einzuladen. Aber am meisten hilft der persönliche Kontakt: ›Es wäre schön, wenn Sie kommen würden‹. Das ist wirksamer als ein Zettel«, fasst eine Leiterin ihre Erfahrungen zusammen.

Qualifizierung der Erzieherinnen

Wie gut Gesprächskreise zu Erziehungsfragen gelingen, hängt zum einen von dem soliden Konzept und der guten Durchführung ab, außerdem von der entsprechenden Qualifizierung der Erzieherinnen. Als These formulierte Petra Wagner (2002, S. 278) bereits vor Jahren: »Eine Erziehungspartnerschaft mit Eltern zu initiieren und zu gestalten, erfordert zusätzliche Kompetenzen auf der Seite der Fachkräfte. Der Dialog über Erziehungsfragen in den Kindertageseinrichtungen könnte zur Elternbildung erweitert werden, wenn Eltern den Wunsch äußern, in der Stärkung ihrer Erziehungskompetenz unterstützt zu werden. Bisher erlauben weder die Rahmenbedingungen der Arbeit in Kindertageseinrichtungen noch die Qualifikation von Erzieherinnen eine solche Schwerpunktsetzung. Neben Professionalisierungsangeboten brauchen Erzieherinnen auch Ideen und Berichte von gelungener Elternbeteiligung.«

Die hier angesprochenen Professionalisierungsangebote wurden im Rahmen des Projektes in drei jeweils zweitägigen Seminaren für Erzieherinnen angeboten und von erfahrenen Moderatorinnen des Projektes KINDERWELTEN durchgeführt. In den Seminaren erarbeiteten sich die Teilnehmerinnen die Inhalte der Module und lernten, wie die Methoden in der Praxis eingesetzt werden können. Außerdem wurde die differenzierte Planung von Gesprächskreisen angeregt, die eigenständig durchgeführt und anschließend gründlich mit Seminarkolleginnen und den Moderatorinnen im Sinne kollegialer Beratung ausgewertet werden konnten.

Die kleinen, handfesten Dinge

»Das war heut' richtig schön!« Mit diesen Worten bilanziert eine Leiterin einen gelungenen Gesprächskreis. Dieser Satz umfasst die Erfahrung, die alle Erzieherinnen in ihren Gesprächskreisen gemacht haben: Die Eltern haben sich viel zu erzählen, über sich, ihre Familie, ihre Erfahrungen hier in Deutschland und die Erziehung und Förderung ihrer Kinder. Den meisten war anzumerken, dass sie froh über den Austausch waren und über die Gelegenheit, sich mit anderen über ihre Kinder unterhalten zu können.

Dabei müssen die Erwartungen an die Gesprächskreise gar nicht hoch sein. Schon kleine Tipps können sehr hilfreich sein, wie es eine Erzieherin zusammenfasst: »Es sind nicht immer die großen Erkenntnisse, die den Alltag mit Kindern erleichtern, sondern oft ganz banale, aber wirkungsvolle Tipps, also die kleinen handfesten Dinge. Und das passiert in diesen Gesprächskreisen.«

Zum Gelingen der Gesprächskreise trägt viel bei, wenn die Atmosphäre stimmt. Dazu hilft schon der richtige Einstieg: »Wir hatten in der Mitte eine Kerze aufgestellt und von allen Kindern der Mütter, von denen wir wussten, dass sie kommen, ein Foto gemacht. Die wurden alle nacheinander um die Kerze gelegt, wenn die Mütter etwas zu ihrem Kind gesagt haben. So gab es am Schluss einen Kranz von elf Kinderköpfen.«

Durch die zum Teil sehr persönlichen Mitteilungen sind sich die Eltern oft näher gekommen, und es haben sich untereinander Freundschaften entwickelt. Die Erzieherinnen fassen ihre Erfahrungen dahingehend zusammen, dass sie in ihren Kompetenzen gewachsen sind. Das betrifft sowohl die pädagogischen Inhalte als auch das methodische Herangehen. Darüber hinaus stellen sie fest, dass sich der Kontakt zu den Eltern intensiviert hat.

Literatur

Hahn, S./Şıkcan, S./Wagner, P. (2004): »Ideale Eltern gibt es nicht – aber Eltern können wissen, was sie tun«. Module für Gesprächskreise mit Eltern über Frühkindliche Erziehung. Berlin: Arbeitskreis Neue Erziehung e. V.

Schlösser, E. (2004): Zusammenarbeit mit Eltern – interkulturell. Münster: Ökotopia

Şıkcan, S.: Die verstehen uns nicht! Den Dialog mit Immigranteneltern eröffnen. In: Preissing, Ch./Wagner, P. (Hrsg.) (2003): Kleine Kinder – keine Vorurteile? Interkulturelle und vorurteilsbewusste Arbeit in Kindertageseinrichtungen. Freiburg: Herder

Wagner, P. (2002): »Ist dieses Gesetz auch für uns?« – Das KJHG und eingewanderte Familien mit kleinen Kindern. In: Lipp-Peetz, Ch./Wagner, I. (Hrsg.) (2002): Bildungsort und Nachbarschaftszentrum. Kindertageseinrichtungen im zweiten Jahrzehnt des KJHG. Jahrbuch 7 des Pestalozzi-Fröbel-Verbandes. Hohengehren: Schneider, S. 269-280.

Thomas Thiel

Ein Ort für alle

Eltern im Kindergarten-Alltag

Eltern, die aktiv am pädagogischen Alltag des Kindergartens teilnehmen, bietet sich damit eine ausgezeichnete – und im Projekt »Stärkung der Erziehungskraft der Familie durch und über den Kindergarten« bewährte – Möglichkeit, sich Anregungen für den eigenen Erziehungsalltag zu holen und so die eigene Erziehungskompetenzen zu stärken.

Dieses Dabeisein kann ganz unterschiedlich gestaltet und unterschiedlich intensiv sein, je nach Zeit und Möglichkeiten der Eltern. So breit gefächert, wie die Elternschaft eines Kindergartens sich darstellt mit ihrem jeweiligen kulturellen Hintergrund, ihren Talenten und Fähigkeiten, aber auch mit ihren zeitlichen Ressourcen, so weit gesteckt kann die Palette der Aktivitäten und Angebote von und für Eltern ausfallen. Entscheidend für einen Erfolg ist, dass Eltern sich eingeladen fühlen vorbeizuschauen, teilzunehmen und sich einzubringen.

Wenn Eltern ins Haus kommen und sich hier geschätzt fühlen, kann Erziehungspartnerschaft zwischen Elternhaus und Kindergarten wachsen. Denn Erziehungspartnerschaft ist eine tragende Säule zur Stärkung der elterlichen Erziehungskompetenzen – Erziehungspartnerschaft, verstanden als gemeinsame Verantwortung für die bestmögliche Entwicklung und Förderung des Kindes.

Dies setzt auf beiden Seiten, der der Eltern wie der der Erzieherinnen, Dialogbereitschaft voraus sowie eine klare und positive Haltung dem jeweils anderen Erziehungspartner gegenüber. Und es beinhaltet, die jeweiligen Expertenrollen anzuerkennen: Eltern werden geschätzt als Experten der Lebenssituation der Familie und des häuslichen Aufwachsens der Kinder, die Erzieherinnen erhalten Anerkennung als Experten der öffentlichen Erziehung und der Lebenssituation im Kindergarten.

Warum sollten Eltern einbezogen werden?

Voraussetzung, damit Eltern am pädagogischen Alltag teilhaben können, ist eine hohe Offenheit des Kindergartens gegenüber Eltern und die Bereitschaft, ihnen Raum und Gelegenheit zu bieten, sich einzubringen. Den Erzieherinnen kommt also die impulsgebende und einladende Rolle bei der Initiierung von Erziehungspartnerschaft zu.

Durch eine solche Offenheit können sich zum einen die Kompetenzen für Eltern erweitern. Zum Zweiten bietet sich damit auch eine Chance, die Erfahrungs- und Bildungsmöglichkeiten von Kindern zu erweitern, indem Eltern mit ihren Fähigkeiten und Ressourcen in die pädagogische Arbeit integriert werden.

Für Eltern, die im Kindergarten präsent sind, wird der Kindergartenalltag transparenter; sie bekommen einen anderen Blick für das Alltagsgeschehen, die Abläufe, die Bildungsangebote und Lernfelder für ihre Kinder. Auf der anderen Seite erhalten sie auch wichtige Impulse für ihr eigenes Erziehungsverhalten: Sie erleben die Anregung der Kinder durch Räume und Materialien, durch Angebote in kleinen Gruppen, durch Lieder und

Reime. Und sie erfahren Regeln und den Umgang mit Regeln im Kindergarten.

Wenn Eltern ein offenes Klima vorfinden, das sich durch Akzeptanz und Interesse auszeichnet, das dazu einlädt, eigene Lebenserfahrungen einzubringen und mit dem Kindergarten zu verknüpfen, dann haben Kinder wiederum die Chance, in einem sozialen Kontext aufzuwachsen, in dem ihre wichtigsten Bezugspersonen miteinander im Diskurs stehen und sich gegenseitig vielfältig bereichern.

Wo können Stolpersteine liegen?

Die Möglichkeit für Eltern, am pädagogischen Geschehen im Kindergarten teilzunehmen, ist keine Selbstverständlichkeit. Auch wenn weitgehend darüber Einigkeit herrscht, dass die beiden wichtigsten Sozialisationsbereiche von Kindern eng miteinander verknüpft sein und dass Eltern und Erzieherinnen partnerschaftlich kooperieren sollten, so lassen sich in der Praxis doch immer wieder Stolpersteine und Befürchtungen ausmachen, die eine Teilnahme am Kindergartenalltag erschweren können.

Ein immer wieder zu hörender Vorbehalt vonseiten der Erzieherinnen ist der, dass Eltern durch den selbstverständlichen Aufenthalt im Gruppengeschehen Einblicke erhalten, die nach außen dringen und so zu Missdeutungen oder gar Gerüchten führen können. Dazu gehören etwa Konflikte unter Kindern oder das Verhalten einer Erzieherin, das ohne entsprechendes Hintergrundwissen fehlgedeutet werden könnte. Diese Angst kann sich lähmend auf eine Kooperation auswirken.

Um dem vorzubeugen, ist es wichtig für Hospitationen ein Konzept zu erstellen mit Informationen, Vor- und Nachbesprechungen. Eltern können so die Erzieherinnen auch auf das ansprechen, was sie bei ihrer Hospitation verwundert oder auch irritiert hat. Eine Kultur der Offenheit entsteht aber nicht von selbst. Sie muss erarbeitet werden. Dies ist mitunter ein langwieriger Weg, der sich aber immer lohnt, so die Erfahrungen aus dem Projekt.

Ein weiterer Vorbehalt ist der, dass das aktive Einbringen von Eltern als Grenzüberschreitung gesehen wird. Der Kindergarten als der Bereich, in dem professionelle Fachkräfte engagiert tätig sind, in dem ein klarer Bildungs- und Erziehungsauftrag besteht, der eine spezielle Ausbildung erfordert – der soll nun freigegeben werden für Eltern, die sich eher intuitiv, aber mit hohem Engagement einbringen? Nicht selten entsteht dadurch das Gefühl bei Erzieherinnen, sie würden in ihrem Tätigkeitsfeld eingeschränkt, ja manchmal sogar abgewertet nach dem Motto: Mit Kindern spielen, dafür bedarf es keiner großen Qualifizierung.

Aktivitäten von Eltern im Kindergarten können also nur dann ohne Ressentiments stattfinden, wenn sich Erzieherinnen darüber im Klaren sind, dass sie die Gestalterinnen des Kindergartenalltags sind, Eltern aber als wertvolle Ergänzung sehen.

Die am häufigsten vorgebrachten Bedenken gegen eine Beteiligung der Eltern am Kindergartenalltag gehen dahin, dass die Anwesenheit von Eltern Störungen erzeugen kann. Ein konstruktiver Tagesablauf und eine konzentrierte Arbeit mit den Kindern würde erschwert, weil Eltern die vereinbarten Regeln im Kindergartenalltag nicht kennen. Sie wissen nicht, welche Absprachen es mit einzelnen Kindern gibt. Sie sorgen durch andere Signale oder abweichendes Verhalten für Turbulenzen im Alltagsgeschehen. Um zu vermeiden, dass diese Situation tatsächlich eintritt, müssen die Eltern daher die internen Regeln der Einrichtung kennen, und sie müssen bereit sein, diese vor dem Hintergrund des konzeptionelle Rahmens zu unterstützen.

Wichtig ist, all diese eben genannten möglichen Stolpersteine im Vorfeld zu bedenken und im Team oder auch mit Eltern anzusprechen. Als hilfreich hat es sich dabei erwiesen, sich auf gemeinsame Regeln und Absprachen zu verständigen. Wenn dies gelingt, kann die Teilnahme von Eltern am pädagogischen Alltag auf einem fruchtbaren Boden gedeihen und allmählich in Richtung Erziehungspartnerschaft wachsen, die als Bereicherung gesehen und zur Selbstverständlichkeit wird.

Auf die Haltung kommt es an!

Mögliche Stolpersteine aus dem Weg zu räumen ist eines, damit Erziehungspartnerschaft gelingen kann. Ein wesentliches Fundament ist aber auch die bereits angesprochene gegenseitige Wertschätzung und Anerkennung der Kompetenzen und Fähigkeiten des jeweils anderen Erziehungspartners.

Eine solche positiv geprägte Grundhaltung und Einstellung braucht Zeit zum Wachsen und äußert sich dann auf ganz unterschiedliche Weise: Die jeweilige Sichtweise verändert sich. Eltern und Erzieherinnen erleben sich nicht mehr als Konkurrenten in der Erziehung der Kinder, sondern als Partner, die sich in ihrem Handeln zum Besten des Kindes ergänzen und unterstützen und auf Augenhöhe begegnen. Die unterschiedlichen Persönlichkeiten und vielfältigen kulturellen Hintergründe werden als Bereicherung des Kindergartens gesehen.

Das alles hat zur Folge, dass Eltern sich willkommen und akzeptiert fühlen. Dadurch fällt es ihnen auch leichter, Wünsche und Anregungen zu äußern und ihr Mitgestalten anzubieten. Stimmt die Atmosphäre, sind sie auch bereit, sich stärker im Kindergartenalltag einzubringen. Vonseiten der Erzieherinnen wird ein solches

Engagement nicht mehr als Kompetenzüberschreitung und Last, sondern als Bereicherung und auch Entlastung gesehen. »Was ich früher als Anspruch empfunden habe, werte ich jetzt eher als einen ernst zu nehmenden Vorschlag«, sagte zum Beispiel eine Erzieherin am Ende des Projektes.

Diese veränderte Sichtweise führte im Laufe des Projektes auch dazu, dass aufseiten der Erzieherinnen vorhandene Ängste vor Kritik oder allzu großer Einmischung der Eltern abgebaut werden konnten. Das wiederum stellt eine gute Basis dar, auf der es leichter fällt, Eltern möglichst frühzeitig in die Planung und Gestaltung der Arbeit einzubinden und ihnen einen eigenen Gestaltungsraum zu überlassen.

Durch eine enge Zusammenarbeit und ein entsprechendes partnerschaftliches Miteinander hat sich, so unsere Erfahrung, ein Perspektivwechsel bei den Erzieherinnen vollzogen: Der Blick, der ursprünglich auf das einzelne Kind und seine Entwicklung gerichtet war, weitet sich zur Familie hin, nimmt ihr Beziehungsgeflecht, ihre Vorstellungen und Erwartungen auf. Eine Leiterin hat es einmal auf den Punkt gebracht: »Kein Kind kommt allein!«

So können wir Eltern einbeziehen

Eine Öffnung in der eben beschriebenen Art führt dazu, dass Eltern erleben, wie Erzieherinnen mit den Kindern umgehen, wie sie Probleme und Konflikte lösen, wie sie Angebote planen und durchführen. Dabei können Eltern Anregungen für den eigenen Erziehungsalltag bekommen. Sie erfahren aber auch gleichzeitig, was an einem Tag im Kindergarten alles passiert und wie vielfältig die Erfahrungs- und Lernbereiche für ihre Kinder sind. Viel Wertschätzung und Anerkennung für die geleistete

Bildungs- und Erziehungsarbeit wurde so den Erzieherinnen vermittelt, die Eltern den Zugang zu ihrer Arbeit mit den Kindern gewährt haben.

Darüber hinaus bietet eine partnerschaftliche Einbindung auch die Chance, Eltern mit ihren Fähigkeiten und Ressourcen in die Arbeit einzubinden – und dies nicht nur als willkommene Kuchenlieferanten, Grillmeister oder für andere Hilfsdienste beim Sommerfest, sondern auf ganz unterschiedliche Weise:

Hospitationen

Im Projekt sehr nachgefragt war es, sich im Rahmen von Hospitationen ein eigenes Bild vom Geschehen und den vielfältigen Aktivitäten im Kindergarten zu machen und sich auf diese Weise am Erziehungsalltag zu beteiligen. Hospitationen, bei denen Eltern eher in einer Beobachterrolle sind, bieten ihnen die Gelegenheit zu erleben, wie Erzieherinnen mit bestimmten Situationen umgehen, etwa mit Konflikten zwischen Kindern. Daraus können Eltern Anregungen für eigenes Verhalten ableiten.

Sie erfahren zudem, wie vielfältig und vielgestaltig der Tag in einer Kindergruppe ist, welche Prozesse ablaufen, welche Beziehungen zwischen Kindern geknüpft und aufgekündigt werden. Sie nehmen wahr, welche Lernangebote und Lernprozesse in der Gruppe stattfinden und können darüber ihre eigenen Erziehungskompetenzen erweitern. Und sie erfahren, wie selbstständig ihr Kind in der Kindergruppe oft agiert. Viele Erzieherinnen berichten, dass Eltern nach einer solchen Hospitation einen neuen, positiven Blick auf ihr Kind bekommen und Anregungen für zu Hause mitgenommen haben.

Eine Leiterin beschreibt ihre Erfahrung mit den Hospitationen wie folgt: »Nach einer einführenden Fortbildung haben wir uns auf einen gemeinsamen Leitfaden für unsere Einrichtungen verständigt, der uns als verbindliche Grundlage dient und einen Flyer erarbeitet, in dem Eltern detailliert auf die Möglichkeit der Hospitationen hingewiesen wurden. Darin waren Informationen enthalten, dass immer nur eine Person am Tag hospitieren sollte, dass es eine Schweigepflicht über das Beobachtete gibt und auch Rücksicht genommen werden sollte, wenn es Vorbehalte anderer Eltern gäbe. Das war aber bisher nicht der Fall. Ganz wichtig war es uns auch, dass eine Vor- und Nachbereitung dieser Hospitationen mit einer Erzieherin vereinbart wird. Für diese Reflexionen haben wir entsprechende Fragen vorbereitet, mit denen jedoch flexibel – je nach Situation und Beobachtungserfahrung – umgegangen wurde.«

Solche klaren Regelungen im Vorfeld bieten einen festen Rahmen. Zudem nehmen sie Erzieherinnen ein wenig die Angst vor dem, was da auf sie zukommt, wenn Eltern vom Angebot der Hospitation Gebrauch machen.

Rückfragen haben ergeben, dass etwa ein Fünftel der Eltern regelmäßig hospitieren. Berücksichtigt man, dass sie auch andere Möglichkeiten der Teilnahme am Kindergartenalltag nutzen, so ist dies eine erfreuliche Zahl. Ein weiterer Aspekt, der nach Meinung der oben zitierten Leiterin positiv zu Buche schlägt, ist »die Chance, dass durch Hospitationen und das Erleben und Sehen eine größere Transparenz und eine andere Sicht auf die Arbeit der Erzieherinnen erzeugt wird«.

Projekte

Eltern können sich auch durch kleine Projekte aktiv im pädagogischen Alltag des Kindergartens beteiligen. Diese Projekte sollten sie in Absprache mit den Erzieherinnen anbieten. Ein paar Beispiele:

In einem viergruppigen Kindergarten, in dem die Elternschaft zu fast zwei Dritteln aus muslimischen Familien besteht, gehen Eltern ganz selbstverständlich aus und ein. Vormittags nehmen täglich – nach einem vereinbarten Plan – Mütter am Gruppengeschehen teil. Sie spielen mit den Kindern, lesen ihnen in ihrer Muttersprache Bücher vor, beteiligen sich auch sonst an unterschiedlichen Aktivitäten. Damit entlasten sie die Erzieherinnen, die so mehr Zeit für intensive Kleingruppenarbeit oder für einzelne Kinder haben. Am Nachmittag werden die Räume des Kindergartens für Angebote für Eltern, Kinder und Familien genutzt. Die Angebote reichen von sportlichen Aktivitäten bis zu interreligiösen Themen.

In einem anderen Kindergarten ist es Tradition, dass die Kinder, die in die Schule wechseln, im letzten Kindergartenjahr an einem Nachmittag in der Woche von Eltern betreut werden, die ein vielseitiges Programm für sie bereithalten. Die Liste der Aktivitäten, bei denen Eltern selbst und eigenständig Angebote für die Kinder gestaltet haben, ist umfangreich und bunt gemischt. So bot ein Vater regelmäßig Akrobatiklektionen an, was in einer viel bejubelten Vorführung gipfelte. Außerdem gab es Musikangebote, gemeinsame Kochaktionen, handwerkliche Projekte und die Erarbeitung eines Theaterstückes mit Kindern und für Kinder.

Ausschlaggebend für solche Projekte ist immer, Mütter und Väter einzuladen, sich mit ihren Fähigkeiten einzubringen, und ihnen anzubieten, die Aktionen gemeinsam vorzubereiten. Zudem ist auch für eine solche Teilhabe am pädagogischen Alltag und der damit verbundenen Chance zum »Modelllernen« unbedingt notwendig, sich über gemeinsame Regeln im Vorfeld zu verständigen. Hierfür wurden entsprechende Workshops im Projekt angeboten.

Als förderlich erwiesen hat sich auf jeden Fall, eine Erzieherin im Hintergrund einzubinden, die aber nicht verantwortlich ist. »Das war auch ein Lernprozess für uns«, beschreibt es eine Erzieherin, »nämlich Kompetenzen an Eltern abzugeben und zu akzeptieren, dass die Eltern Aktionen in eigener Regie und mit eigenen Vorstellungen durchgeführt haben. Einige Kindergärten sind dazu übergegangen, zu Beginn des Jahres eine Sammlung und genaue Planung vorzunehmen, welche Elternangebote wann durchgeführt werden sollen, um einen Überblick zu haben und Kollisionen zu vermeiden.«

Wenn Eltern die Möglichkeit bekommen, über solche Kleinprojekte ihre speziellen Begabungen und Kenntnisse in den Kindergarten einzubringen, profitieren alle davon, auch die Kinder. Für sie erweitert sich das Angebotsspektrum, ihnen eröffnen sich neue Horizonte und andere Sichtweisen auf die Welt. Gleichzeitig erleben Kinder ihre Eltern einmal in einer anderen Situation, Umgebung und Rolle und erleben ein gutes Zusammenspiel zwischen Eltern und Erzieherinnen. Eltern werden so ganz selbstverständlich zum Teil des Kindergartens, und die beiden wichtigen Lebens- und Erfahrungsräume von Kindern nähern sich zunehmend an. Dieses Zusammenspiel zwischen Eltern und Erzieherinnen und der sich darin ausdrückende gegenseitige Respekt und die wechselseitige Anerkennung sind für die Entwicklung und die Identitätsbildung des Kindes von grundlegender Bedeutung.

Alltagsaktivitäten

Weit verbreitet ist, dass Eltern sich an Aktivitäten des Kindergartens unterstützend beteiligen, die Gruppe etwa bei Wanderungen, Theater- oder Schwimmbadbesuchen begleiten. Dadurch werden zum einen die Erzieherinnen entlastet. Zum anderen bekommen die Eltern so Gelegenheit, die Erzieherinnen beim Umgang mit den Kindern, beim Schlichten eines Streites oder beim Trösten zu beobachten und somit »am Modell zu lernen« für die eigene Erziehungspraxis.

Erwartet wird die Teilnahme von Eltern zudem in der Eingewöhnungsphase. In dieser Zeit ist eine regelmäßige Anwesenheit der Mutter oder des Vaters erwünscht, um Brüche im Übergang vom Elternhaus in die Einrichtung zu vermeiden und um eine wichtige und tragfähige Grundlage für die Bildungsprozesse des Kindes zu legen. Während der Eingewöhnungszeit übernehmen zunächst die Eltern die Betreuung des Kindes und übergeben die Verantwortung dann allmählich der Erzieherin. Auch im Rahmen dieses sanften Übergangs erleben Eltern den Alltag im Kindergarten und können durch Teilnahme und Beobachten ihre Erziehungskompetenzen erweitern.

Was ist im Vorfeld zu bedenken?

Alle Bildungspläne für den Elementarbereich verweisen auf die große Bedeutung einer Erziehungspartnerschaft mit Eltern. Immer mehr Einrichtungen greifen in ihren Konzeptionen die Erziehungspartnerschaft auf. Von daher wäre ideal, schon beim Aufnahmegespräch die neuen Eltern darauf aufmerksam zu machen, dass es diese Beteiligungsmöglichkeit für sie gibt, und sie einzuladen, davon Gebrauch zu machen.

Dies setzt jedoch voraus, dass im Team geklärt wurde, welche Erwartungen die Erzieherinnen an eine solche Beteiligung von Eltern knüpfen, welche Möglichkeiten sie sehen und in welchem Rahmen die Beteiligung stattfinden kann. Sind diese Fragen intern beantwortet, bietet es sich an, einen Elternabend gemeinsam mit interessierten Eltern durchzuführen. Dabei können noch-

mals die gegenseitigen Vorstellungen und Erwartungen, aber auch die Bedenken und vor allem die konkreten Vorhaben geklärt werden.

Ein weiterer Schritt wird darin bestehen, den Eltern die Regeln des Kindergartens nahezubringen und mit ihnen Handlungsspielräume festzulegen: Wann und in welchem Rahmen ist eine Elternbeteiligung oder eigenständige Aktivität möglich? Ebenso sollten Eltern darauf hingewiesen werden, dass sie das, was sie im Rahmen ihrer Beteiligung sehen und erleben, vertraulich behandeln. Geklärt werden muss auch, wie sie mit ihren Fragen zum Erlebten umgehen können. Dafür ist es sehr wichtig, im Anschluss an Aktivitäten mit den Eltern das Erlebte zu reflektieren, ihre Erfahrungen zu besprechen, Positives hervorzuheben, aber auch Schwierigkeiten anzusprechen, um daraus neue Erkenntnisse für weitere Aktivitäten zu ziehen. Soweit der allgemeine Rahmen.

Darüber hinaus müssen einzelne Aktivitäten gesondert geplant und besprochen werden. Hier bedarf es sicher auch der planerischen und organisatorischen Unterstützung durch einzelne Erzieherinnen. Als sinnvoll erwiesen hat sich, wenn sich eine Erzieherin für alle Fragen der Elternbeteiligung als Ansprechpartnerin zur Verfügung stellt. Sie kann die Fragen der Eltern beantworten, kann klären, wo welche Unterstützung benötigt wird, und sie kann im Hintergrund eine gewisse Verantwortung für die Eltern und ihre Angebote übernehmen. Bedacht werden sollte auch, solche Projekte oder Aktivitäten regelmäßig zu dokumentieren und zu präsentieren, um andere Eltern zu animieren, ebenfalls tätig zu werden.

Fazit

Es gibt vielfältige Gelegenheiten, bei denen Eltern – neben der formellen Gremienarbeit als Elternbeirat – Einblick in das Geschehen im Kindergarten gewinnen, das Aufwachsen ihrer Kinder beobachten oder sich aktiv in den Kindergartenalltag einbringen können. Einige dieser Möglichkeiten wurden oben aufgezeigt und vor dem Hintergrund der im Projekt gemachten Erfahrungen ausgelotet. Wichtig ist dabei immer, dass Eltern und Erzieherinnen partnerschaftlich zum Wohle der Kinder zusammenarbeiten und dass Eltern durch ihre Beteiligung die Chance bekommen, ihre Erziehungskompetenzen zu erweitern und Anregungen für das Zusammenleben mit den Kindern zu erwerben.

Wenn Eltern und Erzieherinnen als wichtige Bindungspersonen im Entwicklungsprozess von Kindern gesehen werden, so müssen sie eng kooperieren, müssen sie ihre erzieherischen und pädagogischen Ziele kommunizieren und abstimmen. Dies setzt voraus, dass sie sich gegenseitig akzeptieren und die jeweiligen Kompetenzen anerkennen, was wiederum Offenheit und einen gemeinsamen Diskurs erfordert. Offenheit entsteht unter anderem dadurch, dass Eltern am Kindergartenalltag mitwirken können, dass sie sich willkommen fühlen und eine gegenseitige Wertschätzung zu spüren ist. Ist diese Basis gegeben, kann die Teilnahme von Eltern am Kindergartenalltag eine große Bereicherung für alle Beteiligten sein.

Burkhard Gauly · Willi Groß

»Wir sind Eltern!«
Stärkung der Elternbeiratsarbeit

Bekannte Klischees, nach denen Elternbeiräte hauptsächlich dafür Sorgen tragen sollten, durch Flohmärkte und Sommerfeste für mehr Geld in leere Kindergarten-Kassen zu sorgen, gehören wohl eher der Vergangenheit an. Die Zusammenarbeit zwischen Kindertageseinrichtungen und Eltern beziehungsweise deren gewählten Gremien gilt heute in der Elementarpädagogik als ein wichtiger und unverzichtbarer Bestandteil einer gelingenden Erziehung und Bildung von Kindern. So fordert es auch der Orientierungsplan für Bildung und Erziehung für die baden-württembergischen Kindergärten (2006).

Eine formale Vorgabe des Kindergartengesetzes hierzu ist die Bildung von Elternbeiräten und deren Aufgaben, die das Sozialministerium (das bis 2005 zuständig für die Kindergärten war) im Jahr 2000 festgelegt hat. Der Elternbeirat hat danach die Aufgabe, die Erziehungsarbeit im Kindergarten zu unterstützen und die Zusammenarbeit zwischen Einrichtung, Träger und Elternhaus zu fördern.

Im Rahmen des Projekts »Stärkung der Erziehungskraft...?« wurden Werkstätten für Eltern und Einrichtungen angeboten, die sich speziell dieser Zusammenarbeit gewidmet haben. Mit gewählten Eltern und Erzieherinnen wurden in unterschiedlichen Arbeitsformen angestrebt, bestehende Erfahrungen und Arbeitsformen zu analysieren und neue Möglichkeiten der gegenseitigen Unterstützung herauszufinden.

Dieses Kapitel beschreibt die Herangehensweise und den Auftrag der Elternbeiratswerkstätten, die wir seit Sommer 2004 im Rahmen des Projekts »Stärkung der Erziehungskraft...?« durchgeführt haben. Es stellt die Erkenntnisse über die Motivation von Eltern dar, die sich für dieses Amt zur Verfügung gestellt haben, und beschreibt die erfolgreichen und weniger erfolgreichen Erfahrungen von Eltern und Einrichtungen in ihrer Zusammenarbeit. Schließlich versucht dieses Kapitel daraus Erkenntnisse abzuleiten, auf welche Art und Weise die Zusammenarbeit zwischen Team und Elternbeirat gut gelingen kann.

Elternbeiratswerkstätten: Ziele, Konzeption, Methoden und Ergebnisse

Kindertageseinrichtungen und Elternbeiräte arbeiten grundsätzlich immer zusammen. Die Effektivität dieser Zusammenarbeit und die Zufriedenheit bei den Beteiligten unterscheiden sich jedoch immens, je nachdem wie motiviert Eltern und Erzieherinnen sind, wie die Zusammenarbeit organisiert ist, welche personalen und strukturellen Ressourcen zur Verfügung stehen und wie gut oder schlecht mit Schwierigkeiten und Stolpersteinen umgegangen wird.

Die Elternbeiratswerkstätten, die für die Projekteinrichtungen angeboten wurden, versuchten zunächst, die Bedürfnisse von Eltern und Erzieherinnen herauszufinden: Welche Motive führen Eltern in die ehrenamtliche Arbeit als Elternbeirat? Welche gegenseitigen Erwartungen bestehen? Welche Ressourcen bringen Eltern und

Erzieherinnen in die Arbeit ein? Welche Traditionen gibt es auf beiden Seiten, und welche Hindernisse werden erlebt? Aus dieser Analyse sollten Wege und Ideen für Elternbeiräte und Teams entwickelt werden, die die Zusammenarbeit in der konkreten Einrichtung entwickeln, verbessern und stabilisieren helfen.

Die Werkstätten waren je nach den Bedürfnissen der Einrichtung intern oder für mehrere Einrichtungen gemeinsam organisiert. In letzterem Fall konnten einrichtungsübergreifend Ideen und Erfahrungen ausgetauscht werden. Außerdem gab es Veranstaltungen nur für Elternbeiräte und andere, an denen Erzieherinnen und Eltern gemeinsam teilgenommen haben.

Um ein Konzept für die Werkstätten zu entwickeln, hatten wir zunächst Veranstaltungen am Ende eines Kindergartenjahres mit erfahrenen Elternbeiräten durchgeführt. In diesen Seminaren wurden Erfahrungen, Erfolge, Strategien und Schwierigkeiten im Rückblick auf eine oder mehrere Amtszeiten identifiziert und analysiert. Die Eltern beschrieben, wo es Stolpersteine gab und wo ihnen Unterstützung fehlte. Sie stellten notwendige Voraussetzungen dar, die rückblickend aus ihrer Sicht die Arbeit verbessert hatten, und nannten Bedingungen und Forderungen, die sie für nötig hielten, damit Eltern erfolgreich in dieses Ehrenamt hineinwachsen können. Diese Aussagen waren für uns Seminarleiter wichtige Hinweise für die Konzeptentwicklung der Elternbeiratswerkstätten.

Die Werkstätten, die in der Regel aus einem halben Arbeitstag bestanden, konnten natürlich nicht alle relevanten Themen erschöpfend behandeln. Es ergab sich ein Grundkonzept aus verschiedenen kurzen Bausteinen:

- Umsetzungen der rechtlichen Anforderungen (Richtlinien),
- Analyse bestehender Strukturen und Zusammenarbeit,
- Bearbeitung aktueller Schwierigkeiten,
- Ideensammlung und Umsetzungsmöglichkeiten für die konkrete Einrichtung,
- Hilfestellungen zur Strukturierung der Zusammenarbeit in der konkreten Einrichtung.

Im letzten genannten Punkt ging es um sehr konkrete Fragestellungen, zum Beispiel wie Elternbeiräte den Kontakt zu den übrigen Eltern herstellen und erhalten können, auf welchem Weg die Zusammenarbeit mit der Leiterin und mit den Erzieherinnen organisiert werden kann oder wie ein Kontakt zum Träger hergestellt werden kann.

Aus der eigenen Erfahrung heraus wurden auch die Besonderheiten der Wahl zum Elternbeirat thematisiert. Es wurden Fragestellungen bearbeitet, die den entscheidenden Akt der Elternbeiratstätigkeit – nämlich die Wahl – kritisch hinterfragten: Wie und von wem werden Kandidaten/-innen geworben, wie wird die Wahl vorbereitet, wie werden die Gewählten eingeführt, wie wird die Bereitschaft der »Nicht-Gewählten« nutzbar gemacht?

Die Seminare für die Elternbeiräte waren als Werkstätten konzipiert. Die Teilnehmenden (unabhängig, ob es ausschließlich Eltern oder Eltern und Erzieherinnen gemeinsam waren) sollten sich mit ihren Fragen, Erfahrungen und Kenntnissen einbringen können, um diese für die gemeinsame Arbeit nutzbar zu machen.

Wir Seminarleiter orientierten uns an den Grundlagen und Methoden der themenzentrierten Interaktion (TZI), einem von Ruth C. Cohn entwickelten Gruppenarbeitsmodell. Diese Theorie basiert auf der Annahme, dass größtmögliche Entwicklungsfortschritte für Menschen in einer Gruppe nur dann möglich sind, wenn die Bedürfnisse des einzelnen Mitglieds sowie die gemeinsame Arbeit der Gruppe und das Thema (in diesem Fall: die gelungene Zusammenarbeit zwischen Eltern und Einrichtung) in einer guten Balance nebeneinander und miteinander ihren Platz finden.

Für die Werkstätten bedeutete dies, dass neben Vorträgen und theoretischen Inputs durch die Leitung viel Gewicht darauf gelegt wurde, welche Erfahrungen, Kenntnisse und Eindrücke die einzelnen Teilnehmenden hatten und dass über diese Aspekte intensiv diskutiert werden konnte. So nahmen die einzelnen Veranstaltungen je nach den Persönlichkeiten der teilnehmenden Eltern und Erzieherinnen und deren Bedürfnissen einen unterschiedlichen Verlauf.[1]

Einige zentrale inhaltliche Fragestellungen tauchten in vielen Werkstätten auf, die wir hier kurz skizzieren:

Motivation zum Elternbeirat

Was bewegt Eltern, sich für das Amt zur Verfügung zu stellen? Die Motivationen scheinen so unterschiedlich zu sein, wie es unterschiedliche Eltern gibt: Einige zentrale Motive haben wir herausgehört:

- **Motivation durch die Einrichtung:** »Es wurde eine Dumme gesucht«, »Ich wurde von der Erzieherin angesprochen«, sind Aussagen, die eine eher extrinsische Motivation durch die Einrichtung kennzeichnet. Das Phänomen ist bekannt: Die Leiterin oder Erzieherin spricht einen Elternteil an, den sie für geeignet hält. (Doch was ist mit den anderen?)
- **Motivation aus Interesse für das eigene Kind:** Manche Eltern wollten gern mehr mitbekommen von der Einrichtung, in der sie ihr Kind abgeben, das heißt am Ball bleiben.
- **Motivation im Sinne von Wachsamsein:** Manche Eltern formulieren auch freimütiger und einseitiger, dass sie

wachsam sein wollen, was geschieht. Sie geben eine gewisse Kontrolllust zu in dem Sinne, dass sie sich als Elternbeirat eher in der Lage fühlen zu sehen, ob ihr Kind oder auch andere Kinder zufriedenstellend angesprochen und betreut werden.

- **Motivation aus kommunikativen Aspekten:** Manche Eltern können sich gut vorstellen, etwas zur Verständigung unter den Eltern und mit der Einrichtung zu leisten.
- **Motivation im Sinne von Gestaltungslust:** Manche Eltern formulieren, dass sie sich gern einbringen, um etwas zu gestalten, von dem sie ausgehen, dass sie es gern und gut tun: Sommerfeste, Flohmärkte, Projekte.
- **Motivation aus pädagogischer Sicht:** Manche Eltern werden Elternbeirat, weil sie sich inhaltlich einbringen wollen und können. Dabei spielen berufliche und andere Erfahrungshintergründe oft eine Rolle, die sie für die Arbeit in der Einrichtung nutzbar machen wollen.

Strukturen der Zusammenarbeit zwischen Elternbeirat und der Einrichtung

Manche Einrichtungen haben sehr intensive Strukturen der Zusammenarbeit entwickelt, andere Eltern beklagen gerade das Fehlen von solchen. Das Spektrum ist sehr weit. Zweifellos ist es nachzuvollziehen, dass Elternbeiräte sich hilflos fühlen, wenn sie das ganze Jahr nur sehr sporadisch in die Kooperation eingebunden sind. Was machen solche Strukturen aus? Wovon berichten Eltern und was wünschen sie?

- Planungssitzung zu Beginn des Kindergartenjahres,
- regelmäßige Gespräche mit der Leiterin: Elternideen werden angehört,

---

1 Weitere Informationen zur Theorie der TZI im Literaturverzeichnis.

- gegenseitige Information (Protokolle der Sitzungen),
- rechtzeitige Anhörung bei wichtigen Entscheidungen,
- gemeinsame Aktionen,
- gegenseitige Einbeziehung in die Planung,
- das Kind als Mittelpunkt der Zusammenarbeit,
- Hospitationsmöglichkeiten,
- Teilnahme an Teamsitzungen.

Kommunikation zwischen Elternbeiräten und den anderen Eltern

Nach der Wahl stehen Elternbeiräte oft allein; sie fühlen sich einerseits als »Vertreter«, andererseits fehlt die Rückbindung an die »Wählerschaft«. Woher sollen sie wissen, welche Erwartungen die Eltern haben? Wie sollen sie sich mit den Eltern koordinieren?

Dadurch, dass sich die Öffnungszeiten und damit auch die Bring- und Abholzeiten flexibilisiert haben, fehlen den Eltern ihre natürlichen Treffpunkte (zum Beispiel beim Abholen der Kinder). Welche weiteren Kommunikationswege lassen sich finden?

Auch hier wurden in den Werkstätten Ideen ausgetauscht:

- Kommunikationswege transparent machen,
- Visitenkarten der Elternbeiräte an alle Eltern,
- Telefon- und Adressenliste, Ferien-Kontakt-Liste,
- Verabredung mit anderen Kindern,
- Elternstammtisch, -café, Sektfrühstück für Eltern,
- neue Eltern ansprechen,
- Elternpost, Infobriefe,
- Eingangstafel, Info-Wand, Pinnwand: Elternbeirat stellt sich vor,
- Umfragen (mit Fragebogen) durchführen,
- Einbeziehen der Eltern in den Alltag,
- Bistro als Kommunikationsort für Eltern,

- Feste und Feiern, Familienfrühstück,
- »Technische Mitarbeit« (Hofgestaltung, Malerarbeiten),
- Bastelabende.

Stolpersteine in der Tätigkeit als Elternbeirat

Viele Elternbeiräte berichten von Schwierigkeiten, die die anfängliche Motivation stark beeinträchtigen können. Stolpersteine werden sowohl in der Kommunikation zu den Eltern als auch in der Zusammenarbeit in der Einrichtung erlebt. Exemplarisch nennen wir hier einige Erfahrungen, die wir häufig gehört hatten:

- mangelndes Interesse der anderen Eltern, manchmal sogar »negatives Geschwätz«,
- Stammtisch wurde nicht angenommen,
- unmotivierte Eltern, die sich auch dann nicht beteiligten, wenn sie direkt angesprochen wurden (zum Beispiel bei der Vorbereitung eines Festes),
- wenig motivierte Erzieherinnen,
- kurzfristige bekannt gegebene Termine verhindern ein Mitwirken,
- Beschwerden über eine Erzieherin wurden von der Leiterin nicht ernst genommen,
- eher Mängelverwaltung als notwendige Veränderung (Bildung),
- Kommunikationsprobleme und mangelnder Austausch zwischen Team und Elternbeirat,
- Unvereinbarkeit von Beruf und Ehrenamt.

Erfolge in der Arbeit des Elternbeirates

Wenn Eltern bereits eine oder mehrere Amtszeiten hinter sich hatten, konnten sie häufig auch von Erfolgen berichten. Dies war in den Werkstätten wichtig, um deutlich zu machen, dass sich das Engagement durchaus auszahlen kann. Die Erfolge beziehen sich wieder sowohl auf inhaltliche als auch auf strukturelle Aspekte. Wir nennen auch hier Beispiele, um diese Zielrichtung deutlich herauszustellen.

- Gute Zusammenarbeit im Elternbeirat, die Eltern haben sich selbst als starke Gruppe erlebt.
- Eine Ideenwerkstatt von Elternbeirat und Eltern setzte einen guten Anfangspunkt der Zusammenarbeit.
- Gespräche zwischen Erziehern und Eltern wurden regelmäßig angeboten.
- Integration ausländischer Bürger konnte über den Elternbeirat unterstützt werden.
- Es wurde Vollverpflegung für alle Kinder auf Initiative des Elternbeirates eingeführt.
- Viele Angebote für Eltern konnten initiiert werden (zum Beispiel Adventskranz-Basteln, Bistro).
- Die Behebung baulicher Mängel wurde vorangetrieben.
- Eine Verkehrsberuhigung vor der Tageseinrichtung wurde durchgesetzt.
- Durchgeführte Feste verbesserten das Klima.
- Mehrfach wurden persönlich wichtige Erfahrungen beschrieben, zum Beispiel: »Ich kann heute besser kritisieren, werde mit meiner Meinung auch gehört«.

Erwünschte Hilfestellungen

Die Werkstätten dienten oft dazu, Hilfestellungen einzufordern. Diese Bedürfnisse wurden übrigens nicht nur von Eltern, sondern manche auch von den Einrichtungen formuliert. Das Bedürfnis zur Kooperation ist nicht einseitig. So können wir zusammenfassen:

- mehr Informationen über die eigentliche Arbeit des Elternbeirates zu Beginn oder noch vor der Amtszeit,
- Informationsseminare zu Beginn des Kindergartenjahres,
- gegenseitige Einbeziehung in die Planung,
- regelmäßige Gespräche,
- mehr Mitsprache und Mitbestimmung,
- Hospitationsmöglichkeiten,
- gegenseitige und frühzeitige Information (zum Beispiel bei Projekten),
- rechtzeitige Anhörung bei wichtigen Entscheidungen,
- einmal monatliche Info- und Sprechstunde Leitung – Elternbeirat,
- neben strukturellen Anforderungen wünschen sich die Beteiligten grundsätzlich eine gute Kommunikation und Vertrauen,
- gemeinsame Aktionen,
- außer der Leiterin einen »höheren« Ansprechpartner, zum Beispiel den Kindergartenbeauftragten oder die Abteilungsleiterin,
- Geschwisterbetreuung bei Beiratssitzungen,
- häufig genannt ist der Wunsch nach mehr Interesse der Eltern und mehr Hilfe von den Eltern (»volle Helferlisten«).

Perspektiven der Tätigkeit im Elternbeirat

Die durchgeführten Elternbeiratswerkstätten offenbaren neben einer Vielzahl inhaltlicher Aspekte eine grundsätzliche Erkenntnis: Sowohl von Eltern als auch von Einrichtungen gibt es einen starken Wunsch nach Zusammenarbeit und ein Bedürfnis nach einer intensiven und konstruktiven Kooperation. Es steht außer Frage, dass dies die Erziehungs- und Bildungsarbeit in der Einrichtung nachhaltig unterstützt.

Der Wunsch nach guter Zusammenarbeit erstreckt sich auf strukturelle, personale und inhaltliche Aspekte, die eng miteinander verkoppelt sind. Gute Strukturen sind die Voraussetzung für eine konstruktive Kommunikation.

Wir versuchen im Folgenden, einige wesentliche Aspekte und Erkenntnisse abschließend zusammenzufassen.

Zur Wahl von Elternbeiräten

Die Suche nach Kandidaten und Kandidatinnen wird einerseits von der Bereitschaft der Eltern, andererseits von den Bemühungen der Leitung des Kindergartens geprägt. Es gibt motivierte Eltern, die jedoch in ihrer Bereitschaft wahrgenommen und angesprochen werden müssen. Wir halten dies für eine Aufgabe der Leitung des Kindergartens. Der »alte« Elternbeirat kann hierbei unterstützend wirken. Als Wege zur Kandidatenfindung können dienen:

- Persönliche Ansprache aller Eltern durch die Erzieherinnen.
- Eltern brauchen eine Übersicht über die Aufgaben, die auf sie zukommen. Hierzu kann eine Wandzeitung dienen, aber auch eine Information am Ende des alten Kindergartenjahres (diese Aufgabe können Leitung und alter Elternbeirat übernehmen).
- Vor der Wahl sollte bereits ein »Einführungsseminar« oder eine »Elternbeiratswerkstatt« für die alten und neuen Mitglieder des Elternbeirats angekündigt werden, um Eltern Sicherheit zu vermitteln.
- Es sollte vor der Wahl klar sein, dass alter und neuer Elternbeirat gemeinsam eine gute Übergabe des Amtes vollziehen.
- Der Wahlmodus sollte verhindern, dass Eltern ein »Risiko« eingehen. Wenn wochenlang Bilder von Kandidaten/-innen aushängen, wovon einige die Wahl auch verlieren, dann kann das zu Hemmungen führen. Eltern, die sich zur Wahl stellen, haben Anspruch darauf, dass sie – egal ob sie gewählt oder nicht gewählt werden – mit Anerkennung rechnen können.

Der gemeinsame Start

Das Aufgabenfeld von Elternbeiräten, so weit wurde es schon deutlich, ist sehr offen. Was und wie viel und mit welchen Schwerpunkten und welcher Intensität getan wird, entscheidet sich oft in den ersten Wochen.

Wir glauben, neu gewählte Elternbeiräte brauchen eine gute Einarbeitung, und dies ist Aufgabe der Leitung der Einrichtung. Damit soll die Leiterin der Einrichtung nicht etwa die Richtung festlegen, welche Arbeitsschwerpunkte von den Eltern zu leisten sind. Wir verstehen die Einarbeitung als ein »Erste-Hilfe-Set«, mittels dessen Eltern auf eigenen Wegen das tun, was sie zur Unterstützung der Erziehungsarbeit für richtig halten.

Wir können uns als Arbeitsmittel in dieser Phase eine Elternbeiratswerkstatt für die eigene Einrichtung vorstellen. Mit genügend Zeit sollten verschiedene Arbeitsgrundlagen gelegt werden, sowohl in inhaltlicher als auch in kommunikativer Hinsicht: Die Leitung von solchen Werkstätten sollte in der Hand der Einrichtungsleiterin liegen, wobei »altgediente« Elternbeiräte mitwirken sollten. Inhaltlich scheinen uns folgende Aspekte wichtig:

- Schwellenängste sollten abgebaut werden, es sollte Lust entstehen, am Kindergartenalltag mitzuwirken.
- Erzieherinnen und Elternbeiräte sollten sich kennen lernen können und sich mit ihren Ressourcen gegenseitig wahrnehmen können.
- Kennenlernen der Strukturen: Über die Werkstätten sollten Eltern auch die Möglichkeit haben, den Träger der Einrichtung, aber auch andere wichtige Personen kennenzulernen.
- Rechtliche Rahmenbedingungen sollen nicht nur nachgelesen, sondern in ihrer Bedeutung für die konkrete Einrichtung diskutiert werden.
- Arbeitsstrukturen, wie Besprechungszeiten und gemeinsame Vorhaben, sollen geklärt werden.

- Ideen von Eltern und Team sollen zusammengetragen, gemeinsam ausgewertet, dann auch geplant und realisiert werden.
- Möglichkeiten der Kommunikation mit der Elternschaft sollen diskutiert werden: Schwarzes Brett einrichten, gemeinsame Rundbriefe festlegen, Elternabende planen.

- wie sie solche Abende planen können,
- welche Themen im Sinne der gemeinsamen Erziehungsaufgabe sinnvoll wären,
- welche aktivierenden Methoden die Kommunikation unter den Eltern anregen könnten und
- wie sie gegebenenfalls mit auftretenden Konflikten umgehen können.

Der Elternabend

Elternabende sind die Form der Begegnung, an der die meisten Eltern gemeinsam zur Kommunikation zusammenkommen. Sie sind auch eine Chance, dass Eltern und deren gewählten Vertreter über die Aufgaben zur Unterstützung der Erziehungs- und Bildungsarbeit miteinander ins Gespräch kommen. Elternabende sind wichtige Informationsquellen und Anregungspotenziale für Elternbeiräte.

Obwohl es die unterschiedlichsten Formen von Elternabenden gibt (inhaltliche Abende mit Themen, strukturierende Besprechungsabende, kommunikative und kreative Zusammentreffen), sollten Elternbeiräte diese Abende immer als Chance zur Rückbindung an die Elternschaft verstehen.

Viele Eltern haben keine oder kaum Erfahrungen in der Leitung solcher Veranstaltungen. Sie sollten daher von den Erzieherinnen bei der Planung und Durchführung solcher Treffen unterstützt werden. Andererseits sollten Elternbeiräte diese Veranstaltungen nicht den Erzieherinnen überlassen, sondern wirklich selbst die Anliegen der Eltern vertreten und damit auch ein Stück Planung und Leitung der Abende übernehmen. Elternabende sind schließlich Veranstaltungen der Eltern.

Elternbeiräte sollten von der Kindergartenleitung angeregt und unterstützt werden,

Zusammenarbeit mit der Einrichtung

Nach einem gelungenen gemeinsamen Start halten wir es für wichtig, in der Folgezeit die Energie auf die Unterstützung der Erziehungs- und Bildungsarbeit zu legen. In dieser inhaltlichen Arbeit sind gute Arbeitsstrukturen zwischen den Elternbeiräten zu vereinbaren.

Es gibt viele Möglichkeiten, inhaltlich Einfluss zu nehmen, wie die Ergebnisse aus den Elternbeiratswerkstätten zeigen. Diese Möglichkeiten sind von Einrichtung zu Einrichtung unterschiedlich und sind abhängig von den individuellen Bedürfnissen der Familie, den personalen und strukturellen Ressourcen in der Einrichtung und der Elternschaft und den Leitbildern des Trägers.

Wir empfehlen, sich auch nach dem Start in unterschiedlichen Zusammensetzungen (Elternbeirat für sich, Elternbeirat und Leitung, mit den Erzieherinnen und dem Träger) den unterschiedlichen Schnittpunkten der Interessen zuzuwenden.

Kinder und Familien profitieren, wenn alle Möglichkeiten ausgeschöpft werden:
- Möglichkeiten zur gemeinsamen Gestaltung des Kindergartenjahres,
- Möglichkeiten der Unterstützung des pädagogischen Alltags,
- Visionen zur Zukunft der pädagogischen Arbeit der Einrichtung entwickeln.

Störungsmanagement

Die Zusammenarbeit zwischen Einrichtung und Eltern ist wie jede Kommunikation nicht störungsfrei. Es wird Situationen geben, in denen Eltern sich von den Erzieherinnen nicht verstanden fühlen, in denen sie empfinden, dass ihr Kind nicht richtig wahrgenommen wird, in denen sie mit der pädagogischen Arbeit und Zielrichtung nicht einverstanden sind.

Auch in der Rolle der Elternbeiräte wird es Konfliktpunkte in Bezug auf die Einrichtung geben, wenn die Zusammenarbeit nicht nach den genannten Vorstellungen verläuft.

Wir können uns vorstellen, dass für diese Fälle Regeln des Konfliktmanagements verabredet sind. Erzieherinnen oder Leiterin sollten als professionelle Partnerinnen in diesem Zusammenhang Zeit und Ressourcen zur Verfügung stellen.

Hierzu können hilfreich sein:
• regelmäßige Sprechstunden,
• Befindlichkeitsrunden zu Beginn gemeinsamer Sitzungen,
• Kummerkasten (wenngleich solche anonymen Medien viele Risiken bergen und im Übrigen nur wenig genutzt werden),
• vertrauensbildende Maßnahmen in den Arbeitsstrukturen (siehe oben).

Kontakte unter den Eltern

Die schwierigsten Kontaktstellen sind die unter den Eltern selbst. Wir deuteten bereits an, dass der »normale« Treff zur Abholzeit angesichts sehr flexibler Betreuungszeiten der Vergangenheit angehört. Kontakte unter den Eltern müssen organisiert werden.

Gleichzeitig konnten wir in den Elternbeiratswerkstätten erfahren, dass es viele Eltern gibt, die gern mehr Kontakt untereinander hätten. (Es gibt umgekehrt auch Eltern, die entweder kein weiteres Interesse oder einfach keine Möglichkeiten zu mehr Kontakten haben.)

Erfolgreiche Modelle von Kontaktmöglichkeiten sind bereits angesprochen worden:
• Elternabende,
• Elterntreffs unterschiedlichster Art (Bastelabende, Bistro, Stammtisch...),
• Schriftliche Form (Rundbriefe, schwarzes Brett, E-Mail),
• feste und andere Formen gemeinsamer Mitarbeit,
• schriftliche Umfragen zur Ermittlung von Elterninteressen.

Fazit

»Mein Sohn ist stolz darauf, dass ich Elternvertreter bin«, erzählte ein Vater während einer Elternbeiratswerkstatt. Diese Aussage schließt in prägnanter Weise die Kindperspektive über die Elternbeiratsarbeit mit ein. Elternbeiratstätigkeit ist ein aktiver Beitrag zum Gelingen der Erziehung und Bildung in Kindertagesstätten. Sie kann spürbare Impulse geben, solche, die auch Kinder wahrnehmen können.

Der Erfolg ist nicht zu messen an der Zahl von Veranstaltungen, aber jedes einzelne Fest, jede Beteiligung an einem Projekt, jeder nachdenkliche Impuls oder jede berechtigte Intervention wirkt auf den Alltag von Kindern und kann ihn bereichern. Es wäre gegen den Geist von Erziehungspartnerschaft, diese Chancen auszulassen oder gering zu schätzen.

Literatur

Hense, M. (2001): Eltern engagieren sich. Zusammenarbeit mit Elternbeiräten, Elternräten und Elternvertretungen. München: Don Bosco

Langmaack, B. (1996): Themenzentrierte Interaktion. Einführende Texte rund ums Dreieck. Weinheim: Beltz

Langmaack, B./Braune-Krickau, M. (2000): Wie die Gruppe laufen lernt. Anregungen zum Planen und Leiten von Gruppen. Weinheim: Beltz

Ministerium für Kultus, Jugend und Sport Baden-Württemberg (2006): Orientierungsplan für Bildung und Erziehung für die baden-württembergischen Kindergärten. Weinheim: Beltz

Paul Geiger

Erziehungsberatung
Eine neue Aufgabe für Kitas?

Dem Kindergarten kommt heute eine immer wichtigere Schlüsselrolle in der Beratung von Eltern bei Erziehungs-, Entwicklungs- und Familienfragen zu. Das wundert nicht, ist bei Krisen und Konflikten in der Familie die Erzieherin doch direkt und schnell erreichbar, gleich nach dem morgendlichen Familien-Crash zu Hause. Wie selbstverständlich erwarten Eltern heute zudem, dass die Erzieherin die Entwicklung und das Verhalten ihres Kindes fachlich einschätzen und ihnen Handlungsempfehlungen geben kann. Ebenso wichtig ist Eltern die Vermittlung der Erzieherin, wenn weiterführende Hilfen einbezogen werden müssen, etwa Beratungsstellen, Ergotherapeuten oder Frühförderstellen.

Im gewissen Sinne ist der Kindergarten also, auch wenn das einem Vertreter der institutionellen Erziehungsberatung nicht leicht über die Lippen geht, für manche Eltern bereits seit Längerem eine Erziehungsberatungsstelle vor Ort.

Dazu kommt: Im neuen § 22a des Kinder- und Jugendhilfegesetzes (KJHG) werden die bisherigen Aufgaben der Kindertageseinrichtungen erweitert und verbindlicher formuliert. Kitas werden nun als Orte gesehen, in denen Kinder und ihre Familie unterstützt werden müssen, auch in der Erziehungskompetenz. Verpflichtend vorgeschrieben ist dabei die Zusammenarbeit mit Institutionen der Familienbildung und Familienberatung, unter anderem der Erziehungsberatungsstellen.

Kennzeichnend für diese Entwicklung ist auch der durch das Kinder- und Jugendhilfeweiterentwicklungsgesetz (KICK) im Jahre 2005 neu eingeführte § 8a im

KJHG. Im Rahmen des Schutzauftrags müssen Erzieherinnen nun darauf hinwirken, dass Erziehungsberechtigte ergänzende Hilfen in Anspruch nehmen, wenn sie – die Erzieherinnen – diese für erforderlich halten. Zudem müssen sie das Jugendamt informieren, falls die angenommenen Hilfen nicht ausreichend erscheinen, um eine Gefährdung des Kindeswohls abzuwenden.

Noch nie war so deutlich, welch wichtige Rolle den Kitas im Jugendhilfesystem zugeschrieben wird. Es ist daher das Gebot der Stunde, sich als Erzieherin in diesem Bereich kompetent zu machen, um als eigenständige Partnerin im Netzwerk der Kinder- und Jugendhilfe bestehen zu können.

Wohin geht der Weg der institutionellen Erziehungsberatung?

Die Anmeldungen an Erziehungsberatungsstellen steigen seit Jahren. Zum einen sind Erziehungsberatungsstellen für viele Eltern in Zeiten von Erziehungsunsicherheiten und Überforderungen zu wichtigen Anlaufstellen geworden. Sich hier Rat und Hilfe zu holen, wird im Gegensatz zu früher nicht mehr als Schande empfunden.

Zum Zweiten haben die Zuweisungen durch Kindergärten, Schulen, Gerichte und soziale Dienste zugenommen. Vermittelt werden vor allem Kinder und Jugendliche mit komplexen Entwicklungs- und Verhaltensproblemen sowie Eltern in belasteten Familien- und Lebenslagen. Dies erfordert eine Hilfe, die längerfristig und umfassender angelegt sein muss und oft eine Reihe weitergehender Hilfen zur Erziehung erfordert, etwa sozialpädagogische Familienhilfe, soziale Gruppenarbeit, Erziehung in einer Tagesgruppe oder Vollzeitpflege.

Dazu kommt die Erwartung, dass sich Erziehungsberatungsstellen offensiv im Bereich der Prävention engagieren, insbesondere in der Eltern- und Familienbildung sowie bei der Unterstützung von Eltern in Fragen von Partnerschaft, Trennung und Scheidung.

Erziehungsberatungsstellen sind dadurch in den letzten Jahren immer mehr in ein Dilemma geraten. Auf der einen Seite sollen sie einen schnellen und direkten Zugang für Eltern und Familien im Vorfeld von weitergehenden Krisen ermöglichen (zum Beispiel durch offene Sprechstunden vor Ort) und im Sinne der Sozialraumorientierung Kitas und Schule durch entsprechende Angebote in der Einrichtung unterstützen (zum Beispiel Spiel- und Verhaltensbeobachtung, gemeinsame Beratungsgespräche, Fallkonferenzen). Auf der anderen Seite sollen sie als erste Stufe der Hilfen zur Erziehung differenzierte und umfassende pädagogisch-therapeutische Hilfen anbieten (Familientherapie, Gruppentherapie für Kinder und Jugendliche, Trennungs- und Scheidungsberatung), um weitergehenden und kostenintensiveren Hilfen vorzubeugen.

In Zeiten knapper Ressourcen und bei gleichzeitig steigendem Bedarf führt dies auch bei den Erziehungsberatungsstellen zur Überlastung und zu einer Zerreißprobe. Neue Lösungsstrategien waren und sind gefragt, um diesem Dilemma zu entkommen.

Zugehende Beratung in Kindertageseinrichtungen – Königsweg oder Sackgasse?

Wie wäre es also, offene Sprechstunden der Erziehungsberatungsstelle in der Kita einzurichten? Die Idee ist nicht neu. Immer wieder wurde vor allem in sozialen Brennpunkten versucht, Erziehungsberatung als Regelangebot einzuführen. Die Familien nahmen dieses Angebot aber meist weniger an als erwartet. Gefördert wurde jedoch die Kooperation der Kita mit der jeweiligen Beratungsstelle. So nutzten häufig die Erzieherinnen die Sprechzeiten der Beratungskräfte, um über ihre Fragen und Probleme zu sprechen.

Eine flächendeckende Einführung von Erziehungsberatung in Kitas wurde 2001 bis 2003 in der Diözese Trier erprobt. In dem Projekt »Zugehende Beratung in Kindertageseinrichtungen« waren die zwölf Lebensberatungsstellen des Bistums Trier und 29 Kitas der Region beteiligt. Evaluiert und begleitet wurde das Projekt durch das Institut der Pädagogik der Universität Koblenz-Landau.[1]

Die sehr differenzierte und aufschlussreiche Auswertung dieses Projekts fand in der Fachwelt großen Anklang. Eine kritische Sicht der Ergebnisse legt aber eher eine Zurückhaltung als eine spontane Nachahmung nahe. Folgende Punkte sprechen gegen eine Übernahme dieses Modells:

- Eine flächendeckende Versorgung von Kitas mit regelmäßigen geöffneten Sprechstunden durch Erziehungsberatungsstellen ist allein aus Kapazitätsgründen nicht möglich. So stehen der Erziehungsberatungsstelle in Friedrichshafen mit 4,5 Planstellen über 60

---

[1] Vanessa Schneider/Christian Schrapper: »Zugehende Beratung in Kindertageseinrichtungen«. Evaluation des Modellprojektes der Lebensberatungsstellen des Bistum Trier. Universität Koblenz-Landau, September 2003. www.uni-koblenz.de/sempaed/soz_pae/2003-10-23.Endbericht.Zugeh.Beratung.pdf.pdf

Kindertageseinrichtungen gegenüber. Es könnten also immer nur einzelne ausgewählte Standorte sein.

- Die Annahme des Angebots der offenen Sprechstunde hängt offensichtlich in hohem Maße von der Einstellung und der Kooperationsbereitschaft der jeweiligen Projektpartner vor Ort ab. Sie ist somit sehr abhängig von Personen und der jeweiligen örtlichen Situation.
- Die Aufgabe und Rolle der institutionellen Erziehungsberatung wird in der neuen Praxis umgedeutet. Statt »psychologischer« Rollengestaltung wird eine eher »sozialpädagogische« Orientierung befürwortet, wobei dann letztlich der Berater selbst zu einem Teil des Systems Kita wird: »Tür- und Angelgespräche« des Beraters in der Kita als niedrigschwellige Form der Kontaktnahme. Den anerkannten Standards der institutionellen Erziehungsberatung (wie zum Beispiel Anonymität, Vertraulichkeit, Methodenvielfalt) entspräche dies in keiner Weise.
- Die Aufgabe und Rolle der Erzieherin wird auf die Aufgabe der Kontaktherstellung und Vermittlung reduziert. Allenfalls kann sie sich in der Sprechstunde dann selbst beraten lassen. Damit wird in meinen Augen ihre Rolle als Erziehungspartnerin und pädagogische Fachkraft für Eltern – auch als Beraterin – geschwächt, wenn nicht abgewertet.

Berücksichtigt man die Entwicklungen der letzten Jahre im Bereich der Kita und der Jugendhilfe, so liefert die Studie eher Argumente für die Stärkung der Beratungskompetenz von Erzieherinnen (siehe dazu auch das Kapitel »Elternberatung im Kindergarten«). Die dort vorgestellte »integrierte und alltagsorientierte Beratung« böte sich hervorragend als Grundmodell an, um Erzieherinnen auf ihre Rolle als Beraterinnen von Eltern in Entwicklungs- und Erziehungsfragen vorzubereiten.

Beratung von Eltern bei Erziehungsthemen – das Qualifizierungsprogramm der Caritas Bodensee-Oberschwaben

Langfristiges Ziel der Erziehungsberatungsstellen in der Region ist, ein Unterstützungssystem für Kitas aufzubauen, um Erzieherinnen in der Beratung von Eltern in Erziehungs- und Familienfragen zu qualifizieren und zu begleiten. Dabei soll ein sozialräumlich organisiertes integriertes Hilfesystem aufgebaut werden, das Eltern in der Kita eine schnelle und kompetente Anlaufstelle ermöglicht, gleichzeitig aber auch kurze und direkte Wege zu weitergehenden Hilfen und Diensten eröffnet. Kitas und Erziehungsberatungsstellen bilden dazu eine Erziehungspartnerschaft.

Folgende Thesen und Annahmen bildeten die Grundlage für das Konzept:

Das Subsidiaritätsprinzip

Die Anwendung dieses Prinzips für den Bereich der Beratung von Eltern bedeutet: Was die Erzieherinnen an Beratung und Unterstützung von Eltern leisten können, soll nicht von Beratungsstellen abgenommen werden. Die Beratungsstellen sollen Erzieherinnen dabei unterstützen, diesen Auftrag zu erfüllen. Außerdem muss gewährleistet sein, dass Erzieherinnen Eltern schnell und unkompliziert weiterverweisen können, sofern deren Fragen und Probleme die Möglichkeiten der Erzieherinnen überschreiten. Erziehungsberatungsstellen können dann weitergehende gezielte Hilfen leisten.

Niedrigschwelliger Zugang und Sozialraumorientierung

Erzieherinnen erreichen letztlich alle Eltern, besonders auch die, die nie den Weg in eine institutionelle Beratung und schon gar nicht in die weitere Jugendhilfe finden würden. Erzieherinnen erfüllen daher am besten die Kriterien der integrierten, ganzheitlichen und alltagsorientierten Beratung. Sie können Eltern zeitnah und situationsorientiert beraten, sind in Krisen schnell erreichbar und können Veränderungen schnell wahrnehmen und aufgreifen.

Systemische Sichtweise des Netzwerks Kita – Erziehungsberatungsstelle

Erzieherinnen sind die natürlichen Erziehungspartner von Eltern. Erzieherinnen und Eltern sind für das Wohl des Kindes verantwortlich, beide für sich als Experten in ihrem Bereich und gemeinsam im Sinne einer Erziehungspartnerschaft.

Erzieherinnen und Erziehungsberater/-beraterinnen sind Partner in der Jugendhilfe. Auch sie sind jeweils Experte in ihrem Bereich. Ihre gemeinsame Aufgabe ist die Stärkung der Erziehungskraft von Familien und auch die Unterstützung von Eltern in Konflikt- und Problemsituationen. Ihre Zusammenarbeit soll – ebenso wie die von Eltern und Erzieherinnen – von Vertrauen und gegenseitiger Wertschätzung geprägt sein.

Das Konzept der Beratung

Die sozialpädagogische Beratung bildet die Grundlage für die präventive Beratung sowie die allgemeine Beratung von Eltern zur Förderung der Erziehung in der Familie. Sie unterscheidet sich von der institutionellen Erziehungsberatung, die von einem multiprofessionellen Team erbracht wird, das mit unterschiedlichen wissenschaftlichen Methoden betraut ist.

Beratung in der Kita – was ist möglich, was ist nötig?

Beratung ist kein gesetzlich geschützter Begriff und als solcher keiner bestimmten Berufsgruppe zuzuordnen. Zudem ist er ein unbestimmter Begriff, der sich erst im Kontext einer Hilfeleistung definiert.

Im pädagogischen und sozialen Bereich spielt bei Beratung der helfende Aspekt eine Rolle: Durch ein Gespräch soll jemand unterstützt werden, ein Problem zu lösen oder sich der Lösung anzunähern. Auch Ratschläge werden immer in helfender Absicht erteilt.

Im Bereich der Jugendhilfe wird Beratung als eine allgemeine erzieherische Unterstützungsform angeführt. Gesetzeskommentare weisen darauf hin, dass es sich dabei um eine allgemeine und präventive Beratung handelt. Das Ziel, die Erziehung in der Familie durch Beratung zu fördern, impliziert dementsprechend eine Beratung im Sinne einer sozialpädagogischen Beratungsform.

Von der allgemeinen Beratung abzugrenzen ist die institutionelle Erziehungsberatung. Sie ist auf der Grundlage der §§ 27 und 28 des KJHG mit festgelegten Standards definiert. Diese Standards bilden die Grundlage für die Leistungsbeschreibungen und Leistungsvereinbarungen von Erziehungsberatungsstellen mit dem öffentlichen Jugendhilfeträger. Der Fachverband der Erziehungsberatungsstellen hat inzwischen ein eigenes Berufsbild mit entsprechenden Qualitätsstandards entwickelt, das künftig diese Beruftätigkeit schützen und absichern wird. Der Begriff der Erziehungsberatung ist deshalb nicht auf die Beratungtätigkeit von Eltern durch Erzieherinnen zu übertragen.

Das Tätigkeitsfeld einer Erzieherin im Bereich der Beratung von Eltern leitet sich grundsätzlich aus ihrem Auftrag (auch nach dem §§ 22, 22a, 16, 8a KJHG) ab.

Der Kontext des Netzwerks der Kinder- und Jugendhilfe spielt dabei ebenso eine gewichtige Rolle: Welche Absprachen, Vereinbarungen und Regelungen gibt es mit den Partnern? Wo bestehen Abgrenzungen? Wichtig ist schließlich das eigene Selbstverständnis einer Kita, das sich im jeweiligen Leitbild und pädagogischen Konzept widerspiegeln sollte.

Wir haben aus unserer Erfahrung und Sichtweise daher drei Tätigkeitsmerkmale von Beratung in der Kita durch die Erzieherin festgelegt: die allgemeine Beratung von Eltern im Erziehungs- und Familienalltag, die Unterstützung von Familien in Krisensituationen und die Weitervermittlung von Eltern an Fachdienste und Einrichtungen. Entsprechend dieser Tätigkeiten haben wir folgende Kompetenzbereiche festgelegt:

Beratungskompetenz

Beratung im Kontext von Erziehungsprozessen erfordert sowohl eine Grundkompetenz in Gesprächsführung als auch die Fähigkeit zur Selbstreflexion. Wir bezeichnen diese Form von Beratung als sozialpädagogische Beratung. Gesprächspsychotherapie, Transaktionsanalyse und Themenzentrierte Interaktion bilden dabei theoretische Grundlagen.

Abgrenzungskompetenz

Da Erzieherinnen für Eltern gut erreichbar sind, ist es für Erzieherinnen wichtig, sich abgrenzen zu können. Sie müssen sich über ihre Rolle klar werden und ein gutes Timing entwickeln: Wann, wo und wie führe ich mit Eltern welche Gespräche?

Systemische Kompetenz

Bei einer Beratung ist es auch wichtig, Funktionalität oder Dysfunktionalität von Familiensystemen zu erkennen und ihre Wirkkräfte wahrzunehmen, um mit ihnen gestalterisch umzugehen. Die Systemtheorie und insbesondere die Familientherapie bilden dafür die theoretische Grundlage.

Weitere Kompetenzen

Wer Familien im oben genannten Sinn beraten will, muss sowohl die eigenen Beratungsmöglichkeiten wie auch deren Grenzen kennen. Dazu gehört ein Wissen um die Hilfesysteme für Kinder und die Bereitschaft, Familien an diese weitergehenden Hilfesysteme zu vermitteln.

Unsere Qualifizierungsmaßnahmen hatten daher zum Ziel, diese Kompetenzen bei den Teilnehmerinnen zu erweitern. Inhaltlich ging es dabei um den Beratungsbegriff, um Rollenverständnis/Rollenklärung, Grundlagen der Gesprächführung, Transaktionsanalyse, systemische Grundkenntnisse, den Umgang mit schwierigen Beratungssituationen, Konfliktgespräche sowie das Hilfesystem für Familien »Netzwerk Kindergarten – Weitervermittlung«.

Die erste Qualifizierungseinheit erstreckte sich über drei Tage, denen eine Supervisionseinheit zur Zwischenauswertung und zur Vorbereitung der zweiten Einheit folgte. Die zweite Einheit dauerte ebenfalls drei Tage, worauf fünf Supervisionssitzungen im monatlichen Abstand folgten.

Diese Fortbildung führten wir im Rahmen des Projekts dreimal durch: zweimal für jeweils zwölf Erzieherinnen, einmal für ebenso viele Heilpädagoginnen. Die Leitung hatten zwei Beraterinnen/Therapeuten aus den Erziehungsberatungsstellen der Caritas Bodensee-Oberschwaben.

Insgesamt bewerteten die Teilnehmerinnen wie die Referenten die Seminare als gelungen und erfolgreich. Die Kompetenzen der beteiligten Erzieherinnen erweiterten sich durch die Fortbildungen nachhaltig. Als wichtige Erfahrung bezeichneten die Erzieherinnen vor allem das neue Rollenverständnis als Beraterin und den damit verbundenen Perspektivenwechsel.

In der Praxis erwies sich jedoch als schwierig, die neu erlernten Fertigkeiten im Team des Kindergartens einzuführen. Dieses Problem war zuvor nicht bedacht worden. Als weiteres Problem erwies sich der hohe zeitliche Umfang der Fortbildung. Für viele interessierte Erzieherinnen war das nicht machbar.

Eine wichtiger (Neben-)Effekt der Fortbildung war, dass die Kooperation der Beratungsstellen mit den Kitas in der Region gefördert wurde.

Fazit: Was hat das Modellprojekt gezeigt?

Die durchgeführten Qualifizierungsmaßnahmen waren von Inhalt, Methode und Umfang geeignet, die Kompetenz von Erzieherinnen im Bereich der Beratung von Eltern in Erziehungsfragen nachhaltig zu erweitern.

Wichtige Elemente sind dabei:
- Vermittlung von Gesprächstechniken
- Vermittlung von theoretischen Grundlagen pädagogisch-therapeutischer Konzepte (Systemtheorie, Familientherapie, Gesprächstherapie, Transaktionsanalyse u.a.)
- Reflexion der verschiedenen Rollen als Erzieherin – Erfahren der Perspektive Eltern
- Ermöglichung von Selbsterfahrung

Der Blick auf die Konzepte und Erfahrungen der anderen Fortbildungsangebote des Projekts der Landesstiftung im Bereich der Beratung von Eltern zeigt, dass dort mit vergleichbaren Konzepten gute Erfahrungen gemacht wurden (siehe Kongressbericht Karlsruhe/Forum 8, www.gemeinsam-fuer-das-kind.de).

Die Umsetzung des Konzepts erfordert ein erhebliches zeitliches Engagement vonseiten der Erzieherinnen. Der Zeitrahmen ist allerdings unbedingt notwendig. Eine Verkürzung des Programms führte zu einer substanziellen Reduzierung der Inhalte und Methoden, vor allem im Bereich der Selbsterfahrung. Die Zeitressource erweist sich aber gerade als Hindernis in der Implementierung des Konzepts nach der Projektphase. Vor allem der enorme Druck an Zusatzqualifikation im Kontext der Sprachförderung und der Einführung des Orientierungsplans trägt wesentlich dazu bei. Es müssen deshalb kreative Lösungen gefunden werden, die es Erzieherinnen ermöglichen, sich in dem gegebenen Rahmen für diese neue Aufgabe zu qualifizieren. Entscheidend wird sein, dieses Angebot langfristig als bedeutsames und festes Element der Fortbildung für Erzieherinnen in der Region einzubringen.

Die Beratung von Eltern in Erziehungsfragen ist als gemeinsame Aufgabe von Kitas und Erziehungsberatungsstellen zu sehen. Qualifizierungsmaßnahmen müssen als Schnittstellenprojekte weitergeführt werden. Sie sind als ein Baustein einer umfassenden Kooperation von Kitas und Erziehungsberatungsstellen zu verstehen und auch nur so sinnvoll zu bewältigen. Der weitere Ausbau und die Pflege des Miteinanders beider Institutionen bilden somit die unabdingbare Grundlage.

Fallbesprechungen, gemeinsame Elterngespräche und Förderplanung sowie Teilnahme an Hilfeplankonferenzen (nach § 36 KJHG) werden wichtige Orte der Kooperation sein.

Das Modell der Region Bodensee-Oberschwaben versteht sich als integriertes Fortbildungsmodell zur Stärkung der Basiskompetenz jeder Erzieherin. Es ist keine Weiterbildung im Sinne einer Zusatzqualifikation.

Im Hinblick auf das genannte Problem hinsichtlich der Kapazitäten für Fort- und Weiterbildungen stellt sich die Frage nach Alternativen. Als Vorschläge stehen im Raum:

- stärkere Berücksichtigung des Themas Beratungskompetenz in den Stoffplan der Fachschulen,
- Zusatzqualifikation »Sozialpädagogische Beratung«,
- Einbindung in künftige Curricula von Bachelorstudiengang für Erzieherinnen.

Die Vor- und Nachteile dieser Lösungen wären gründlich zu diskutieren. Bei der Diskussion um das künftige Berufsbild und die Ausbildung der Erzieherinnen wird die Frage der Beratungskompetenz einen gewichtigen Platz einnehmen müssen.

Ausblick – der weitere Weg in der Region Bodensee-Oberschwaben

Wir werden in unserer Region unbeschadet der derzeitigen Hemmnisse das Projekt weiterentwickeln. Die enge Zusammenarbeit mit den regionalen Fachberatungsstellen sowie mit den Leiterinnen (Leiterinnenkonferenz) wird dazu die Grundlage bilden. Wir sehen in der Strategie, den Bereich der Beratung von Eltern in Erziehungsthemen als gemeinsame Aufgabe weiterzuentwickeln, den richtigen Weg in die Zukunft.

Uta Reuter

Mehr als ein Gespräch

Elternberatung im Kindergarten

Verunsicherung bei Erziehungsfragen ist nichts Neues. Es wird wohl allen Eltern besonders beim ersten Kind schwerfallen, seine Gebärden, seine Laute, seine Bedürfnisse richtig aufzunehmen und zu deuten. Neu ist aber heute, dass oft beide Elternteile arbeiten und dass sie beruflich bedingt häufiger den Wohnort wechseln müssen. Sie können also nicht mehr so leicht wie früher von den Erziehungserfahrungen der Großeltern, der Tanten oder der Schulfreundinnen profitieren. Außerdem stellt die Gesellschaft heute enorm hohe Anforderungen an Eltern: Sie sollen ihre Kinder pädagogisch, psychologisch, physiologisch, intellektuell, emotional – sprich ganzheitlich – und selbstverständlich bestmöglich fördern. Ihnen darf in Gesundheits- und Ernährungsfragen kein Fehler unterlaufen. Sie haben, möglichst bereits vor der Geburt des Nachwuchses, dafür zu sorgen, dass der später in allen Lebenslagen beruflich wie finanziell gut versorgt ist. An solchen Anforderungen kann man als Eltern doch nur scheitern! Was ist zum Beispiel, wenn im eigenen Leben mal nicht alles so glatt läuft? Was, wenn sich die Abgabe der Abschlussarbeit verzögert, wenn sich die Arbeitszeiten ändern, wenn ein Familienmitglied schwer krank wird, wenn einer der Partner seine Arbeit verliert, wenn es in der Partnerschaft kriselt? Außerdem: Obwohl die Erziehungsleistung der Eltern gesellschaftlich als derart bedeutsam eingestuft wird, erfährt Familienarbeit im Allgemeinen äußerst geringe Wertschätzung. Familie ist nach wie vor Privatsache, mit allen Vor-, aber auch allen Nachteilen.

Heutige Eltern müssen also entweder vor Selbstbewusstsein strotzen – oder brauchen eben Unterstützung, um sich überhaupt noch an die Aufgabe der Kindererziehung heranzutrauen. Ratgeber aller Art überfluten denn auch den Büchermarkt, erobern das Internet, füllen die Spalten unzähliger Zeitschriften. Doch all diese, sicherlich zum Teil informativen Hinweise nutzen nur den Eltern etwas, die Zeit und Lust zum Lesen aufbringen. Was aber ist mit all jenen Frauen und Männern, die nicht mit Lesen und Büchern groß geworden sind, die nicht ausreichend Deutsch können oder die einfach nicht zum Lesen kommen, weil sie völlig ausgelastet sind mit der Erziehung ihrer Kindern, der eigenen Erwerbstätigkeit und der Pflege der kranken Oma? Außerdem ersetzt auch der beste gedruckte Ratgeber Eltern nicht das persönliche Gespräch über das eigene Kind oder über die eigenen Sorgen und Nöte, die das Verhalten zum Kind beeinflussen, etwa die Krankheit eines Familienmitgliedes, die Sucht eines Elternteils, der Streit zwischen Geschwistern, familiäre Gewalt, Missbrauch oder auch die unerwarteten Fortschritte des Kindes in der Entwicklung.

Jahrhundertelang hatten wir die Möglichkeit, im Austausch miteinander zu lernen, unsere Werte und Normen zu überprüfen und uns gegenseitig zu raten. In einer technisierten, individualisierten Welt muss dieser Aus-tausch kompensiert werden. Beratung ist gefragt. Doch wohin gehen, wenn die natürlichen Ansprechpartner fehlen?

Warum sich nicht in einer solchen Situation an die Erzieherin wenden? Schließlich kennt sie das Kind, hat Erfahrung mit anderen Kindern, und zudem ist Erziehung ihr Beruf. Erzieherinnen und Erzieher spüren seit Jahren, dass Eltern zunehmend Bedarf nach Gespräch und Beratung haben. Ausgebildet für die Erziehung, Bildung und Betreuung der Kinder, sind sie aber mit der Situation der Familien oftmals überfordert. Was liegt also näher, als Erzieherinnen besser für diese Gespräche zu qualifizieren? Wir hatten jedenfalls Lust, uns im Projekt auf dieses Experiment einzulassen und neue Wege auszuprobieren.

Bei unseren Recherchen stießen wir auf ein ähnlich ausgerichtetes Projekt der Bundesarbeitsgemeinschaft Familienbildung und Beratung (AGEF) e.V.: »Elternberatung in der Familienbildung«. Könnten wir das Konzept nicht auf den Kindergarten übertragen? Mit der verantwortlichen Bildungsreferentin der AGEF überlegten und planten wir und boten schließlich einen ersten Kurs an. Obwohl der sehr aufwendig war – er umfasste 16 Fortbildungstage plus eine Abschlussarbeit –, war das Interesse daran so enorm, dass die Teilnahme zum Teil ausgelost werden musste. Im ersten Kurs war also aus jeder unserer 27 Einrichtungen eine Mitarbeiterin dabei, wodurch der Bedarf aber offensichtlich nicht gedeckt war. Deshalb wagten wir ein zweites Experiment und boten einen weiteren Kurs an, diesmal ausschließlich für Eltern. Schließlich, so unsere Idee, sind auch Eltern allein aufgrund ihrer eigenen Erfahrung in der Lage, anderen Eltern zu helfen. Im Konzept der AGEF ist dies nicht vorgesehen. Dort ist die pädagogische Vorbildung Bedingung, um am Kurs teilnehmen zu können. Die AGEF ließ sich zwar auf unser Experiment ein, behielt sich aber vor, unter den interessierten Eltern eine Auswahl an geeigneten Personen zu treffen.

Die Erzieherinnen sprachen also Eltern aus ihren Einrichtungen an, ob sie sich vorstellen könnten, ehrenamtlich als Elternberater in der Kita zusammen mit der ebenfalls qualifizierten Kollegin zu arbeiten. 26 Eltern

meldeten sich, mit einer Ausnahme Frauen, und alle absolvierten den Kurs. Aller anfänglichen Skepsis der Leitung der AGEF zum Trotz war das Ergebnis überzeugend: Auch ohne eine pädagogische oder psychologische Berufsausbildung als Hintergrund zeigten die Eltern in unseren Einrichtungen viel Einfühlungsvermögen für die Beratungsarbeit, konnten sie offen und reflektiert mit ihren eigenen Biografien umgehen und sich in die Materie ausgezeichnet einarbeiten. Für die Ausbilder war das eine überraschende und bereichernde Erfahrung – für uns Projektbeteiligte eine Ermutigung, in diesem Sinne fortzufahren und Eltern in die Beratungsarbeit einzubeziehen.

Wir wagten uns also an einen nächsten Kurs, diesmal für Erzieherinnen und Eltern. Im besten Sinne von Erziehungspartnerschaft sollten sie bereits im Kurs lernen, sich auszutauschen und möglicherweise bestehende Vorurteile abzubauen. Die Erfahrung war so gut, dass wir die Mischung aus pädagogischen Profis und Laien auch für die folgenden beiden Kurse beibehielten. Diese Kurse wurden gemeinsam mit der in unserer Region gelegenen Familienbildungsstätte in Straubenhardt entwickelt und durchgeführt. Insgesamt bildeten wir 120 Elternberater und -beraterinnen aus.

Die Inhalte der Fortbildung

Der AGEF-Kurs bestand aus sieben Modulen. Neben der Vermittlung von Wissen ging es uns darum, dass die künftigen Elternberater ihr Wissen in die Praxis umsetzen konnten. So standen auch Materialienschulung und der Erwerb beratungstechnischer und medialer Kompetenzen auf dem Programm, um junge Familien von Anfang an stärken zu können.

Die Themen und Inhalte im Einzelnen waren:

1. Modul: Beratungstechniken für Elternberater

- Theoretische/praktische Einführung in die Elemente der Beratungstechniken
- Die Haltung der Beraterin/des Beraters
- Kommunikationsmodelle und -stile in der Beratung
- Praktische Übungen und Fallbeispiele

2. Modul: Intervention und Kooperation in der Beratung

- Prinzipien der pädagogischen Elternberatung
- Beratung und Begleitung von Elterngruppen
- Gestaltung und Ablauf von Beratungsgesprächen/Interventionstechniken
- Fallbeispiele und Rollenspiele

3. Modul: Familie/Familienbilder

- Vater-/Mutterrolle mit Blick auf die eigene Biografie
- Ausgestaltung der Vaterrolle – neue Konzepte aus der Väterbildung
- Der Familienzyklus
- Familienstrukturen – von der Einzelkind- bis zur Patchworkfamilie

4. Modul: Didaktik und Methodik

- Didaktik und Methodik in der Wissensvermittlung
- Gruppendynamische Handlungsfelder/Übungen und Rollenspiele
- Nonverbale Kommunikation bei Babys
- Aspekte kindlicher Entwicklungsstadien von 0-3 Jahren

5. Modul: Erziehung/Erziehungsstile

- Einführung in die Grundsätze der individualpsychologischen Beratung
  - Logische Folgen statt Strafen
  - Machtkampf und Trotz
  - Geschwisterstreit
  - Die vier Stufen der Entmutigung
  - Ermutigung
- Praktische Übungen und Fallbeispiele

6. Modul: Diagnose/Grenzen der Elternberatung

- Gewaltstrukturen in der Familie – Indikatoren, Erkennung, Ansprache und Weitervermittlung
- Auffälligkeiten und Entwicklungsdefizite
- Diagnose in Beratungsgesprächen
- Praktische Übungen und Fallbeispiele
- Schriftliche Vorbereitung einer Abschlussarbeit

7. Modul: Medienkompetenz und Vernetzung

- Medienkompetenz und multimediales Lernen (Einsatzmöglichkeiten von Medien und Hinweisen für den didaktischen Umgang mit Elterngruppen)
- Aufbau von Netzwerken in der eigenen Region und Schaffung von Rahmenbedingungen und Voraussetzung in der eigenen Einrichtung
- Präsentationstechniken
- Abschlusscurriculum/Präsentation der Abschlussarbeiten

Die Inhalte der Qualifikation der Familienbildungsstätte in Straubenhardt, »Haus der Familie«, waren:

1. Einführung in systemisches Denken

- Grundzüge systemischen Denkens
- Familie und Institution Kindergarten als Systeme begreifen und darstellen
- Aufgaben, Kompetenzen und Rollen der beiden Systeme
- Dynamik der Interaktion beider Systeme: Verstärkung von Kompetenzen, Ergänzung, Konkurrenz und Abwertung

2. Einführung in die Familiendynamik

- Bindung und Freiheit als Grundelemente der Familiendynamik
- Idealtypische Familienphasen
- Dynamik der Phase »Familien mit kleinen Kindern«
- Umgang mit kindlichen Bedürfnissen
- Umgang mit Normen
- Umgang mit Autorität
- Frauen- und Männerbilder

3. Diagnostische Hilfsmittel

- Genogramm
- Chronologie
- Wohnungsgrundriss

4. Gesprächsführung

- Unterschiede zwischen Entwicklungs- und Beratungsgespräch
- Familienrollen und -haltungen (nach V. Satir)
- Reframing und wertschätzende Reden
- Distanz und Einfühlungsvermögen
- Bedeutung des Nonverbalen im Gespräch
- Umgang mit Ängsten
- Umgang mit Grenzen
- Reflexion und Auswertung von Beratungsgesprächen

Ein Teil der bereits erwähnten Abschlussarbeit aller Kurse bestand darin, einen Ordner anzufertigen, in dem jede Teilnehmerin und jeder Teilnehmer die Familien unterstützenden Angebote der Region aufführte. Auf diese Weise sollte jede Kindertageseinrichtung in die Lage versetzt werden, Familien Kontakte zu vermitteln, die ihnen helfen können, den Alltag zu erleichtern. In einigen Kitas hat dieser Ordner einen festen Platz an einem Ort, der auch den Eltern zugänglich ist – zum Beispiel im Elterncafé –, sodass sie sich selbst informieren können. Da bereits

beim ersten Kurs aus jeder Einrichtung eine Teilnehmerin anwesend war, standen den Kindergärten diese Ordner schon während der Projektlaufzeit zur Verfügung.

Für diese Ordner hat die AGEF ein Formular erstellt, in das der Name des Familien unterstützenden Angebots eingetragen wird, die Anschrift, die Telefonverbindung und eine Notiz über den persönlichen Eindruck der Person, die Kontakt zu der Stelle hatte. Aufgenommen wurden folgende Institutionen:

- die Beratungsstellen der Region mit den entsprechenden Angeboten/Schwerpunkten
- Ämter (Jugendamt, Arbeitsamt, Gesundheitsamt, Sozialamt)
- Institutionen der Familienbildung sowie interessante freie Anbieter wie Kunstschulen, Musikschulen
- Vereine, soziale Träger, Institutionen für besondere Lebenslagen (Vereine für alleinerziehende Mütter und Väter, Selbsthilfegruppen etc.)
- Gesundheitsvorsorge, Entspannung und Fitness (Reiterhöfe, Bäder etc.)
- Anbieter von beruflichen Wiedereinstiegskursen
- Kinderbetreuungseinrichtungen und -personen außerhalb der Kita

Beratungsgespräche in der Kita

Ein Elterngespräch ist etwas anderes als ein Beratungsgespräch. Als Elterngespräch oder Entwicklungsgespräch bezeichnen wir das Gespräch zwischen Eltern und Erzieherin über das Verhalten des Kindes im Kindergarten und zu Hause, über die Lebensumstände und die Entwicklung des Kindes.

Ein Beratungsgespräch basiert hingegen ausschließlich auf dem Wunsch eines Elternteils nach Austausch über Erziehungs- und allgemeine Lebensfragen. Es ist ein

Angebot von Erzieherinnen oder Eltern für Eltern zur Selbsthilfe oder zur kurzfristigen Begleitung und Unterstützung bei der Reflexion von Lebenserfahrungen, bevor Hilfe bei einem Psychologen oder einer Erziehungsberatungsstelle in Anspruch genommen wird. Auf Wunsch des ratsuchenden Elternteils können im Beratungsgespräch konkrete Handlungspläne entwickelt werden. Der Elternteil ist selbst für die Lösung der Fragen verantwortlich, erhält jedoch in einem dialogisch gestalteten Prozess emotionalen Beistand und Informationen über weitere Beratungsangebote oder Literatur, Gesprächskreise und Ähnliches.

Bevor die Einrichtungen daran gingen, Elternberatung in der Praxis anzubieten, erarbeiteten sie ein Konzept für ihre Beraterinnen und Berater. Die Eltern informierten sie über das neue Angebot überwiegend durch einen Flyer und weiteres Informationsmaterial. Einige Kindergärten hängten auch Plakate auf oder machten auf der eigenen Internet-Seite auf die Elternberatung aufmerksam.

In einigen Kitas gibt es feste Sprechstunden der Elternberaterinnen, zu denen Eltern kommen können, ohne sich vorher anzumelden. In der Regel steht für diese Zeit ein geschützter Raum in der Einrichtung zu Verfügung oder wird reserviert. Außerdem haben Eltern die Möglichkeit, sich zu einem Gespräch schriftlich (Anmeldeformulare liegen im Kindergarten aus), telefonisch, per E-Mail oder über persönliche Kontaktaufnahme mit den Elternberaterinnen anzumelden.

Die Elternberaterinnen bieten aber nicht nur Sprechstunden an. Sie verstehen sich auch als Trägerinnen von Informationen, die den Kolleginnen oder den Eltern zugutekommen sollen. Die Inhalte der Weiterbildung werden so zum Beispiel in den Teamsitzungen oder bei Elterntreffs weitergegeben. Elternberaterinnen moderieren auch »knifflige« Elternabende, leiten thematisch gestaltete Elterncafés oder führen Bildungsveranstaltungen

für Eltern durch. Einige Beraterinnen haben sich auf die Verbesserung der Zusammenarbeit mit der Schule spezialisiert. Manche Einrichtungen, die sich zu einem Familienzentrum weiterentwickeln wollen, bieten auch allen Eltern des Ortes die Elternberatung als Familien unterstützende Maßnahme an.

Wie bewältigen die Elternberaterinnen ihre Aufgabe?

Erzieherinnen, die an der Fortbildung teilgenommen haben, bieten die Beratungen meist innerhalb ihrer Verfügungszeit an. In manchen größeren Einrichtungen werden die Elternberaterinnen für diese Aufgabe auch freigestellt, das heißt, ihre Verpflichtungen in anderen Bereichen werden reduziert. Da Gespräche mit Eltern schon seit Langem Teil der Verfügungszeit und also Arbeitszeit sind, die nicht mit den Kindern verbracht wird, entstehen nur dann Engpässe, wenn sich zu viele Eltern zur Beratung anmelden. Mit ihrer Beraterrolle kommen die Erzieherinnen gut zurecht. Viele berichten auch, dass sie die sowieso stattfindenden und von Eltern gewünschten Gespräche jetzt besser und professioneller führen könnten. Auch die Tür- und Angelgespräche hätten an Qualität gewonnen.

Und wie geht es den Eltern, die zu Beratenden werden? Nicht für alle Eltern, die die Fortbildung absolviert hatten, war die Beraterrolle etwas völlig Neues. Einige hatten bereits durch ihren Beruf – etwa als Psychologin, Rechtsanwältin, Lehrerin – oder aufgrund eines Ehrenamtes in der Jugendarbeit oder anderen Institutionen Erfahrungen mit Beratungssituationen gemacht. Hier ergaben sich keine nennenswerten Schwierigkeiten. Besonders bei Eltern ohne diese Erfahrungen war und ist es wichtig, dass sie sich ihrer Möglichkeiten und Grenzen als Beratende bewusst werden. Die veränderte Rolle der beratenden Eltern gegenüber den ratsuchenden Eltern ist ein Thema, das offen angesprochen werden sollte. Es gehört zu den Aufgaben der Supervision oder des Coachings, hier eventuelle Unsicherheiten zu besprechen. Dafür steht derzeit ein Netzwerk zur Verfügung.

Viele der ratsuchenden Eltern begrüßen die Möglichkeit, sich von anderen Eltern beraten zu lassen. In manchen Situationen scheinen sie ein geeigneterer Ansprechpartner zu sein als die Erzieherin, die vielleicht noch sehr jung ist oder keine eigenen Kinder hat. Da die Einrichtungen, die Elternberatung anbieten, untereinander vernetzt sind, können Eltern zudem auch zu einer Beraterin gehen, die nicht zu ihrem Kindergarten gehört.

Was schließlich für alle Beraterinnen gilt: Wenn sie merken, dass sie bei der Beratung an ihre Grenzen kommen, suchen sie entweder in ihrem Netzwerk Unterstützung, oder sie leiten die Eltern an eine der Beratungsstellen weiter.

Fazit

Von der Elternberatung in Kitas profitieren alle Seiten. Die Erzieherinnen können ihr neu erworbenes Wissen und Können in der täglichen Arbeit einsetzen: bei Aufnahmegesprächen, Entwicklungsgesprächen und Tür- und Angelgesprächen – also bei den allgemeinen Aufgaben einer Erzieherin. Auch fällt es ihnen nun leichter, Kindern und Eltern bei allen Übergängen gut zu begleiten, etwa dem Eintritt in den Kindergarten, dem Übergang zur Schule, bei Umzug oder Trennung der Eltern.

Darüber hinaus wurden die Erzieherinnen befähigt, den Eltern ein den heutigen Erfordernissen angemessenes Angebot niederschwelliger Erstberatung zu machen. Das Wissen um systemische Zusammenhänge, das ihnen in den Fortbildungen vermittelt wurde, lässt sie die Familienzusammenhänge besser verstehen, in denen die von ihnen betreuten Kinder leben. Auch Erzieherinnen, die den Kurs nicht absolviert haben, profitierten von den zusätzlichen Kenntnissen ihrer Kolleginnen, die sie zu Elterngesprächen hinzubitten können.

Neben der persönlichen Bereicherung durch die Inhalte, die die Mütter in ihren eigenen Familien anwenden können, empfinden sich Frauen, die als Elternberaterinnen tätig sind, nicht nur auf ihre Mutterrolle reduziert, sondern durch diese Aufgabe herausgefordert, anderen Eltern kompetent und sachkundig weiterzuhelfen. Sie übernehmen zudem Aufgaben, bei denen vorher oftmals Erzieherinnen mitgearbeitet haben, etwa die Leitung von Elterncafés, Gesprächskreisen oder thematischen Elternabenden. Zwar werden zu diesen Veranstaltungen oft Erzieherinnen dazugebeten, auf ihnen lastet aber nicht mehr die gesamte Organisation und Durchführung.

Eltern begrüßen das Beratungsangebot und nutzen es gerne. Als bereichernd, äußerst hilfreich und entlastend wird von ihnen die Zusammenarbeit und die gemeinsame Beratung von Eltern und Erzieherinnen angesehen. Manche Eltern wollen gern zu »ihrer« Erzieherin, die den Kurs absolviert hat, andere ziehen es vor, Rat bei anderen Eltern zu suchen. Erzieherinnen fühlen sich unterstützt durch die Kompetenz der Eltern, die ihnen schwierige Moderationsaufgaben abnehmen können.

Als sehr sinnvoll hat sich für Erzieherinnen wie Eltern der oben beschriebene »Netzwerkordner« erwiesen, der von allen Interessierten jederzeit eingesehen werden kann. Aufgrund der vielen positiven Ergebnisse dieses Projektes sind die Koordinatoren und Koordinatorinnen mit mir der Meinung, dass alle Erzieherinnen und Erzieher diese Qualifikation erhalten sollten. Ob es Sinn machen würde, die Inhalte der Weiterbildung direkt in die Erzieherinnenausbildung zu integrieren, bliebe zu diskutieren. Die

Mindestlösung sollte meines Erachtens sein, wenigstens zwei Erzieherinnen je Einrichtung zu haben, und, wenn möglich, auch Eltern Grundlagenkenntnisse in Beratung zu vermitteln. Der einzige Nachteil der Elternqualifikation ist, dass Eltern nur kurz in den Einrichtungen sind und dass noch ungesichert ist, ob und wie sie ihre Kenntnisse auch in der Schule einsetzen können. In unseren Einrichtungen wurden die Eltern gebeten, mindestens ein Jahr nach der Zertifizierung noch ehrenamtlich im Kindergarten als Berater zur Verfügung zu stehen.

Uta Stolz

Elternkurse im Kindergarten
Eine weitere Möglichkeit der Elternbildung

Tipps und Ratschläge für die Erziehung von Kindern sind derzeit gefragt. Man denke nur an die große Zahl von Ratgeberliteratur oder entsprechende viel diskutierte Fernsehsendungen. Aus ihnen lässt sich eine große Verunsicherung in Fragen der Erziehung und ein enormer Bedarf an Hilfestellung ablesen. Ein fundiertes Angebot für die Auseinandersetzung mit wichtigen Erziehungsthemen finden Eltern in den weit verbreiteten Elternkursen. »Triple P«, »Kess-erziehen« und »Starke Eltern starke Kinder« sind sicher die bekanntesten, die auch im Rahmen des Projekts »Stärkung der Frziehungskraft...?« angeboten wurden.

In diesen Kursen werden Themen aufgegriffen, die im Erziehungsalltag für Eltern eine Rolle spielen: Grenzen setzen, der Aufbau einer tragfähigen Beziehung zum Kind oder die Förderung eines gesunden Selbstwertgefühls. Dies sind für alle Eltern immer wieder neue Herausforderungen im Umgang mit ihren Kindern. In den Kursen finden sie Impulse, um über Erziehungsfragen nachzudenken und ein Übungsfeld, um ein angemessenes Verhalten zu trainieren.

In Rahmen des Projektes ergriffen Kindergärten die Chance, solche Kurse in ihrem Haus anzubieten. Dies geschah vor dem Hintergrund, Eltern als Erziehungspartner stärker in den Blick zu nehmen und ihnen auf dieser Basis Angebote der Elternbildung nahezubringen. So lernten Eltern ihren Kindergarten als Ort für Familien und als Kompetenzzentrum für Erziehung und Bildung besser kennen.

Elternbildung im Kindergarten

Trotz der Verankerung von Familienbildung – oder Elternbildung, wie der Begriff weitgehend synonym im Projekt verwendet wurde – im Kinder- und Jungendhilfegesetz (SGB VIII § 16) belegt eine Untersuchung des Staatsinstituts für Familienforschung an der Universität Bamberg, dass »der Begriff ›Familienbildung‹ im allgemeinen Sprachgebrauch recht unbekannt ist und (nicht nur) bei Eltern vielfach auf Verständnislosigkeit trifft. Nur ein Teil der Befragten konnte auf Anhieb etwas mit diesem Begriff anfangen« (Smolka 2003, S. 42).

Im Projekt hat sich auch gezeigt, dass Erzieherinnen einige Facetten ihrer Arbeit – etwa die Durchführung von Elternabenden zu pädagogischen Themen – nicht als Elternbildung verstehen. Dabei, so belegen ebenfalls wissenschaftliche Studien und die externe Evaluation des Projektes durch die Evangelische Fachhochschule (EFH) Freiburg, sind gerade sie nach den nächsten Angehörigen und Freunden die Personen, an die Eltern sich wenden, wenn sie Fragen zur Erziehung ihrer Kinder haben. Der Zusammenhang zwischen den vielfältigen Angeboten für Eltern und der damit verbundenen Gelegenheit, die Erziehungskompetenzen zu stärken, wurde selten als Elternbildung gesehen.

Inzwischen ist die Frage der Notwendigkeit stärker in den Blick gerückt, und immer mehr Einrichtungen haben auf diesem Gebiet ihre Angebote intensiviert. Das reicht von klassischen thematischen Angeboten für Eltern über Themencafés bis hin zu Hospitationen im Kindergarten.

Eine weitere Variante sind die oben erwähnten Elternkurse. Im Projekt hat sich gezeigt, dass sie dann am besten akzeptiert wurden, wenn sie im Rahmen einer tragfähigen partnerschaftlichen Zusammenarbeit mit Eltern angeboten wurden. Als förderlich für die erfolgreiche Durchführung eines Kurses erwies sich, wenn ein Zusammenhang zwischen der eigenen pädagogischen Arbeit im Kindergarten und dem Angebot eines Elternkurses deutlich wurde – das heißt, wenn in den Kursen Handlungsansätze aus dem Kindergarten aufgegriffen und so eine Brücke zu einem gemeinsamen Verständnis von Erziehung geschlagen wurde.

Erzieherinnen haben erkannt, wie wichtig eine enge Zusammenarbeit mit den Eltern für eine optimale Entwicklung des Kindes ist. Der Blick der Eltern auf das Kind, aber auch auf den Kindergarten und seine pädagogische Arbeit, wird als Bereicherung empfunden. Auf einer solchen positiven Basis lassen sich leichter Ideen und Anregungen von Eltern aufgreifen und ihre vielfältigen Kompetenzen für den pädagogischen Alltag nutzen, die weit über die Ausrichtung des Buffets bei Festen hinausgehen. Durch das Projekt wurden die Eltern in ihren Stärken weitaus mehr wahrgenommen.

Auf dieser Grundlage fällt es Erzieherinnen leichter, Eltern Bildungsangebote zur Stärkung ihrer Erziehungskompetenzen zu unterbreiten. Und umgekehrt können Eltern diese unbefangener prüfen und annehmen. Im optimalen Fall machen sich Eltern und Erzieherinnen gemeinsam auf die Suche nach interessanten und bereichernden Bildungsangeboten im Kindergarten.

Zudem erhöhen sich die Chancen, Eltern für einen Erziehungskurs zu gewinnen, wenn im Vorfeld deutlich wird, dass die inhaltliche Ausrichtung eines Kurses, seine Philosophie, sein Menschenbild und sein methodisches Vorgehen korrespondieren mit konzeptionellen Schwerpunkten des Hauses und mit der Haltung der Erzieherinnen.

Das Angebot an Erziehungskursen ist inzwischen breit gefächert, und die Kurse weisen in ihrer inhaltlichen und methodischen Gestaltung große Unterschiede auf, »wobei die Bandbreite vom personenzentrierten Ansatz über den individualpsychologischen oder auch (humanistisch-)eklektischen gehen kann oder sie arbeiten vorwiegend verhaltenstherapeutisch und kognitiv-behavioral.« (Tschöpe-Scheffler 2006, S. 15)

Es gibt inzwischen umfangreiche Literatur zum Thema, in der fundierte Synopsen zu den einzelnen Kursen aufgefächert werden, die einen Vergleich, aber auch die Auswahl eines passenden Kurses für die eigenen Eltern erleichtern. Besonders empfehlenswert sind die Arbeiten von Sigrid Tschöpe-Scheffler, die auch im Rahmen des Projektes ihre Studien zum Thema für Eltern und Erzieherinnen mehrfach präsentiert hat.

Was bieten Elternkurse für Eltern?

Allen Elternkursen gemeinsam ist das Aufgreifen von Themen, die Eltern schon immer im Umgang mit Kindern bewegt haben. Schwerpunktmäßig werden Lerninhalte mit hoher Alltags- und Lebensrelevanz vermittelt, und es wird eine Erweiterung des Handlungsrepertoires eingeübt. Das erlaubt es dem Einzelnen, die zunehmende Komplexität der Alltagsanforderungen in unserer Gesellschaft zu erkennen und Strategien für ihre Bewältigung zu finden.

Das Ziel vieler Elternkurse ist die Vermittlung eines angemessenen Umgangs mit Konfliktsituationen im Erziehungsalltag, basierend auf kommunikationstheoretischen, systemischen, lernpsychologischen oder anderen theoretischen Konzepten. Die Kurse laden Eltern ein, mit Praxisbeispielen eingefahrene Handlungsmuster für den Alltag zu überdenken und neue Impulse mitzunehmen.

Im Projekt sehr nachgefragt und positiv bewertet war der Elternkurs »Kess-erziehen«. Kess steht dabei für konstruktiv, ermutigend, sozial und situationsorientiert. Der Kurs legt großen Wert auf einen respektvollen Umgang miteinander, auch beim Grenzensetzen und wenn es zu Konflikten kommt. »Kess-erziehen« verwendet viel Zeit darauf, mit Eltern den Weg der Ermutigung zu gehen, an eigenen Stärken und denen der Kinder anzusetzen, und zeigt anschaulich, wie ein förderliches Erziehungsverhalten weiterentwickelt werden kann. Die fünf Einheiten sind im Einzelnen überschrieben mit
- Das Kind sehen – Soziale Grundbedürfnisse achten
- Verhaltensweisen verstehen – Angemessen reagieren
- Kinder ermutigen – Folgen des eigenen Handelns zumuten
- Konflikte entschärfen – Probleme lösen
- Selbständigkeit fördern – Kooperation entwickeln.

»Kess-erziehen« vermittelt anhand konkreter Erziehungssituationen Handlungsperspektiven, die Eltern erproben und fortentwickeln können. Kurze szenische Darstellungen, Reflexionen und Übungen sowie Anregungen für zu Hause verhelfen zu einer lebendigen Auseinandersetzung mit positiven Strategien, um Konfliktpotenzialen und erziehungsbedingten Stress zu verringern. Letztendlich soll die Freude am gemeinsamen Wachsen, das liebevolle, spannende und erlebnisreiche Miteinander mehr Raum gewinnen.

Die große positive Resonanz auf Kess-Angebote in vielen Projekteinrichtungen ist sicher auch darauf zurückzuführen, dass ein solcher Kurs auf fünf Termine begrenzt und damit überschaubar im Zeitaufwand ist. Hervorzuheben ist außerdem, dass Kess Eltern darin ermutigt, ihren Kindern gegenüber eine wertschätzende und positive Haltung einzunehmen. Dies wiederum korrespondiert mit der Intention, die das Projekt mit seinem Grundgedanken von Erziehungspartnerschaft verfolgt hat.

Was bieten Elternkurse den Kindergärten?

Kindergarten und Elternhaus verbindet dieselben Ziele für Kinder. Beispielhaft seien genannt: das Aufwachsen in einer geschützten Umgebung, die Förderung eines gesunden Selbstwertgefühls, der Aufbau und die Pflege positiver Beziehungen und Freundschaften und Strategien für die angemessene Lösung von Konflikten. Was Kinder dafür brauchen, erleben sie in beiden Lebenswelten: Ermutigung, Regeln, Zuneigung – bewusst gestaltet, intuitiv oder übernommen.

Stimmt die Grundhaltung eines Kurses mit dem pädagogischen Konzept des Kindergartens überein, gewinnen beide Seiten, Erzieherinnen und Eltern: eine gemeinsame Sprache, eine gemeinsame Grundidee von Wertschätzung der Kinder und ihrer Lernwege. Dies fördert das gegenseitige Verstehen von Handlungen und Reaktionen. Beide Seiten finden Anregungen, die in das eigene Handlungskonzept passen. Eltern und Erzieherinnen werden so zu gemeinsam Lernenden für eine entwicklungsfördernde Erziehung der Kinder.

Auch für Eltern bietet ein Elternkurs die Möglichkeit, gezielter miteinander ins Gespräch zu kommen und Erziehungsthemen und -ideen untereinander zu besprechen. Schlüsselbegriffe, die pädagogische Grundhaltungen zum Ausdruck bringen, zeigen dies. So hört man nach Kess-Kursen immer wieder von »Edelsteinmomenten«, die Augenblicke großer Aufmerksamkeit und Zuwendung zwischen Erwachsenen und Kindern bezeichnen. Oder im Rahmen von »Triple P«-Kursen wird über den »Stillen Stuhl« geredet, auf den ein Kind eine Zeit lang gesetzt wird, wenn es unerwünschtes Verhalten zeigt.

Eine gemeinsame pädagogische Basis erleichtert ein beidseitiges Verständnis über Werte und Leitgedanken eines Kindergartens. Über einen Elternkurs erhalten Eltern einen Einblick in die praktische Umsetzung gemeinsamer Werte in Alltagssituationen. Das trägt zur Profilbildung der Einrichtung bei und stärkt eine Identifikation mit ihr.

In der Zusammenarbeit mit entsprechenden Kooperationspartnern ist die Organisation und Durchführung von Elternkursen im Kindergarten mit geringem Aufwand verbunden. Die Kurse bieten ein verlässliches Konzept und eine nachvollziehbare Struktur für die Auseinandersetzung mit Erziehungsthemen. Ausgebildete Referenten garantieren eine gewisse Sicherheit für die Qualitätserwartungen.

Einige Einrichtungen entdeckten die Inhalte des Elternkurses »Kess-erziehen« als Auffrischung und Anregung für das eigene Erziehungsverhalten in der Einrichtung. Sie beschäftigten sich mit den Themen an einem pädagogischen Tag oder nahmen ebenfalls mit Gewinn an einem Kurs teil. Einige Erzieherinnen fingen Feuer und ließen sich sogar zur Kursleiterin ausbilden.

Kooperationspartner

Nicht selten gab es bereits vor Beginn des Projektes einen guten Kontakt der Kindertageseinrichtung zu Institutionen der Familien- und Erwachsenenbildung oder der Erziehungsberatung in der Nachbarschaft. Im Zuge einer örtlichen Vernetzung arbeiteten viele von ihnen bereits sporadisch oder kontinuierlich zusammen. Diese Ansprechpartner sorgten für die Ausbildung der Kursleiter und vermittelten sie für Elternkurse oder auch für aus einzelnen Kursabschnitten bestehende vor Ort entwickelte »Elternschulen«. Andere Kindergärten mach-

ten sich aktiv auf die Suche und erfragten Angebote in ihrem Umfeld, zum Beispiel bei Volkshochschulen und Bildungswerken. Nicht zuletzt war das Internet ein Weg, Zugang zu den gewünschten Kursen und zu ausgebildeten Referenten zu finden.

Die Öffnung der Kurse für Teilnehmerinnen aus der Gemeinde, aus benachbarten Schulen und Kindergärten vernetzte die Einrichtung im Sozialraum. So wurde der Kindergarten einmal mehr ein Ort der Begegnung.

Die Kooperation mit Trägern der Erwachsenenbildung wurde als Entlastung empfunden. Sie waren willkommene Gesprächspartner und Berater für die Organisation der Kurse und für Anfragen bei dem Wunsch nach einer Weiterführung.

Akzeptanz

Waren Erzieherinnen erst einmal von den Inhalten und der Qualität eines Elternkurses überzeugt, zeigten sie ein hohes Engagement für Elternkurse in ihrem Haus. Für eine erfolgreiche Durchführung gab es mehrere Erfolgskriterien:

Erzieherinnen traten als Vermittlerinnen für die Eltern auf und ermöglichten ihnen auf Informationsveranstaltungen, oft verbunden mit einer Übung oder Anschauungsmaterial, selbst einen Eindruck zu gewinnen.

Durch ihren guten Kontakt zu Eltern wussten sie um förderliche Faktoren für mehrteilige Veranstaltungen und boten die Kurse bedarfsgerecht an: Über die klassischen Abendkurse hinaus wurden Termine am Vormittag, am Nachmittag und sogar am Samstag durchgeführt und parallel dazu häufig eine Kinderbetreuung angeboten. Abendkurse gaben insbesondere auch Vätern die Gelegenheit teilzunehmen.

»Haben Sie sich schon überlegt, ob Sie nicht auch mitmachen wollen? Das könnte Sie doch interessieren.« Solch eine persönliche Ansprache durch eine Erzieherin, die ihr Vertrauen genießt, erleichterte es vielen Eltern, sich auf Unbekanntes einzulassen. Auf diese Art und Weise fanden auch immer wieder Eltern Zugang, die nicht zu der klassischen Zielgruppe der Kursbesucher gehören.

Um schließlich wirklich allen Eltern ohne Stigmatisierung und Ausgrenzung die Teilnahme zu ermöglichen, waren die Kurse in den Projekteinrichtungen mit keinen oder nur sehr geringen Kosten verbunden.

Ein Kurs für alle Eltern?

Eltern, die sich in ihrer Freizeit gerne weiterbilden und einschlägige Kursprogramme kennen, sind leicht für Elternkurse zu gewinnen. Sie schaffen es, sich einen freien Abend zu organisieren und nehmen den Weg zu einem möglicherweise unbekannten Ort in Kauf, um sich auf neue Herausforderungen einzulassen. Sie haben Erziehungsthemen in anderen Bezügen bereits reflektiert und diskutiert und sind neugierig auf zusätzliche Anregungen.

Auch im Projekt waren diese Eltern engagierte Teilnehmer. Darüber hinaus konnten aber auch weitere Elterngruppen erreicht werden: Mütter, die aus unterschiedlichen Gründen abends das Haus nicht verlassen können, und Eltern, die sich mit der deutschen Sprache schwer tun, Eltern aus schwierigen sozialen Verhältnissen oder auch Eltern, die keinen finanziellen Spielraum für Kursangebote haben – sie alle setzten Erzieherinnen in Erstaunen durch ihr Interesse und ihren Teilnahmewunsch. Der vertraute Ort, nahestehende Mütter und Väter, die sie ermutigten, Erzieherinnen, die sie einluden, die kostenfreie Teilnahme sowie die verlässliche

und großzügige Kinderbetreuung machten es ihnen möglich, sich auf einen Elternkurs einzulassen. Das sind, wohlgemerkt, ideale Rahmenbedingungen in einem Projekt, aber es ist auch eine wichtige Erfahrung: Es geht!

Fazit

Elternkurse gehören nicht zum Standardprogramm eines Kindergartens, können aber durchaus zum Highlight werden. Die Nachfrage im Projekt war enorm. Durch das hohe Engagement der Erzieherinnen wurde eine breite Elternschaft erreicht. Das Interesse und die Neugier werden sicher zusätzlich durch die aktuelle Medienberichterstattung beflügelt, die regelmäßig Erziehungsthemen im Fernsehen, in Zeitungen und Zeitschriften aufgreift. Erziehungskurse sind im Gespräch, und das Angebot über den Kindergarten findet große Verbreitung. Alle Seiten können dadurch gewinnen: der Kindergarten an Attraktivität, die Erzieherinnen an Erfahrung und Anerkennung, die Eltern an Anregungen.

Manche Erzieherinnen haben die Kurse als Auffrischung für ihr eigenes pädagogisches Handeln wiederentdeckt und schaffen über den Kurs Anknüpfungspunkte zum Erziehungsalltag der Eltern, indem sie sich an Beispiele oder den Sprachgebrauch des Kurses anlehnen. Eltern verbringen gemeinsame Zeit mit verbindenden Themen und stärken sich untereinander durch den Austausch über Erziehungsthemen.

Der Gewinn und die Wirkung sind nicht messbar, Eltern lassen sich nicht zertifizieren, Erziehung ist nicht standardisierbar. Eltern berichten jedoch von einer Erweiterung ihrer Handlungsmöglichkeiten, vom Staunen über die Fähigkeiten ihrer Kinder und vom Wiederfinden der Freude mit ihren Kindern.

Literatur

Horst, Ch. u. a. (2005): Der Elternkurs Kess-erziehen, München: Knaur

Smolka, A. (2003): Beratungsbedarf und Informationsstrategien im Erziehungsalltag. Ergebnisse einer Elternbefragung zum Thema Familienbildung. Bamberg: Staatsinstitut für Familienforschung an der Universität Bamberg

Tschöpe-Scheffler, S. (Hrsg.) (2006): Konzepte der Elternbildung – eine kritische Übersicht. 2. durchgesehene Auflage. Opladen: Barbara Budrich

Wagenblass, S. (2006): Öffentliche Erziehung und Bildung zwischen Angebot und Nachfrage. Gutachten erstellt im Auftrag der Bertelsmann-Stiftung (www.kinder-frueher-foerdern.de)

Uta Reuter

Alles unter einem Dach
Kindergärten auf dem Weg zu einem Familienzentrum

»Im Rahmen des Projektes ›Erziehungskraft stärken‹ formulierte der Kindergarten Scheuern im vergangenen Jahr das Ziel, sich der Bevölkerung zu öffnen und sich zu einer Begegnungsstätte zu entwickeln. … Im Vordergrund stand zunächst die Gestaltung der Kindergartenzeitung ›Phönix‹ durch die alle Scheuerner Mitbürger in die Entwicklung des Projektes mit einbezogen und informiert werden.«

So hieß es in der Ausgabe 2/2004 von Phönix, einer Bürgerzeitung des Evangelischen Kindergartens Scheuern bei Gernsbach. Name und Logo der Zeitschrift waren zusammen mit den Kindergartenkindern entwickelt worden. Die Idee dazu wurde auf einer der Zukunftswerkstätten[1] geboren, die zu Beginn des Projektes mit jeweils drei bis vier Einrichtungen eines sogenannten Projektnestes[2] durchgeführt wurden. In unseren Projekteinrichtungen sollten die Zukunftswerkstätten Demokratisierungsprozesse zwischen Eltern und Erzieherinnen begünstigen, alle interessierten Eltern von Anfang an in den Entwicklungsprozess einbeziehen und jeder Einrichtung die Möglichkeit geben, konkrete Projektpläne auf einer selbst gesetzten Zeitschiene zu entwickeln.[3]

Diese Methode gab uns zudem viele Einblicke in die Wünsche von Eltern. Bei einer der Zukunftswerkstätten malten sie ein riesiges Bild mit einem Titel, der uns als Motto durch die Projektjahre begleitete und auch unser Leitsatz für die Implementierungsphase wurde: »Alles unter einem Dach! Das hätten wir als Eltern gern«, war die Botschaft.

Bei allen unseren weiteren Überlegungen erhielten wir viele Impulse durch die Early Excellence Centres (EEC) in England. Außerdem besuchte ich den Kindergarten in Berlin, Schillerstraße, der nach den Prinzipien der EEC arbeitet, und wir veranstalteten gemeinsam mit

---

1 Zukunftswerkstätten sind eine von Robert Jungk und Norbert Müllert Mitte der 1960er Jahre entwickelte Methode, um in Gruppen gemeinsam und basisdemokratisch Ideen zu entwickeln und Möglichkeiten zu erarbeiten, wie diese Ideen praktisch umgesetzt werden können. Diese Methode spielte auch in unserem Projekt eine große Rolle.

2 Wir installierten zu Beginn des Projektes fünf Projektnester. Ein Projektnest bestand aus fünf bis sechs Einrichtungen einer Region oder war dann überregional, wenn die Einrichtung ein Schwerpunktthema wählte, das sich nicht mit den Schwerpunkten der in der Nähe befindlichen Kitas deckte. Eines dieser Projektnester war von Beginn an dem Thema »Der Kindergarten auf dem Weg zu einem Familienzentrum« gewidmet. Im Laufe des Projektes stellte sich heraus, dass die regionale Zuordnung pragmatischer und praktikabler war. Der Austausch in den Koordinator/innentreffen bot offensichtlich genügend Möglichkeiten, mit Kolleginnen ähnlicher Schwerpunkte Kontakt aufzunehmen. Telefon und E-Mail-Beratung sowie persönliche Besuche ergänzten den Wissens- und Erkenntnistransfer.

3 Am Anfang waren wir verunsichert, ob es wirklich ein guter Weg ist, mehrere Kitas zu Zukunftswerkstätten zusammenzuschließen. Darin sahen wir folgende Vorteile: In der ersten und zweiten Phase dieser Methode vermuteten wir, dass es für den Start im Projekt für alle Beteiligten hilfreicher wäre, wenn es nicht um zu persönliche Kritik, sondern eher um generelle Schwierigkeiten der Kitas und der Eltern bei ihrer Zusammenarbeit ginge. Außerdem dachten wir, dass es viel anregender sei, die Teilnehmer von verschiedenen Einrichtungen zu mischen. Für die Realisierungsphase wollten wir aber konkrete einrichtungsinterne Projektpläne entwickeln. Dies klappte überwiegend sehr gut.

dem Einzelprojekt Nordbaden einen Fachtag und sichteten Literatur zum Thema.

Was Eltern träumen

Eltern müssen heute bereits mit einem oder zwei Kindern einen Spagat zwischen Berufs- und Familienarbeit leisten. Sie sind oft (Zeit-)Manager, Chauffeur, Krankenschwester, Animateur, Ernährer, Freund, Begleiter, Lehrer, Pädagoge, Psychologe und Ernährungswissenschaftler in einem. Für viele Erwachsene klingt das nach Überlastung, und es animiert junge Paare wohl kaum, eigene Kinder in die Welt zu setzen.

Die Erzieherinnen lernten durch die häufigen und intensiven Begegnungen mit Eltern, durch die Beratungen, die sie während ihrer Qualifikation zur Elternberaterin teilweise bereits durchführten, oder durch die methodische Auseinandersetzung mit Familienstrukturen und -situationen (zum Beispiel die Methode der »vermuteten Bedarfe von Familien«[4]), nicht so schnell den Stab über Eltern zu brechen, die schon einmal abgehetzt oder genervt wirkten, die froh sind, ihre Kinder im Kindergarten abgeben zu können und sie dort gut betreut zu wissen. Andererseits lernten die Eltern, die vielfältige Arbeit der Erzieherinnen schätzen. Die Zukunftswerkstätten trugen also viel zur gegenseitigen Verständigung der beiden Erziehungspartner, Erzieherinnen und Eltern, von Anfang an bei.

In den Zukunftswerkstätten bekamen die Eltern (und die Erzieherinnen) die Chance, eine Stunde lang zu fantasieren und sich auszudenken, was alles wünschenswert wäre, um das Familienleben zu erleichtern. Am Schluss entwarfen alle zusammen ein Haus, in dem alles »unter einem Dach« zu finden ist.

Das Fundament dieses Hauses sollte die Beratung sein, die Paar- oder Erziehungsberatung genauso wie die Beratung in finanziellen Fragen, die heilpädagogische Beratung oder die Ernährungsberatung. Auch der Kinderarzt sollte seine Praxis im Gebäude haben oder zumindest einen Tag in der Woche die Räume der Beratungsstelle nutzen, die Eltern mithilfe der Erzieherinnen betreiben würden. Dort könnte auch ein Nottelefon für Eltern untergebracht sein, das mit anderen professionellen Beratungsstellen vernetzt ist.

Die integrierte Beratungsstelle mit Videoraum für pädagogische Beobachtungen und Trainings würde auch von der Ehe- und Lebensberatung und anderen mitgenutzt werden. Beispielsweise könnte sich an zwei Tagen in der Woche eine Außenstelle des Sozial- und Jugendamtes im Familienhaus niederlassen, damit Eltern in stressigen Trennungssituationen einen Ansprechpartner direkt vor Ort hätten. Die verschiedenen Disziplinen könnten so einfacher zum Wohl der Familien zusammenarbeiten.

Außerdem gäbe es einen integrierten Dolmetscherservice, der auch Sprachkurse für Migrantenfamilien anbietet, einen Shuttle-Servicedienst, der Kinder von den umliegenden Schulen abholt, einen Baby-Sitter-Dienst, einen Memo-Service, der gestresste Mütter und Väter an wichtige Aufgaben erinnert, und einen – ab dem späten Nachmittag für alle zugänglichen – Spielplatz im naturbelassenen Garten. Selbstverständlich

---

4 Bei dieser Methode denken alle Mitarbeiterinnen fünf bis zehn Minuten über die Familie jedes Kindes ihrer Gruppe nach, notieren sich die vermuteten Bedarfe (und Fähigkeiten/Fertigkeiten) der Familien und tauschen sie zunächst mit den Kolleginnen der Gruppe aus, was in Dienstbesprechungen auf alle Mitarbeiterinnen ausgedehnt werden kann. Dies ist eine Möglichkeit, zu konkreten Angeboten und Anfragen zur Mitarbeit von Eltern zu kommen.

würde das Familienhaus eng mit Industrie, Handel und Handwerk zusammenarbeiten. Selbst an eine Radiostation wurde gedacht, damit erfolgreiche Ideen verbreitet werden können. Finanziert würden die – bislang utopischen – Vorhaben aus den Einnahmen einer von der Steuer befreiten Tankstelle sowie über Sponsoren.

Eine weitere Säule des Hauses sollte die gemeinsame Bildung von und mit Erzieherinnen sein. Warum nicht gemeinsam Kurse besuchen, sich dabei näher kennenlernen, die Inhalte aus verschiedenen Perspektiven diskutieren? Eltern und Erzieherinnen könnten sich doch gegenseitig an ihrem Wissen Anteil geben, sich gegenseitig bilden. Ein solches Elterncafé sollte aber nicht auf Eltern mit Kindern im Kindergartenalter beschränkt sein. Schließlich haben viele Eltern mit Kindergartenkindern noch ältere oder jüngere Kinder, deren Lebenswelt mit einbezogen werden könnte.

Warum überhaupt sollte man die Begegnung nur auf diejenigen beschränken, die sich üblicherweise im Elterncafé treffen? Eine große Bereicherung wäre, ältere Menschen mit all ihrer Lebenserfahrung einzubeziehen oder Männern Räume zu bieten, in denen sie sich untereinander mit ihren Kindern begegnen und wohlfühlen können: Sie könnten im Biergarten über neue Projekte plaudern oder auch mal über New Economy und die neuesten Navigationssysteme. Dann dürfte im Café natürlich ein Plätzchen für den PC samt Internetzugang nicht fehlen.

Neben dem Haus könnte sich ein kostengünstiges Familienrestaurant ansiedeln, außerdem ein Fitnessstudio und Sportanlagen für den Ausgleich nach der Arbeit, ein Entspannungsraum, eine Bibliothek für Groß und Klein, Räume für Elternbildungsarbeit und -training, eine integrierte Musik- und Kunstschule, ein Mitmachtheater, Räume für Experimente, für handwerkliches Arbeiten ... Erleichternd wäre es, wenn sich in der Nähe eines solchen Zentrums auch Einkaufsmöglichkeiten fänden.

Außerdem könnte ein spezielles Familienreisebüro Teil der Anlage sein. Ein Muss wären ein Secondhandshop und eine Tauschbörse, in der man von Sachgütern über Dienstleistungen und Nachbarschaftshilfe alles tauschen könnte. Das käme den knappen Kassen der meisten Familien recht. Selbstverständlich gehörte auch eine Autowerkstatt dazu, in der jeder Willige lernen könnte, einfache Reparaturen an seinem Gefährt selbst durchzuführen. Auch sollte Platz für gemeinsame Veranstaltungen mit der angrenzenden Schule und überhaupt dem Ortsteil vorhanden sein, etwa für Spieleveranstaltungen mit der ganzen Familie.

So weit nur ein Teil der Ideen, die Eltern und Erzieherinnen in der Fantasiephase entwickelten und die ich hier gar nicht alle aufführen kann. Einigen Eltern war klar, dass sich bis zur Erfüllung dieser Utopie auch das Weltbild der Menschen ändern müsste, was sie ausdrücklich anmerkten: Eine neue Art des Miteinanders, die viele bewährte Komponenten enthält und die Anforderungen der Jetztmenschen realistisch berücksichtigt, wäre lohnenswert.

Projektpläne

Wieder in die Realität zurückgekehrt, berieten die Eltern und Erzieherinnen, was in den einzelnen Einrichtungen auch ohne große Investitionen und innerhalb ihres Zeitbudgets machbar wäre. Und das war eine Menge. Viele hatten sich auf den Prozess eingelassen, sich als Partner zu sehen und sich gegenseitig mit Ideen, Rat und Tat zur Verfügung zu stehen. Die Begeisterten zogen bisher nicht Involvierte mit.

Erzieherinnen und Eltern überlegten beispielsweise, ob das Raumkonzept die Bedarfe von Eltern zukünftig besser berücksichtigen könnte. Ein Kindergarten räumte einen bisher als Abstellkammer genutzten Raum mit Tageslicht aus, renovierte ihn, stattete ihn aus und stellte ihn den Eltern als gemütlichen Treffpunkt und für Beratungsgespräche zur Verfügung. In einem anderen Kindergarten mit wenig Ausweichmöglichkeiten fiel der große Eingangsbereich auf, den man besser einteilen und einladend gestalten könnte. Insgesamt begannen Erzieherinnen, Eltern in viele Bereiche des Kindergartenbetriebes einzubeziehen und verloren ihre Berührungsängste. Beide Seiten lernten, voneinander und vom Wissen des anderen zu profitieren.

In dieser Phase der Zukunftswerkstatt erhielt jede Einrichtung die Aufgabe, die Vorschläge mit Punkten zu bewerten und für die drei Projektideen mit den meisten Punkten einen Projektplan anzufertigen. Dieser Projektplan bestand aus einer Tabelle, in der sowohl die einzelnen Projektideen als auch die Ziele, Treffpunkte, Aufgaben, Zuständigkeiten für die einzelnen Aufgaben, Ansprechpartner/Koordinatoren und die beabsichtigte Zeitschiene festgehalten wurden, sodass die Ergebnisse überprüfbar wurden. Der Projektplan wurde in der Projekt-Infoecke ausgehängt. So konnten sich auch Eltern, die nicht an der Zukunftswerkstatt genommen hatten, einer Projektgruppe anschließen oder ein neues Projekt beginnen. Manche Kitas nahmen diese Methode in ihr jährliches Repertoire auf und gestalten nun regelmäßig einen Teil ihrer Jahresplanung mit den Eltern.

Dadurch, dass die Eltern in den Entwicklungsprozess so früh einbezogen wurden und mitgestalten durften, beteiligten sie sich sehr engagiert. »Ich habe mich das erste Mal richtig ernst genommen gefühlt und freue mich auf die Projekte«, sagte eine Mutter am Ende der Zukunftswerkstatt. »Ich gehe jetzt raus mit dem Gefühl, wirklich was umsetzen zu können.«

Wie viele der Ideen dann tatsächlich umgesetzt wurden und wie viele Eltern sich beteiligten, schwankte von

Einrichtung zu Einrichtung erheblich und hing von mehreren Faktoren ab, von denen ich hier folgende nennen will:

Bisherige Zusammenarbeit mit Eltern

War diese schon vorher sehr intensiv, gab es durch die zusätzliche Motivation so viel Interesse an Mitarbeit, dass Eltern in Eigenregie viele Gruppen und Aktivitäten übernahmen. Verunsichernd war sowohl für Eltern als auch Erzieherinnen, dass hier die Grenzen zwischen Zusammenarbeit und professioneller Zuständigkeit des pädagogischen Personals verschwammen. Erzieherinnen fühlten sich hin und wieder in Erklärungsnöten gegenüber Eltern, die von nun »alles« verstehen und »überall« mitmischen wollten. Hier gab es Klärungsbedarf. Offenheit, eventuell Loslassenkönnen auf beiden Seiten und Sachkenntnis waren hier gefragt.

Einzugsbereich

In einer Krippe waren Eltern ausschließlich Studierende. Dort gab es kaum Interesse an weiteren Vorträgen oder sonstigen geistigen Aktivitäten am Abend, aber an einem lockeren Zusammensein und Austausch mit anderen Familien. Ähnlich war es bei Einrichtungen mit vielen Migrantenfamilien: Diskussionsrunden und Seminare stießen auf wenig Interesse; interkulturelle Feste, Ausstellungen mit Bildern der Familien und des Heimatlandes kamen hingegen sehr gut an, etwa die Interview- und Foto-Ausstellung »Wer wir sind – woher wir kommen« in der Kita Niedereich in Kehl (vorgestellt auf der Website www.projekt-allesuntereinemdach.de). Elterncafés ohne inhaltliche Komponente waren in ländlichen Gebieten nicht gefragt, da viele Eltern sich in

Vereinen und aus der Nachbarschaft kennen. Dagegen waren Bildungsveranstaltungen dort der Renner. In einer Einrichtung mit 50 Prozent behinderten Kindern aus dem gesamten Landkreis war die Idee, das an die Einrichtung angeschlossene Schwimmbad einmal nicht nur für Therapiezwecke, sondern für alle interessierten Familien zu öffnen – eine wunderbare Idee zum gegenseitigen Kennenlernen. Ein »Feuerabendbrot« (Feierabendbrot am Feuer) oder ein Elternabend am späten Nachmittag mit Kinderbetreuung und gemeinsamem Essen kam bei berufstätigen Vätern und Müttern gut an und hat sich in einer Kita, dem Albert-Schweitzer-Kinderhaus in Konstanz, dauerhaft etabliert.

Durch die Beteiligung von Eltern und das Einsetzen verschiedener Methoden der Bedarfserhebung sparten sich die Erzieherinnen viel Frust und Mühe bei der Vorbereitung von aufwendigen Angeboten, die nur wenige brauchten oder wollten.

Umdenkprozesse

Entscheidend für die Beteiligung von Eltern ist auch der Abbau gegenseitiger Vorurteile und die Ressourcenorientierung: Menschen bringen sich viel lieber ein, wenn ihre Stärken und nicht ihre Fehler in den Vordergrund gerückt werden und wenn ihre Fähigkeiten oder Fertigkeiten benötigt werden. Hier haben sich die vorgeschlagenen Reflexionsübungen bewährt, bei denen sich die Mitarbeiterinnen einer Einrichtung für jede Familie überlegen, wo deren Stärken liegen könnte. Im Projekt hat dies zu manchem persönlichen Gespräch und zu begeisterter Mitarbeit geführt.

Die vielen Aktivitäten, die die Erzieherinnen und Eltern auf dem Weg zu einem Familienzentrum ausprobierten, sind ein Spiegel der dauerhaft gewachsenen

Erziehungspartnerschaft und Partizipation von Eltern. Viele dieser Aktivitäten, die weniger stark von Finanzen abhängig sind, wurden institutionalisiert, sprich: Sie finden unabhängig von der Fortdauer des Projektes statt oder werden in modifizierter Form weitergeführt. Die Angebote zu verändern ist Teil der Tradition geworden durch das Verständnis, dass alle Menschen anders sind, dass die Elternschaft sich verändert und dass deshalb auch die für sie bereitgestellten Angebote immer wieder angepasst werden müssen.

Eine Auswertungssequenz bei dem Abschlusstreffen unserer Koordinatoren und Koordinatorinnen ist mir sehr nachdrücklich in Erinnerung: Alle versicherten mir, dass die intensiven Prozesse, die während des Projektes stattfanden, nicht zurückzudrehen seien. Sie hätten gelernt, dass sie beruhigt und ohne schlechtes Gefühl Angebote streichen könnten, die nicht angenommen werden, da sie offenbar nicht den Bedarfen entsprechen. Andererseits seien Methoden und neue Ideen hinzugekommen, die sie nicht mehr missen wollten und die zu effektiven und erwünschten Projekten geführt haben. Partizipation bei der Gestaltung der Angebote habe sich sehr bewährt.

Persönliche und einrichtungsbezogene Ressourcen

Menschen leben in individuellen Zusammenhängen, haben unterschiedliche zeitliche, materielle und persönliche Ressourcen. In manchen Einrichtungen erlebten wir eine solch ausgedehnte Partizipation von Eltern, dass viele Aktivitäten nicht mehr von Erzieherinnen begleitet, sondern in Eigenregie der Eltern durchgeführt wurden. In anderen Einrichtungen mag das ganz anders sein. Bei Eltern von Hortkindern beispielsweise, bei denen Eltern fast ausnahmslos beruflich stark eingespannt sind, ist die Mitarbeit von Eltern eher auf die Wochenenden beschränkt und oftmals weniger initiativ. Träger können nicht allen Kindergärten große Außengelände oder für alle gewünschten Aktivitäten geeignete Räume zur Verfügung stellen. Manchmal aber können diese Defizite durch Kooperationspartner kompensiert werden, die in der Lage sind, mit dem, was fehlt, auszuhelfen. Wo dies möglich ist, sollte man das nutzen.

Was ist machbar?

Auch ohne große Investitionen lässt sich einiges bewerkstelligen, um die Kita zu einem Begegnungsort für alle zu machen. Im Folgenden finden Sie einige Beispiele.

Bereitstellen von Räumen/Gelände/Materialien für
- Aktivitäten von Eltern für Eltern und Menschen aus dem Ort, zum Beispiel
- Gymnastikkurse
- Elterndisco/Elterntreffs/Elterncafé
- Geschwisterbetreuung
- Werkstatt/Malwerkstatt, die privat genutzt werden kann
- Übersetzungsarbeiten
- Elternberatung
- Begegnungsmöglichkeiten (Spieleabende u. Ähnliches)

Bildungsveranstaltungen für Eltern und/oder von Eltern
- Kurse, z.B. Leitung von Eltern-Kind-Gruppen, Zahlenland
- Kunstpädagogische Werkstätten
- Sprachkurse/Interkulturelle Kompetenz
- Vorträge, Workshops zu pädagogischen und psychologischen, medizinischen Themen

- Musik- und Theaterworkshops
- Elterntrainings
- Coachings/»Kollegiale« Beratung

Familienveranstaltungen wie
- Spieleaktionen
- Schnuppertage
- Oma-Opa-Nachmittage
- Zelten im Garten
- Ausflüge, Wandertage, Fahrradtouren
- Besuche von Museen und Ausstellungen
- (Interkulturelle) Feste
- Naturerfahrungsprojekte
- Urlaubs- und Bildungswochen[5]

Vorbereitung und/oder Durchführung von Vater-Kind-Aktivitäten
- Kanufahren
- Räuberspiele, Lagerfeuer, Aktivitäten mit Übernachtung
- Zirkus von Vätern und Kindern
- Seifenkistenbau und -ralley
- Frühschoppen und Schnupperparcours im Kindergarten
- Baby-Massage
- Pekip-Gruppe

Infoveranstaltungen von Netzwerkpartnern
- Sprachschule
- Ergotherapeuten
- Ernährungsberatungsstelle
- Kinderärzte
- Psychologische Beratungsstelle
- Frühförderstelle

---

5   Wir führten im Projekt fünf pädagogische Bildungswochen für Eltern durch, bei denen die Kinder separat von Erzieherinnen betreut wurden. Es war ein großer Erfolg.

- Bereitstellen von Medien wie Info-Tafeln, Kiga-Zeitungen, Raum auf der Internet-Seite für
- Tauschbörsen aller Art
- Ideen/Rezepte/Infos
- Dienstleistungen
- Sachgegenstände (Kleider, Kinderspielzeug)

- Bereitstellen von Zeit für
- Gemeinsame Planungsarbeiten
- Konzeptionsarbeit
- Öffentlichkeitsarbeit
- Projektarbeit
- Zukunftswerkstätten
- Angebote für Kinder (mit Eltern)
- Runde Tische
- Gartengestaltung
- Feste, Feiern, Flohmärkte
- Externe Aktivitäten (Kunstkurs für den Stadtteil in einer Schule)

- Einbeziehen der Kenntnisse/Fähigkeiten/Fertigkeiten von Eltern, Großeltern, Nachbarn, Freunden, Ortsansässigen
- Besuche bei Arbeitsstätten von Eltern
- Nähwerkstätten
- PC-Kurse
- Sprachkurse
- Massage für Erzieherinnen von Eltern
- Kunsthandwerk
- Ausstellungen
- Kulturelle Stadtführungen
- Musikalische Früherziehung

- Organisieren/Durchführen von Angeboten von Erzieherinnen für Eltern
- Bibliothek
- Kunstkurse

- Feuerabendbrot/Feierabendbrot
- Pädagogische Seminare
- Elternberatung

Manche gute Projektidee konnte aber auch nicht umgesetzt werden. Entweder standen keine passenden Räume oder nicht ausreichend Gartenfläche zur Verfügung, es fehlte an Geld, oder es haperte am Personal oder an der Zeit von Eltern. Hin und wieder scheiterten Aktionen auch einfach an menschlichen Belastungsgrenzen oder daran, dass noch zu wenige Männer, Frauen, Institutionen und Firmen mit ihren Möglichkeiten einbezogen werden konnten, dass also noch zu wenig Zeit für den Aufbau von tragfähigen Netzwerken bereitstand. Zudem kostet die Pflege dieser Netzwerke Zeit, die nicht in ausreichendem Maß bei den Stellenbeschreibungen von Erzieherinnen eingeplant ist.

Einrichtungen, die eher isoliert von anderen am Projekt beteiligt waren, empfanden die mangelnde Nähe zu anderen Projektteilnehmenden als Entwicklungshindernis. Sie wünschten sich mehr Austausch mit anderen, die Ortskenntnisse hatten und ähnliche Strukturen kennen. Gerade auf dem Dorf fehlt zudem häufig die nötige Infrastruktur, alles kostet mehr Zeit. Das Stadt-Land-Gefälle wird bei Beratungsstellen besonders deutlich: Kooperationspartner sind auf dem Land schwerer zu finden, Referenten haben weitere Anreisewege, und es ist überhaupt schwieriger, informiert zu sein.

Fazit

Während der Projektlaufzeit stellten wir fest, dass sich thematische Schwerpunkte herauskristallisierten, die sich mit allen anderen Einzelprojekten deckten:
- Interkulturelle Begegnung

- Elternberatung
- Family Games
- Zusammenarbeit mit Vätern
- Entwicklungsbeobachtung

Auf der Basis einer tragfähigen Erziehungspartnerschaft mit den Säulen »Respekt« und »Vertrauen« haben sich unsere Sichtweisen deutlich geändert: Wir haben dadurch einen viel größeren Weitblick bekommen. Vorurteile zwischen Erzieherinnen und Eltern wurden abgebaut, Wertigkeiten überdacht, Begabungen entdeckt und füreinander eingesetzt.

Die anderen, neuen Sichtweisen begünstigten Selbstbildungsprozesse, die häufig bei so niederschwelligen Anlässen wie Familienspieltagen (Family Games[6]), Fahrradtouren oder Bauen von Seifenkisten wuchsen. Besonders wichtig war außerdem die gemeinsame Konzentration auf das Wohl der Kinder. Dies wurde besonders gefördert durch Austausch über die Entwicklung der Kinder, also über Entwicklungsbeobachtungen von Eltern und Erzieherinnen. In einer Einrichtung erarbeiteten die Eltern und Erzieherinnen nach eigenen Kriterien die entsprechenden Bögen dafür.

Ein wesentlicher Bestandteil gemeinsamen Wachsens war die Elternberatung. Eltern und Erzieherinnen erlebten sich auch hier als Partner. Die interkulturellen Begegnungen wurden einfacher durch gemeinsame Feiern oder Interviews und Fotoausstellungen zu den Herkunftsländern. Auch die Zusammenarbeit mit Vätern wollten wir dringend verbessern. Um all dies und noch mehr »unter einem Dach« zu beherbergen, benötigten wir eine bessere Kommunikation, eine Ressourcenorientierung statt eines Blickes auf Fehler und Schwächen sowie eine Abwendung von Konkurrenzdenken hin zur Kooperation.

Bei vielen Aktivitäten der Eltern in Selbstorganisation sind Erzieherinnen zeitlich zumindest in der Anfangsphase involviert. Erzieherinnen erleben eine hohe Zufriedenheit durch die vielseitigen Betätigungsfelder, bei denen ihre Neigungen und besonderen Kenntnisse berücksichtigt werden. Sie werden auch bei verschiedensten Aufgaben durch Eltern unterstützt und entlastet. Die Projektsituation kann allerdings nicht verallgemeinert oder gar als Standard auf alle Kindergärten übertragen werden. Auch mit einer bloßen Aufstockung des Personals für besondere Aufgaben ist es nicht getan. Eine Einrichtung, die zum Familienzentrum werden will, und ihr Team brauchen Fortbildung und Begleitung. Die Mitarbeiterinnen müssen sich mit Kolleginnen austauchen können, die sich auf demselben Weg befinden. Sie müssen sich für Aufgaben der Erwachsenenbildung und des Managements qualifizieren. Und sie brauchen ausreichend Zeit, um die Angebote, Gruppen und die Netzwerkarbeit zu koordinieren. Ein Haus, bei dem »Alles unter einem Dach« stattfindet, benötigt zudem ein speziell entwickeltes Konzept für den Stadt- oder Ortsteil, der sich in einem permanenten Modifikationsprozess befindet.

In der Implementierungsphase des Projektes wurden 40 Multiplikatoren und Multiplikatorinnen qualifiziert, die bereit sind, über das Projekt zu berichten, Methoden vorzustellen und Fortbildungstage zu gestalten. Informationen finden Sie auf der Projektseite www.projekt-allesuntereinemdach.de.

---

6 Family Games sind Spieletage, die vom Felsenweg-Institut, Dresden (www.felsenweginstitut.de/familygames) angeboten werden. Diese Spieletage haben in unserem Einzelprojekt einen wichtigen Platz eingenommen, da sie Menschen aller Altersgruppen und jeglicher Herkunft niederschwellig Begegnungen und gemeinsamem Spaß ermöglichten und Vernetzungen – zum Beispiel mit Schulen und anderen Kitas – erheblich erleichterten.

Uta Reuter

Papa ante portas?
Zusammenarbeit mit Vätern

In den letzten Jahren wird die Beteiligung von Vätern an der Erziehung ihrer Kinder in unserer Gesellschaft immer häufiger diskutiert. Väter verstehen sich zunehmend als Erzieher und nicht nur als Ernährer ihrer Kinder. So stieg der Anteil der Männer, die Elternzeit nehmen, in den Jahren 2001 bis 2004 von 1,5 auf 5 Prozent. Die Frage der Vereinbarkeit von Familie und Beruf wird nicht mehr ausschließlich im Kontext von Frauen dargestellt. Übrigens wird manchmal mit einer gewissen Schwere von »Väterarbeit im Kindergarten« gesprochen, die in der Einrichtung schleppend vor sich hindümpelt. Wir haben den Begriff »Väterarbeit« bewusst durch »Zusammenarbeit mit Vätern« ersetzt, weil wir meinen, dass es weniger um die Arbeit der Väter, noch um das Bearbeiten von Vätern geht, sondern um eine partnerschaftliche Zusammenarbeit mit Vätern. Diesem Sachverhalt wollten wir auch sprachlich Rechnung tragen.

Männer beteiligen sich an Geburtsvorbereitungskursen, gehen mit ihren Säuglingen zum Babyschwimmen und später zum Eltern-Kind-Turnen, melden die Dreijährigen im Kindergarten an und interessieren sich für Kita-Konzepte... Haben sich die Vaterbilder nicht schon grundlegend geändert?

Aus der Sicht der jahrhundertelang gehüteten Frauendomäne des Kindergartens sieht die Welt teilweise noch anders aus. Väter als eine eigene Zielgruppe zu definieren, mit der es gilt, eine Erziehungspartnerschaft aufzubauen, stößt nicht unbedingt sofort auf Verständnis. Genügt es nicht, wenn ein Elternteil als Ansprechpartner verfügbar ist? Wird es nicht besonders von den Müttern falsch aufgefasst, wenn sich die Mitarbeiterinnen – es handelt sich eben zumeist um Frauen – um die Väter bemühen? Wird dies nicht auch von den Vätern in unerwünschter Weise interpretiert? Während Erzieherinnen sich über die Abwesenheit von Vätern bei pädagogischen Themen und Entwicklungsgesprächen, ja überhaupt über ein Desinteresse vieler Väter am Kindergarten beschweren, vermissen Väter in der Kita das männliche Gegenüber mit entsprechenden Interessen und vermeiden dementsprechend, dieses Rückzugsgebiet der Frauen zu betreten. Hierzu hat einer unserer Projektkoordinatoren den Sketch auf Seite 136 geschrieben.

Natürlich ist es nicht immer so drastisch, wie in dem Sketch dargestellt. Manchmal fühlen sich Väter in Einrichtungen auch sehr wohl, wie wir bei einem unserer Treffen deutlich zu hören bekamen. Eine Kollegin aus unserer Koordinatorinnenrunde lachte bei dem Stöhnen einiger Kolleginnen über die Zusammenarbeit mit Vätern, schüttelte den Kopf und bemerkte: »Ich weiß gar nicht, was ihr habt, bei mir sind genauso viele Väter in der Einrichtung wie Mütter. Das ist doch ganz einfach!« Ganz einfach?

Erkenntnisinteressen und Experimente

Die Abwesenheit der Väter im Kindergarten ist nicht gleichzusetzen mit Desinteresse. Das dämmerte uns, sobald wir uns eingehender mit der Materie befassten. Aber warum sind Väter seltener in der Kita anzutreffen

Der Kindergarten aus Sicht von Vätern

Peter: Hallo Thomas, wo warst du denn gestern Abend?

Thomas: Gestern Abend, da war ich doch in der Kneipe das Länderspiel anschauen, hast du's nicht gesehen?

P.: Ja das kann ich mir vorstellen, aber im Kiga war doch in der Gruppe von unseren Kindern der Adventselternabend. Ich war da, aber du musst ja Fußball schauen.

T.: Hör mir bloß auf. Ich bin ja im Sommer mitgegangen, die Kleine anmelden, und wollte mir alles über den Kiga erklären lassen. Und weißt du was? Die Leiterin hat nur mit meiner Frau geredet, ich bin da einfach nur danebengesessen. Ich hatte das Gefühl, es wäre besser, wenn ich da gar nicht mit gekommen wäre.

P.: Na ja, ich weiß auch nicht, ob ich noch mal zu so 'nem Abend geh?

T.: Warum denn das?

P.: Also ich war der einzige Vater und dann saßen alle auf diesen kleinen Stühlchen im Kreis. Ich wusste schon gar nicht, wie ich mich auf den Stuhl setzen sollte mit meinen 90 Kilo und hatte echt Angst, dass der auch noch zusammenbricht.

T.: Na das wär ja ein guter Gag gewesen. Hätte den Müttern sicher gefallen.

P.: Du brauchst dich überhaupt nicht lustig zu machen. Kannst du dir vorstellen, wie man sich fühlt, wenn man auf einem viel zu kleinen Stuhl in so 'nem offenen Kreis sitzt, alle kennen sich, sind per du und reden miteinander und dann sagt die Erzieherin, diese Frau Schmidt, auch noch gleich als Erstes: »Das ist aber sehr schön, Herr Rist, dass Sie heute da sind, dann haben wir wenigstens einen Mann in unserer Runde.« Ich hätte im Boden versinken können.

T.: So schlimm wird's ja dann auch nicht gewesen sein. Ich find die ja ganz nett die Frau Schmidt, und jetzt im Winter ist's ja auch leichter mit der zu reden.

P.: Warum denn das?

T.: Ich war ja im Herbst mal bei 'nem Elterngespräch mit dabei, die Beate, meine Frau wollte das unbedingt – ich soll mich auch um die Kleine kümmern. Dann sitzt mir da die Frau Schmidt im weit ausgeschnitten Hemdchen mit Spaghettiträgern gegenüber. Kaum fängt das Gespräch an, tritt mir Beate, meine Frau, unterm Tisch auf den Fuß. Ich wusste erst gar nicht, was die wollte. Aber dann hat's mir gedämmert: Sie meinte, ich soll die junge Erzieherin nicht anschauen. Aber wo soll ich denn dann hinschauen? Und gut aussehen tut sie ja. Jetzt will Beate mich zu keinem Gespräch mehr mitnehmen. Ist mir auch ganz recht, weil auf diesen Eifersuchtszoff habe ich auch keine Lust.

P.: Also ich wollt' dir ja noch was von diesem Elternabend erzählen – verpasst hast du da nix. Denn dann sollten wir aus Seidenpapier Engel und Sterne basteln. Kannst du dir vorstellen, wie ich mich dabei angestellt hab?

T.: Ja super, das war sicher 'ne Lachnummer.

P.: Laut gelacht hamm se nich', aber das Schmunzeln hat mit vollauf genügt und die wohlmeinenden Ratschläge. Ich hab' gedacht, die wollen mir mal zeigen, was ich nich' kann. Das brauch' ich dann auch nicht noch am Abend. Also an so 'n Elternabend bringen mich keine zehn Pferde mehr, das hab ich Sabine heute Morgen auch gleich gesagt.

T.: Du hast recht, lassen wir das einfach die Frauen machen, auch wenn's schad ist, dass man so gar nix vom Kindergarten mitkriegt. Weißt du, ich find das schon komisch, wenn ich die Kleine mal abholen geh. Da stehen die ganzen Mütter in kleinen Grüppchen 'rum, jede kennt ein paar andere Mütter und ich denk: Hol schnell dein Kind und raus hier, mit wem soll ich denn da auch noch was reden? Und beim Rausgehen ruft mir die Praktikantin dann noch nach: »Sagen Sie doch bitte ihrer Frau, dass die Kleine mal neue Hausschuhe braucht«.

(Der Text ist ein Vorschlag und kann sich im Spiel gern weiterentwickeln!)

als Mütter? Das wollten wir im Projekt herausfinden. Außerdem wollten wir von den Männern selbst in Erfahrung bringen, welche Bedarfe sie haben. Unser drittes Anliegen war, das Geheimnis der Kollegin zu lüften, deren Einrichtung von Vätern genauso bevölkert ist wie von den Müttern. Und natürlich erhofften wir uns Erkenntnisse durch die Herren in unserer Runde, in deren Kindergärten viele Aktionen mit Vätern bereits erfolgreich durchgeführt wurden.

Eine Zukunftswerkstatt[1] in Schallstadt brachte uns ein Stück weiter. Sie fand an einem Samstag statt. Anwesend waren rund 50 Personen, überwiegend Eltern. Alle Erzieherinnen konnten teilnehmen, da Kolleginnen aus einem Nachbarort die Betreuung der Kinder übernommen hatten. Der Moderator bat die Anwesenden zum Einstieg um eine Aufstellung (Soziogramm) nach Geschlechtern und stellte den Frauen die Frage: »Wie fühlt ihr euch als viel größere Gruppe?« Es waren etwa fünfmal soviel Frauen da wie Männer. Die Mütter und Mitarbeiterinnen fanden es hervorragend, dass überhaupt Väter und der Trägervertreter anwesend waren. Auf die Gegenfrage antworteten die Väter zunächst recht zögerlich. Sie waren von der Frauenübermacht offensichtlich weniger angetan und empfanden sie eher als verunsichernd. Zwischenrufe gingen von einer Seite zur anderen, bis ein Vater den Frauen laut entgegen hielt: »Ja, wie sollen wir den präsent sein, wenn ihr uns nicht lasst!« An dieser Stelle griff der Moderator ein und fragte die Väter, ob sie eine eigene Arbeitsgruppe bilden wollten, um den Frauen ihre ureigenen Männerideen zur Zusammenarbeit und Präsenz im Kindergarten

zu unterbreiten. Die in diesen Arbeitsgruppen entwickelten Vorschläge der Väter gingen vom gemeinsamen Brauereibesuch über das Zimmern »vernünftiger« Bänke, auf denen auch Väter sitzen können und dann auch sitzen wollen. Außerdem entstand eine Vätergruppe, die bis heute Bestand hat und der sich die neu hinzukommenden Väter des Kindergartens anschließen können.

Als Koordinator/innengruppe und Projektbegleitung begriffen wir recht schnell, dass wir gründlicher über die Zusammenarbeit mit Vätern nachdenken sollten, um auch den Hindernissen auf die Spur zu kommen, die in der Person der Erzieherin/des Erziehers selbst liegen mochten. Wir sammelten Literaturhinweise, legten Material bei unseren Koordinatorinnentreffen aus, berieten einander. Ich bat Volker Baisch, den Gründer und Geschäftsführer von »Väter e.V. Hamburg«, uns in Seminaren auf eine effektivere Zusammenarbeit mit Vätern vorzubereiten. Diese Fortbildung, für die wir zweimal zwei Tage ansetzten, wurde mehrfach mit Volker Baisch durchgeführt. Beim letzten Mal assistierten bereits Multiplikatoren[2], die inzwischen in der Lage sind, eigenständig Fortbildungen durchzuführen.

Die Ziele der Projektbegleitung bestanden zum einen darin, dass sich sowohl Mitarbeiter/innen als auch Eltern mit den derzeitigen gesellschaftlichen Bedingungen von Familien und besonders von Vätern auseinandersetzen sollten, sie sollten ihre eigenen Vaterbilder reflektieren, sich ihrer Wünsche und Befürchtungen bezüglich einer zunehmenden Beteiligung von Männern in Kitas bewusst werden, gegenseitige Vorurteile abbauen und in die Lage versetzt werden, kommunikativ

---

1   Zur Methode der Zukunftswerkstätten siehe Seite 127

2   Multiplikatorinnen/Multiplikatoren sind Erzieherinnen, Erzieher und Eltern, die sich durch Weiterbildungen und Coaching in der Implementierungsphase zu Referenten qualifizieren ließen. Im Laufe des Gesamtprojektes haben sich etwa 40 Männer und Frauen so weitergebildet und geben nun die unterschiedlichen Schwerpunkte des Projektes weiter.

und partnerschaftlich gemeinsam die Möglichkeiten und Grenzen der Beteiligung auszuloten. Zudem sollte ein erstes Konzept zur Unterstützung der Zusammenarbeit mit Vätern in Kitas erstellt werden. Die Fortbildungen für die Erzieherinnen beinhalteten:

- Erfassen der Erwartungen bezüglich der Fortbildung
- Klärung der Motivation für die Teilnahme
- Input zum Thema väterliche Qualitäten
- Das eigene Vaterbild
- Perspektivenwechsel: Wie sehen Väter vermutlich den Kindergarten?
- Die Bedeutung des Vaters für die Entwicklung von Jungen und Mädchen
- Die Bedeutung von Männern für Bildungsprozesse von Jungen und Mädchen
- Bestandsaufnahme: Wie sieht die Zusammenarbeit mit Vätern derzeit aus?
- Klären der Vorurteile Vätern gegenüber
- Bedürfnisse und Einbindung von Vätern in den Kindergartenalltag
- Väter und Vereinbarkeit von Familie und Beruf
- Konsequenzen für die Praxis
- Zielformulierung und Planung der Umsetzung/ Coaching

In den Fragen, die die Erzieherinnen zu Beginn der Fortbildungen aufwarfen, verbargen sich bereits ihre Ziele. Die Fragen lauteten:

- Wie kann ich Väter ansprechen?
- Wie kann ich sie einladen? Wie kann ich mehr Väter erreichen?
- Wie erfahre ich die Bedürfnisse der Väter?
- Wo/wie finde ich neue Ideen für unser »Väterkonzept«?
- Warum sind Männer im Kindergarten so »schüchtern«?

- Wie kann ich meine Mitarbeiter/innen motivieren, in die Zusammenarbeit mit Vätern einzusteigen?
- Wie gehen wir als Frauenteam mit der Männerfrage um?
- Wie erfahre ich meine eigene Außenwirkung als Frau?
- Wann klinke ich mich als Frau am besten aus der Zusammenarbeit mit Vätern aus?
- Wie gehe ich mit »atypischem«, ungewöhnlichem Verhalten von Vätern um?

Nach vier Tagen kehrten die so weitergebildeten Mitarbeiterinnen motiviert in ihre Einrichtungen zurück. Nun galt es, das Gelernte in den Kolleginnenkreis zu tragen, zu diskutieren und in die Praxis umzusetzen.

Ein konzeptionelles Beispiel einer Teamsitzung zum Thema Väter stellen wir hier vor.

Möglicher Ablauf einer ersten Teamsitzung »Zusammenarbeit mit Vätern«

Ziel des Koordinators/der Koordinatorin für die Teamsitzung: Gemeinsame positive Haltung zum Thema »Zusammenarbeit mit Vätern im Kindergarten« finden.

1. Feststellen und Dokumentieren des Ist-Zustands
- Was machen wir bereits?
- Wo begegnen uns Väter in der Einrichtung?

Methoden:
- Brainstorming anhand von Bildern, die von Vätern in der Einrichtung aufgenommen wurden
- Auflisten der Väter in einer Gruppe, die regelmäßig, unregelmäßig oder nie in der Kita erscheinen

2. Wie begegnen wir Vätern in der Gruppe in der Einrichtung?

Methoden:
- Reflektieren, jede/r für sich
- Austausch zu zweit und im gesamten Team
- Paarspiele: Sich gegenseitig Kompetenzen zusprechen (dabei sollen dem Team zur Ermutigung die schon vorhandenen Stärken und Kompetenzen aufgezeigt werden.)

3. Bedeutung der Zusammenarbeit mit Vätern für die Kinder überlegen

4. Infoblock
- Was sind die Stärken des Vaters in der Erziehung?
- Welche Erfahrung habt ihr mit diesen Aussagen gemacht? Wie steht ihr zur Zusammenarbeit mit Vätern im Kindergarten?

Methode:
- Kärtchenmethode: Jeder kommt zu Wort, ohne die Gefahr von unnützen Diskussionen

Mögliche Widerstände:
- Mitarbeiter/innen können sich überrollt fühlen
- Einigung auf eine Zeit kann misslingen (väterfreundliche Zeit gleich erzieherinnen-unfreundliche Zeit?)
- Enttäuschungen, schlechte Vorerfahrungen in der Zusammenarbeit
- Sonderstellung der Väter wird bemängelt (wer stärkt die Mütter?)
- Mütter wollen diesen Bereich für sich behalten, nicht abgeben
- Überforderung wegen des Auffangens von Konflikten
- Angst vor neuen Arbeits- und Themengebieten (zum Beispiel Trennungsväter)
- Angst vor Grenzüberschreitungen
- Identifikation mit Problemen

Reflexionen:
- Was gewinnt das Team, wenn es nichts tut?
- Ist das Team bereit, die Widerstände zu überwinden?
- Was braucht jede/r Einzelne, um seine Befürchtungen zu überwinden?

Abschluss:
- Standpunktformulierung des Teams
- Weiteres Vorgehen beschließen
- Eventuell Zielformulierung für weitere Inhalte

Was Väter wollten

Im Projektverlauf fanden wir mithilfe verschiedener Methoden die Bedarfe von Vätern heraus und entwickelten gemeinsam Ideen. Die bereits erwähnten Zukunftswerkstätten waren sehr beliebt und halfen den Einrichtungen, konkrete Projektpläne zu entwickeln. Wichtig war, die Väter persönlich anzusprechen.

Vielfach kamen wir nur weiter, indem wir Bedarfe vermuteten, uns also versuchten, in Väter hineinzuversetzen und zu überlegen, weshalb sie sich bisher zurückgezogen hatten. Befragungen von einzelnen Vätern gaben weitere Aufschlüsse. Außerdem versuchten die Erzieherinnen, den Vätern vom Aufnahmegespräch an ein deutliches Interesse an ihrer Anwesenheit zu bekunden, indem zum Beispiel bei der Terminierung des Gesprächs mit den Erzieherinnen Rücksicht auf die Arbeitszeiten der Väter genommen wurde. Hierbei nahmen die Erzieherinnen in Kauf, auch mal auf Unverständnis aufseiten der Mütter zu stoßen, die gewohnt waren, solche Termine als ihre ureigene Sache anzusehen.

Um Väter in den Kindergarten zu integrieren, sind handlungsorientierte Angebote am besten geeignet. Sie werden am leichtesten akzeptiert.

Veranstaltung von Vätern für Kinder, zum Beispiel
- Väter planen Schulanfängerübernachtungen und führen sie durch
- Väter laden die Kinder zu ihrem Arbeitsplatz ein
- Väter übernehmen die Betreuung im Kindergarten (und schenken den Erzieherinnen einen Konzeptionstag)
- Väter planen Angebote für die Kinder und führen sie während der Kindergartenzeit durch (handwerken..., aber auch mal vorlesen)

Gemeinsame Aktionen von Vätern und Kindern, zum Beispiel
- Seifenkisten bauen/Schlitten fahren
- Abende am Lagerfeuer
- Campen auf dem Kindergartengelände
- Kanufahrten
- Internet-Auftritt planen und gestalten (Ideen der Väter und Kinder präsentieren)

Familienausflüge und Spieletage mit Erzieherinnen, zum Beispiel
- Fahrradtouren
- Wandertage
- Gemeinsames Schwimmengehen
- Family Games/Spieleveranstaltungen
- Familienseminare/Gemeinsame Reisen

Veranstaltungen und Treffs von Vätern für Väter oder mit Externen
- Brauereibesuch
- Vätertreffs/Austauschforen für Väter
- Abende mit Referenten

- Fußballspielen oder Bowlen
- Kinobesuche (im Wechsel mit den Müttern)
- Pekip-Kurse, Kess-erziehen-Kurse für Väter
- Treffen für Trennungsväter

Gemeinsame Aktionen zur Unterstützung der Kindergartenarbeit und Förderung des Kennenlernens und der gegenseitigen Kommunikation
- Ausbesserungs- und Renovierungsarbeiten in der Kita
- Gartengestaltung
- Bauaktivitäten (zweite Ebene, Bänke...)
- Einrichten eines Intranets und E-Mail-Verteilers
- Unterstützung bei der Öffentlichkeitsarbeit (Internet-Seite, Kiga-Zeitung)

Angebote der Erzieher/innen ausschließlich für Väter
- Elternabende
- Beratung

Gemeinsame Aktionen von Erzieherinnen, Vätern und Kindern
- Kochen
- Schnuppertage/Frühschoppen für Kinder und Väter (Kinder zeigen Vätern ihren Kindergarten)
- Handwerkliche Vater-Kind-Aktionen

Ideen zum Nachmachen

Im Folgenden stelle ich einige Beispiele gelungener Aktionen vor:

Aktionstag für Väter und Kinder »Mitmachzirkus« (Evangelischer Kindergarten Niedereich, Kehl)
- Warum:
Väter und Kinder erleben und gestalten gemeinsam

einen Tag im Kindergarten mit Spiel, Spaß und Bewegung unter Anleitung von Zirkuspädagogen.

Kennenlernen und Gesprächsmöglichkeiten der Väter untereinander.

Erzieherinnen lernen Väter kennen und erleben sie gemeinsam mit ihrem Kind.

Dieses Angebot spricht die Vaterqualitäten in der Erziehung an (Selbstvertrauen, Bewegung, Mut, Kraft und Einsatz des Körpers) und stärkt sie.

• Wie:

Die Einladung richtet sich an die Väter mit ihren Kindergartenkindern. Ist der Vater gerade nicht in greifbarer Nähe, kann auch ein anderer Mann, mit dem das Kind vertraut ist, mitkommen. An dem Termin (Sonntag, von 11 bis 15.30 Uhr) erleben und erlernen Väter und Kinder gemeinsam unter der Anleitung einer Zirkusfirma Übungen aus den Bereichen Jonglage, Akrobatik und Theater. Es wird ein kleines Zirkusprogramm vorbereitet.

Die Mütter und Geschwisterkinder kommen um 15.30 Uhr dazu, ihnen wird das Programm vorgeführt. Zum Abschluss gibt es Kaffee und Kuchen. Während des Ablaufs ist für einen Imbiss und Getränke gesorgt.

• Aufgabe der Erzieherinnen:

Sie sorgen für Essen, Trinken und gute Atmosphäre, sie begleiten die Aktionen und führen Gespräche mit den Vätern.

Aktionstag für Väter und Kinder »Ein etwas anderer Frühschoppen im Kindergarten« (Evangelischer Kindergarten Niedereich, Kehl)

• Warum:

Väter und Kinder erleben und gestalten gemeinsam einen Sonntagvormittag im Kindergarten mit Spiel, Spaß und Bewegung.

Erzieherinnen lernen die männlichen Bezugspersonen der Kinder kennen.

Kinder und Erzieherinnen zeigen durch einen Parcours verschiedene Angebote/Spiele des Kindergartens und geben Einblick in die Welt/Arbeit des Kindergartens.

• Wie und wann:

Die Einladung richtet sich an die Väter mit ihren Kindergartenkindern. Wenn der Vater gerade nicht in greifbarer Nähe ist, kann auch ein anderer Mann, mit dem das Kind vertraut ist, zur Einladung am Sonntagvormittag von 11.00 bis 13.00 Uhr mitkommen.

Alle Erzieherinnen tragen Namensschilder. Eine Erzieherin begrüßt die Teilnehmenden im Flur und erklärt den Ablauf, die Kinder erhalten eine Parcourskarte mit aufgemalten Luftballons. Jede Erzieherin hat ein Angebot vorbereitet, das die Kinder mit ihren Vätern durchführen können. Kinder und Väter können die Angebote/Materialen/Spiele und so weiter der Einrichtung kennen lernen und gemeinsam spielen, malen, bauen. Die Angebote sind als Parcours aufgebaut, der durchlaufen werden kann. Bei jeder Station wird ein Luftballon angemalt. Im Esszimmer gibt es einen kleinen Imbiss und Getränke. Zum Abschluss werden gemeinsam Lieder und Spiellieder gesungen.

• Aufgabe der Erzieherinnen:

Sie sorgen für Essen, Trinken und die Atmosphäre. Sie bereiten die Angebote vor und begleiten sie. Sie nehmen Kontakt zu Vätern auf und unterhalten sich mit ihnen. Sie geben Einblick in die Welt des Kindes und des Kindergartens.

• Benötigte Ressourcen:

Räume, Außengelände; Zeit für Vorbereitung, Gestaltung der Räume und Durchführung des Programms; Geld für die Verpflegung (Brezeln, Getränke); Personal (mindestens vier Erzieherinnen).

• Anmerkungen und Erfahrungen:

Der Frühschoppen wird sehr gern von vielen Vätern genutzt, auch von solchen, die andere Angebote zum

Beispiel aus beruflichen Gründen nicht wahrnehmen (können). Es entsteht eine gute, fröhliche und offene Atmosphäre. Es entwickeln sich Gespräche zwischen Vätern und Erzieherinnen. Andere männliche Bezugspersonen wurden von den Kindern ganz selbstverständlich mitgebracht. Väter sind sehr kreativ mit den Kindern. Väter nutzen die Gelegenheit, mit anderen Vätern ins Gespräch zu kommen.

Beispiel einer Einladung zum Väterabend »Väter mischen sich ein« (Evangelischer Fröbelkindergarten in Steinen)

Liebe Väter, unter diesem Motto laden wir Sie zum ersten Väterabend in diesem Jahr herzlich ein. Er findet am Dienstag, den 8.2.2005 um 20 Uhr im Kindergarten statt. An diesem Abend können Sie

• die Lebens- und Lernwelt ihres Kindes im Kindergarten kennenlernen
• uns mitteilen, was der Kindergarten für Sie als Vater tun und anbieten soll
• herausfinden und äußern, wie sie sich am Kindergarten beteiligen können und
• einen gemütlichen und sicher interessanten Abend in einer Väter- und Männerrunde verbringen.

Für die Planung des Abends wäre es gut, wenn Sie kurz unverbindlich mündlich Bescheid geben, ob Sie kommen. Wir können dann auch für Getränke sorgen.

Wir freuen uns auf den Abend mit Ihnen und grüßen Sie bis dahin herzlich.

Thomas Seubert & Sven Kahrsch

Fazit

Väter sind Männer. So profan das klingt, so wichtig ist diese Erkenntnis. Väter wollen ihr Männerdasein, ihre Perspektive des Lebens nicht am Kindergarteneingang abgeben. Sie haben ihre Sprache, ihre Gewohnheiten, ihre Umgangsformen und Interessen, die sich von denen der Frauen und Mütter häufig genug unterscheiden. Ihr Leben zentriert sich mehr um den Beruf als bei den meisten Müttern. Wenige unter ihnen basteln oder singen gern.

Es freut Väter, etwas ausschließlich mit anderen Vätern zu tun. Dies kann aus Zeitgründen nach den bisherigen Erfahrungen der Einrichtungen nur sporadisch geschehen, bereitet aber den Boden für offenere Gespräche untereinander oder mit männlichen Erziehern. Die Atmosphäre wird ungezwungener, Väter reden miteinander, wenn sie sich in der Kita begegnen.

Väter haben Interesse an der Kindergartenarbeit und wollen gemeinsam mit ihren Kindern Zeit verbringen, überhaupt Anteil an ihrem Leben haben und Transitionen (Übergänge) mitgestalten, unabhängig von jeder sozialen Schicht. Das ist ihnen sogar Urlaubstage wert. Für Kinder ist es immer noch etwas ganz Besonderes, wenn sich ihre Väter Zeit für sie nehmen und sich für ihr Lebensumfeld außerhalb des Hauses interessieren. Väter sind dafür aufgeschlossen, gemeinsam mit ihren Kindern etwas zu unternehmen. Dabei soll der Spaß und Nutzen im Vordergrund stehen. Es dürfen aber auch praktische Tipps und Austausch dabei sein. Events mit anderen Vätern oder allen zum Kindergarten gehörigen Personen werden gern angenommen.

Wenn sich Väter aber im Kindergarten wohlfühlen sollen, brauchen sie eine eigene, direkte Ansprache, die ihren Ton trifft. Sie brauchen einen – möglichst männlichen – Ansprechpartner, der auch der Ehemann einer Mitarbeiterin sein kann, der verlässlich auf jeder Grillparty dabei ist, die Würstchen brät und das Bier ausschenkt. Besser sind natürlich männliche Erzieher oder andere Väter, die Aufgaben übernehmen, erreichbar sind und damit dauerhafte Ansprechpartner bleiben.

Eine Einrichtung hat gute Erfahrungen mit einer allen bekannten Gruppe von Ansprechpartner/innen, bestehend aus Vätern und Erzieherinnen, gemacht.

Väter – oder die für die Kinder wichtigsten männlichen Bezugspersonen – benötigen konkrete, klare Informationen und das Gefühl, keine »dummen« Fragen zu stellen, wenn sie sich in einer Sprache bar jedes pädagogischen Fachgesimpels nach den Entwicklungsfortschritten ihrer Sprösslinge erkundigen. Sie sollten von den Erzieherinnen verbal und durch die innere Haltung erfahren, dass sie für die Entwicklung ihrer Kinder und als Ansprechpartner in Erziehungsfragen wichtig sind.

Es ist gut, wenn sich herumspricht, dass Väter bei Aufnahme- und Entwicklungsgesprächen – soweit möglich auch bei getrennt lebenden Eltern – mehr als nur erwünscht sind. Durch konkrete Ansprache und die natürliche interessierte Bitte um Meinungsäußerung zu pädagogischen Fragen können anfänglich Brücken gebaut werden.

Sollen die Männer integriert werden, müssen wichtige Informationen zu Zeiten präsentiert werden, bei denen auch Väter kommen können (zum Beispiel ab 17.30 Uhr, eventuell mit Kinderbetreuung und Abendessen).

Will man Väter erreichen, kann dies auch, wie in vielen anderen Berufen, bedeuten, an Wochenenden zu arbeiten und nicht am Freitag um 12.30 Uhr die Tore zu schließen. Vätergerechte Information wie Internet-Auftritte, erwachsenengerechte Aufmachung der Infobroschüren etc. kommen gut an.

Und schließlich: Väter wollen als Väter manchmal einfach unter sich sein, auch dann, wenn die Themen pädagogischer Natur sind und es bei den Kursen ganz anders, interessant und herrlich »undiszipliniert« zugeht, wie die Leiterin eines Kess-erziehen-Kurses für Väter berichtete. Gesprächsrunden unter Männern haben sich besonders bewährt, wenn die Teilnehmerzahl idealerweise zwischen zehn und zwanzig liegt. Der Gesprächsleiter sollte – auch bei pädagogischen Themen – männlich sein.

Väter organisieren sich selbst und brauchen es lediglich, dass ihnen die Rahmenbedingungen zur Verfügung gestellt werden. Männer gehen Dinge und Gespräche häufig direkter an und finden unkomplizierte Lösungen, finden diejenigen, die es ausprobiert haben.

Wichtig ist, Väter persönlich anzusprechen, auch, um Gefälligkeiten zu erbitten. Frauen dürfen gegebenenfalls ruhig zugeben, dass ihnen gewisse technische oder handwerkliche Arbeiten nicht so leicht fallen. Viele Männer helfen Frauen bereitwillig dabei. Sie stellen zum Beispiel auch gerne mal ihre Koch- oder Abwaschkünste unter Beweis, wenn sie diese Arbeit auf ihre Weise leisten dürfen.

In jedem Fall sollten die beruflichen Möglichkeiten und Grenzen der Beteiligung von Vätern berücksichtigt und die Lebenssituation von Männern bedacht werden. Hierzu gehört auch nicht auszublenden, dass es schon während der Kindergartenzeit viele Patchworkfamilien gibt. Die soziale Vaterschaft mit allen Erfordernissen, die hier nicht diskutiert werden können, ist keine Ausnahme mehr.

Erzieherinnen haben durch die Bitte von männlichen Kollegen, im Kontext intensiverer Zusammenarbeit mit Vätern auch über ihre Wirkung als Frauen und über ihre möglichen Vorurteile Vätern/Männern im allgemeinen gegenüber nachzudenken, ihre Biografien reflektiert und gehen bewusster damit um. Sogar das eine oder andere Kleidungsstück wurde für die Öffnungszeit im Kindergarten aussortiert.

Erzieherinnen beobachten, dass Väter ganz andere Ideen und auch Materialien einbringen, die allen zugutekommen. Sie bemerken, dass es den Kindern gut tut, wenn ihre Väter sich einbringen.

Mütter sind generell sehr froh über die Einbeziehung der Väter. Es gibt ihnen das Gefühl, mit der Erziehung und der Verantwortung für das Wohlergehen der Kinder nicht allein gelassen zu werden. Es freut sie, mit ihren Männern über deren teilweise völlig anderen Blickwinkel zu diskutieren.

Grenzen der Zusammenarbeit mit Vätern

Zum Projektende habe ich, soweit möglich, alle Einrichtungen noch einmal besucht. Dabei blieb mir eine Abschlussveranstaltung besonders in Erinnerung. Es war fast jede Familie vertreten, alle Erzieherinnen anwesend. Die Eltern lobten das Projekt, das überaus große Engagement der Erzieherinnen, die Programme... – ein erhebendes Gefühl. Die Koordinatorin wollte den Fortbestand dieses hervorragenden Ergebnisses sichern und bat die Eltern, noch einmal auf einem wunderschön gestalteten Schaubild an der Wand zu visualisieren, was unbedingt auch nach Projektende beibehalten werden müsse und was in den »Papierkorb« könne. Die Wünsche von allem, was bleiben sollte, war lang. Was sollte aber in den »Papierkorb«? Nach anfänglichem Zögern votierten die Eltern dafür, dass die Zusammenarbeit mit Vätern in den Müll könne – das werde nicht extra benötigt. Die anwesenden Eltern waren ... ausschließlich Mütter.

Eine Ausnahme? Neben allem Schmunzeln bleibt für manche Mutter ein Stückchen Wehmut hängen. Die Kolleginnen und Kollegen schilderten die Schwierigkeiten der Mütter damit, dass sie durch die verstärkte Zusammenarbeit mit Vätern ihres angestammten Platzes verwiesen wurden. Manche fühlten sich durch die interessanten Aktionen, die Väter ohne die Mütter mit ihren Kindern planten und durchführten, zurückgesetzt und ausgeschlossen. Gerade in Zeiten geänderter Einsichten und daraus resultierendem verändertem Verhalten erfordern die Umstellungen besonderes Feingefühl aller Beteiligten und der Begleitung von außen.

Für uns hat sich das Geheimnis um die Anwesenheit der Väter ein wenig gelüftet. Wir haben verstanden, dass die Kollegin, die schon immer viele Männer in ihren Kindergarten integrieren konnte, vieles intuitiv richtig gemacht hat. Sie hat es verstanden, Vätern selbstverständlich ihren Platz im Kindergarten einzuräumen. Sie hat sie in Aufgaben integriert, sie persönlich eingeladen und ihnen ihre geschlechtsspezifische Andersartigkeit nicht streitig gemacht. Mit viel Spaß, Humor und einer Menge gemeinsamer Unternehmungen arbeiten dort pädagogische Mitarbeiterinnen und Väter Hand in Hand zum Wohl der Kinder. Männer sind eben einfach unersetzlich – so wie Mütter auch.

Abschließendes:

Auf den Punkt
gebracht

Rainer Strätz

Was kann der Kindergarten für Familien tun?

Kindertageseinrichtungen sind in ihrer Funktion für Eltern wiederentdeckt worden. Von ihnen wird erwartet, dass sie zusätzlich zu den Kernaufgaben der Bildung, Betreuung und Erziehung der Kinder auch die Eltern beraten, deren Erziehungskompetenz stärken und stützen, durch Netzwerke Hilfe für diejenigen Familien organisieren, die dies brauchen, und eine Rolle als »soziale Frühwarnsysteme« spielen.

Die Möglichkeiten des Kindergartens – nüchtern betrachtet

Manche Erwartungen gehen noch weit darüber hinaus. Alle Bundesländer wetteifern zurzeit darum, das »kinderfreundlichste« oder das »familienfreundlichste« zu werden – manchmal auch mit dem Hintergedanken, den katastrophalen Geburtenrückgang zumindest zu verlangsamen.[1] Dass, um dieses Ziel zu erreichen, Veränderungen in ganz anderer Größenordnung notwendig wären, zeigt uns ein Blick in Nachbarländer. Nehmen wir als Beispiel Skandinavien:

Dänemark hat ein Platzangebot für fast 50 Prozent der Kinder unter drei Jahren in Tageseinrichtungen oder Tagespflege, dazu ein Angebot für knapp 60 Prozent der Schulkinder in Horten – auch an der Schule. Finnische Eltern haben seit 1990 einen Rechtsanspruch auf öffentlich geförderte Betreuung ihrer Kinder schon in den ersten drei Lebensjahren und können sich entscheiden zwischen einem Platz in einer Kindertagesstätte, einer öffentlich geförderten Tagespflegestelle oder einer Familienbetreuungszulage des Staates, wenn ein Elternteil das Kind betreut.

Natürlich geht es bei der Beurteilung der Kinderfreundlichkeit nicht nur um Plätze in Tageseinrichtungen. Ein Beispiel, wieder aus Skandinavien: Wenn ein Kind krank ist, haben schwedische Eltern das Recht, bis zu 120 Tage pro Jahr unter Fortzahlung von 80 Prozent ihrer Bezüge zu Hause zu bleiben (s. Oberhuemer, P./ Ulich, M. 1997, S. 248).

Diese Länder sind nicht reicher als wir, mit Ausnahme vielleicht von Dänemark. Sie haben nicht mehr Geld zur Verfügung, sie verteilen es nur anders. Sie schaffen damit offenbar besser als wir die Bedingungen, die es Eltern erleichtern, sich für Kinder zu entscheiden. Schließlich hängt die Zahl derjenigen, die sich für Kinder entscheiden, von drei Faktoren ab:
- ihren Lebensentwürfen,
- ihrer Einschätzung der persönlichen Zukunft (siehe die östlichen Bundesländer nach der Wende) und
- ihrer Wahrnehmung von der Kinderfreundlichkeit der Gesellschaft, in der sie leben.

Mit dem, was wir derzeit Familien und Kindern anbieten,

---

[1] Es ist übrigens noch gar nicht so lange her, dass die demografische Entwicklung selbst in Teilen der Jugendhilfe-Szene und im sozialpolitischen Bereich als gute Nachricht aufgefasst wurde, weil sie Kosten zu senken oder kostenneutral neue Spielräume zu eröffnen versprach.

ist es offenbar nicht weit her. Und leider ist offenbar schon wieder vergessen, wie überzeugend und wie eindringlich die Autorinnen und Autoren des elften Kinder- und Jugendberichts des Bundes darstellten und begründeten, dass und warum wir Kindern eine »Kultur des Aufwachsens« schuldig sind. Tatsache ist: Wenn die allgemeinen familienpolitischen Rahmenbedingungen nicht stimmen, können die Kindertageseinrichtungen allein nicht viel bewirken.

Auch aus einem zweiten Grund ist die Konzentration der Aufmerksamkeit auf den Kindergarten nicht unproblematisch: Tageseinrichtungen für Kinder sind nur ein Angebot der Kinder- und Jugendhilfe von vielen. Alle haben ihre spezifischen Möglichkeiten und Zielgruppen. Deshalb muss es um einen Verbund von Angebotsformen gehen, ohne die eine Institution gegen die andere auszuspielen, zum Beispiel indem die Mittel für die einen gekürzt werden, um den Ausbau der anderen zu finanzieren. Hinter vorgehaltener Hand war aus Erziehungsberatungsstellen kürzlich die Befürchtung zu hören, dass die Weiterentwicklung von Tageseinrichtungen für Kinder zu Familienzentren zulasten der finanziellen und personellen Ressourcen der Beratungsstellen gehen werde, weil sich im kommunalpolitischen Raum die Ansicht festsetze, dass die Tageseinrichtungen jetzt deren Aufgaben mit übernehmen werden.

Dennoch ist nicht zu übersehen, dass der Kindertageseinrichtung eine zentrale Vermittlungs- und Dienstleistungsrolle mit präventivem Charakter zukommt: Sie ist die erste soziale Institution, mit der alle Kinder und Familien in Berührung kommen. Das gilt (mit verschwindend wenigen Ausnahmen) auch in den westlichen Bundesländern seit der Einführung des Rechtsanspruchs auf einen Kindergartenplatz. Die Kinder leben hier erstmals mit pädagogischen Fachkräften zusammen, die Besonderheiten in ihrer Ent-

wicklung feststellen und Gegenmaßnahmen einleiten können. Das bedeutet: Tageseinrichtungen für Kinder sind ideale »Frühwarnsysteme«, sie leisten Präventionsmaßnahmen und vermitteln weitere Hilfsmöglichkeiten durch Dritte, zum Beispiel durch Ärzte oder Fachdienste wie die Erziehungsberatung. All das kostet jedoch Arbeitszeit, setzt entsprechende Qualifikationen des Personals (zum Beispiel in Gesprächsführung) voraus, außerdem ein funktionierendes Netz der Zusammenarbeit in der Kommune.

Was könnte der Kindergarten für Familien alles leisten?

Vereinbarkeit von Familie und Beruf

Der Kindergarten hat nicht nur einen Bildungs- und Erziehungsauftrag und Aufgaben im präventiven Bereich. Er hilft Eltern auch entscheidend bei ihrer Aufgabe, Beruf und Familie miteinander zu vereinbaren. Dies ist heute schwieriger als früher: Junge Menschen müssen heute mobil sein, müssen einen Ortswechsel oder lange Fahrzeiten in Kauf nehmen, wenn sie einen Arbeitsplatz haben wollen. Immer mehr junge Eltern befinden sich zudem in Ausbildung oder in einer beruflichen Umorientierung und brauchen einen Platz für ihr Kind/ihre Kinder, um die Ausbildung oder Umschulung weiterführen und abschließen zu können. Das kann – nicht nur bei Studierenden – eine Nachfrage nach ungewöhnlichen, zuweilen auch je nach Ausbildungsphase stark wechselnden Aufenthaltszeiten des Kindes bedeuten. Die Nachfrage nach unregelmäßigen Aufenthaltszeiten wird auch dadurch steigen, dass Teilzeitarbeit längst nicht mehr nur reduzierte, aber täglich gleiche Arbeitszeit bedeutet. Viele Arbeitgeber sind zu den verschiedensten Formen der Arbeitszeit-Blockung im Wochen-, Monats- oder Jahresrhythmus übergegangen. Dazu kommen die Arbeitsverhältnisse, bei denen auf Abruf gearbeitet werden muss, etwa im Einzelhandel. Scheidungs- und Trennungssituationen nehmen zu, viele Elternteile sind dann plötzlich mit der Notwendigkeit konfrontiert, ihre Lebenssituation und die des Kindes (oder der Kinder) auf eine völlig neue Grundlage zu stellen und möglichst rasch zu stabilisieren. Die entscheidende Hilfe und Voraussetzung dafür ist ein möglichst schnell zur Verfügung stehender Platz in einer Tageseinrichtung mit bedarfsgerechten Öffnungszeiten.

Zwar tun hier Träger und Einrichtungen, was sie können. Aber vielfach verhindern fehlende finanzielle Mittel, dass zum Beispiel die Öffnungszeiten dort, wo es notwendig ist, weiter ausgedehnt werden und der Kindergarten sich für die Aufnahme von Kindern unter drei Jahren und für Kinder im Grundschulalter öffnet. Zumindest in den westlichen Bundesländern können die Tageseinrichtungen vielfach noch nicht alles bereitstellen, was Eltern heute brauchen. Der zusätzliche Bedarf, der sich durch Ortswechsel von Eltern, Trennungs- und Scheidungssituationen oder eine berufliche Umorientierung ergibt, kann nur durch eine strukturell abgesicherte Platzreserve gedeckt werden: Einige Plätze müssen für Notfälle frei bleiben können, ohne dass dies für den Träger eine Reduzierung der öffentlichen Zuschüsse bedeutet.

Für nicht wenige Familien sind zudem Leistungen, die über den Regel-Kindergartenplatz hinausgehen, aufgrund der fälligen Elternbeiträge schwer oder gar nicht bezahlbar, und die Zahl dieser Eltern nimmt zu. Viele Berichte zeigen, dass Kinder heute geradezu zu einem Armutsrisiko geworden sind und dass Armut wiederum nicht nur ein gesundheitliches Risiko für die betroffenen Kinder bedeutet, sondern auch ein Entwicklungs- und Bildungsrisiko.

In diesem Zusammenhang muss auch der Öffentlichkeit und der Politik verdeutlicht werden, dass finanzielle Mittel für die Tageseinrichtungen für Kinder nicht als Kosten betrachtet werden dürfen, sondern Investitionen darstellen, die sich mehrfach auszahlen. Ein Platz für das Kind in einer Tageseinrichtung ermöglicht oft erst die (Wieder-)Aufnahme einer Berufstätigkeit. Diese Berufstätigkeit ist wiederum nicht nur mit einem privaten, sondern auch einem volkswirtschaftlichen Nutzen verbunden, beispielsweise dadurch, dass Erwerbstätige Einkommensteuer zahlen. Der Nutzen für die öffentliche Hand kann allein dadurch größer sein als die Kosten, die für einen Platz in einer Tageseinrichtung anfallen.

Ein Beispiel:
Eine Alleinerziehende hat ein Kind im Grundschulalter. Weil es kein außerunterrichtliches Angebot für ihr Kind gibt, ist sie nur mit reduzierter Arbeitszeit beschäftigt. Sie hat ein zu versteuerndes Einkommen von 25.000 Euro pro Jahr und zahlt dafür 4.757 Euro Einkommensteuer.

Ein Hortplatz für das Kind würde 5.621 Euro pro Jahr kosten (vergleiche Schilling 2004, S. 44), abzüglich eines Elternbeitrags von 15 Prozent blieben für den Träger und die öffentliche Hand Kosten in Höhe von 4.778 Euro.

Wenn die Mutter einen Hortplatz in Anspruch nehmen könnte, würde sie bei längerer Arbeitszeit 40.000 Euro im Jahr verdienen und dafür 10.158 Euro Einkommensteuer zahlen, das heißt 5.401 Euro mehr als bisher.

Für die öffentliche Hand ergäben sich dadurch Mehreinnahmen allein durch Steuern (dazu kämen noch Einnahmen der Sozialversicherungsträger), die deutlich höher wären als die Kosten des Hortplatzes. Das optische Problem jedoch liegt auf der Hand: Die Einnahmen fließen nicht genau in die Kassen zurück, aus denen die Ausgaben bestritten werden.

Fehlende Ganztagsplätze (für Kinder aller Altersstufen) hindern nicht nur viele junge Eltern – insbesondere die Frauen – daran, ihren Lebensentwurf zu verwirklichen. Sie hindern sie auch daran, ihre mit viel Mühe und Aufwand erworbenen beruflichen Qualifikationen in das gesellschaftliche Leben einzubringen. Und sie hindern nicht wenige Eltern – insbesondere Alleinerziehende – daran, für ihren Lebensunterhalt selbst zu sorgen.

Die gegenwärtig rund vier Millionen Arbeitslosen machen solche Überlegungen nicht überflüssig oder rein akademisch. Denn so, wie es bei vielen Berufsgruppen derzeit ein Überangebot an Arbeitskräften gibt, so deutlich ist in anderen Sparten der Mangel an qualifiziertem Personal: »Wir merken, dass in einigen Wirtschaftszweigen – nicht nur in der Informations- und Kommunikationsbranche – die Nachfrage nach qualifiziertem Personal bereits deutlich höher ist als das Angebot. Und dieser Fachkräftemangel wird sich ausweiten und als Wachstumsbremse vor allem in expandierenden Wirtschaftsbranchen wirken«, sagte Dieter Hundt, Präsident der Bundesvereinigung der Deutschen Arbeitgeberverbände, am 6. Juni 2002.

In Bezug auf Arbeitslosigkeit werden zudem möglicherweise Ursache und Wirkung verwechselt: Wenn qualifizierte Arbeitskräfte nicht beizeiten in ihren Beruf zurückkehren können, werden sie vorherbestimmt für eine Langzeitarbeitslosigkeit. Für die Betriebe wiederum fallen durch die zeitweise Abwesenheit von Arbeitskräften und die dadurch notwendige Einstellung von Vertretungskräften zusätzliche Kosten an: Wiederbeschaffungskosten, Wiedereingliederungskosten, Überbrückungskosten, Kosten für Fehlzeiten bei nicht ausreichendem Kinderbetreuungsangebot. Eine umfangreiche,

durch die Prognos AG in Zusammenarbeit mit zehn Unternehmen durchgeführte Studie zeigt die beträchtliche Höhe dieser Kosten auf und weist in Modellrechnungen den großen Netto-Nutzen familienfreundlicher Maßnahmen für die Betriebe selbst nach (s. Bundesministerium für Familie, Senioren, Frauen und Jugend 2003).

Das oben angeführte Beispiel einer Alleinerziehenden mit einem Kind im Grundschulalter beschränkte sich bei der Abschätzung des Nutzens eines Kita-Platzes auf den Zuwachs des Gehalts und der daraus resultierenden Einkommensteuer. Andere Berechnungsformen berücksichtigen darüber hinaus folgende Effekte:

- Einnahmeneffekte durch Realisierung des Erwerbswunsches von Müttern (auch differenziert nach beruflicher Qualifikation und der damit verbundenen Wahrscheinlichkeit, unter gegebenen Bedingungen den Berufswunsch realisieren zu können),
- Einnahmeneffekte durch (bei einem weiteren Ausbau) zusätzliches Personal in Tageseinrichtungen für Kinder – ein wichtiger Faktor angesichts der Tatsache, dass 75 Prozent der Betriebskosten einer Tageseinrichtung Personalkosten sind und die dort Beschäftigten Steuern sowie Sozialbeiträge zahlen, sowie
- Einspareffekte über die Erwerbstätigkeit Sozialhilfe beziehender Mütter.

Eine Addition dieser Effekte ergibt einen volkswirtschaftlichen Ertrag von etwa vier Euro für jeden in Tageseinrichtungen für Kinder investierten Euro. Damit erweisen sich Tageseinrichtungen für Kinder allein unter dem Aspekt der Vereinbarkeit von Familie und Beruf als höchst rentierliche Investitionen – auch dann, wenn die berechneten Renditen nicht in jedem Einzelfall vollständig erzielt werden sollten.[2]

---

2 Siehe zusammenfassend: Sell, Stefan (2004): Der volkswirtschaftliche Nutzen der Kinderbetreuung. In: Christine Henry-Huthmacher (Hrsg.): Jedes Kind zählt: Neue Wege der frühkindlichen Bildung, Erziehung und Betreuung. Schriftenreihe der Konrad-Adenauer-Stiftung, Nr. 58

Die Berichte der OECD (Organisation für wirtschaftliche Zusammenarbeit in Europa) bescheinigen der Bundesrepublik Deutschland zwei große Fehler, was die Finanzierung des Bildungssystems angeht: Wir investieren allgemein zu wenig in Bildung, und wir investieren in die Grundlagen, nämlich den Elementar- und Primarbereich, deutlich weniger als in die weiterführenden Stufen. PISA-Sieger machen diese Fehler nicht. Deshalb erreichen sie nicht nur eine bessere Förderung von Kindern und Jugendlichen. Ihre Einrichtungen haben auch bessere finanzielle und personelle Ressourcen, um die weiteren Aufgaben, zum Beispiel eine intensive Beratung von Eltern, mit Erfolg anzugehen. Hierzulande ist eher kritisch zu fragen, ob nicht erwartet wird, dass zusätzliche Aufgaben jetzt zum Nulltarif mit erledigt werden. Wobei auch festzuhalten ist, dass sich die personellen Ressourcen im Kita-Bereich in den letzten Jahren vielfach eher verschlechtert haben.

Die Lebenslagen von Familien, die ich gerade beschrieben habe, stellen sich von Stadt zu Stadt, von Wohnviertel zu Wohnviertel, selbst von Einrichtung zu Einrichtung sehr unterschiedlich dar. Das führt dazu, dass jeweils vor Ort betrachtet werden muss, in welcher Form ein bestimmter Kindergarten auf die Belange der dort wohnenden Familien und Kinder eingehen muss. Das heißt: Es ist Zeit, endgültig von der Vorstellung Abschied zu nehmen, dass alle Tageseinrichtungen für Kinder dieselben Aufgaben haben und deshalb auch gleich ausgestattet und finanziert sein sollten. Die Lebenslagen von Familien und Kindern sind unterschiedlich, werden vielleicht immer unterschiedlicher, und wir können Ungleichheit nur mit Ungleichheit beantworten. Entsprechend den jeweiligen Bedarfslagen müssen die Träger der Tageseinrichtung das Notwendige an Personal, Räumen und Material bereitstellen können. Das ist mit den Platzpauschalen, die heute als Grundlage

des Finanzierungssystems verstärkt diskutiert werden, weil sie einfacher zu handhaben sind, nicht möglich. Im Zeitalter der elektronischen Datenverarbeitung müssen auch komplexere Abrechnungsverfahren übrigens keinen deutlich größeren Personalaufwand bedeuten. Was den öffentlichen Geldgebern eher abhandengekommen zu sein scheint, ist das Vertrauen, dass die Träger der Jugendhilfe keine unnötigen Leistungen anbieten und in Rechnung stellen, sondern ausschließlich das, was aus fachlicher Sicht im jeweiligen Wohnviertel gebraucht wird.

Der Kindergarten entlastet Eltern nicht nur. Er kann sie auch unmittelbar unterstützen. Das fängt damit an, dass er Eltern auch als Treffpunkt zur Verfügung steht:

Familienbegegnung

Die Tageseinrichtung für Kinder ist als Ort der Familienbegegnung heute noch wichtiger als früher, denn junge Menschen müssen mobil sein. Die Aufnahme der Berufstätigkeit und die Gründung einer Familie sind heute für viele junge Menschen mit einem Ortswechsel verbunden – und mit einer daraus zunächst resultierenden sozialen Isolation. Verwandte und bisherige Bekannte fallen in ihrer stützenden Funktion für diese jungen Eltern weg. Tageseinrichtungen könnten jungen Familien die besten Möglichkeiten bieten, an neuen sozialen Netzen teilzuhaben und von ihnen zu profitieren: Aus der Begegnung von Eltern können sich Selbsthilfeaktivitäten und Nachbarschaftshilfe entwickeln.

Tageseinrichtungen für Kinder können die soziale Isolation bestimmter Familien (zum Beispiel solcher, die von Armutsrisiken betroffen sind) und eine soziale Segregation im Wohngebiet (zum Beispiel die Trennung von Gruppen verschiedener ethnischer Zugehörigkeit) vermindern oder verhindern. Tageseinrichtungen leisten – ebenso wie Grundschulen soziale Integration im weitesten Sinn. Zwei einfache Möglichkeiten dazu:

- Kindergärten bieten den Eltern die Möglichkeit, sich zu treffen und zu unterhalten – und zwar nicht nur über Dinge, die mit der Einrichtung zu tun haben. Es gibt Gesprächsnachmittage für Eltern, verbunden mit dem Angebot, die Kinder, auch die jüngeren Geschwister, zu betreuen.
- Kindertagesstätten bieten Eltern an, dort gemeinsam mit ihren Kindern zu essen – auch gedacht als Hilfe für die Eltern, etwa für Alleinerziehende.

Das bedeutet, was die Bereitstellung von Ressourcen betrifft: Träger müssen ihre Einrichtung(en) auch als Treffpunkt für Familien begreifen und dort bei entsprechendem Bedarf Räume und Leistungen für die Eltern bereitstellen, die von der Kommune und dem Land auch als (wie alle präventiven Leistungen relativ billige) familienpolitische Aufgabe verstanden und entsprechend refinanziert werden müssen.

Familienberatung

Es gibt seit jeher niederschwellige, wenig zeitaufwendige Formen der Beratung von Eltern. Zum Beispiel können Informations-Elternabende in der Tageseinrichtung für andere Interessenten geöffnet werden. Im Elterntreffpunkt können empfehlenswerte, neu erschienene Bilderbücher oder Spiele ausgelegt werden. Im Eingangsbereich kann auf interessante Veranstaltungen anderer Einrichtungen hingewiesen werden.

In die fachpolitischen Überlegungen ist jedoch ein anderer, weitergehender Anspruch gerückt. Nicht mehr nur von laufender Information und Abstimmung ist die Rede, nicht nur von einer Erziehungspartnerschaft, die angestrebt werden soll, sondern neuerdings ausdrücklich auch von einer Stärkung der Erziehungskompetenz von Eltern. Die Fachkräfte sollen die Bildungsprozesse jedes Kindes dokumentieren, und diese sollen die Grundlage für regelmäßige Gespräche mit allen Eltern über die Entwicklung und Förderung ihres Kindes darstellen – Gespräche, die dann endlich nicht mehr auf sogenannte Problemgespräche beschränkt sind. Die Leistungen, Interessen und Entwicklungsprozesse des Kindes sollen im Vordergrund stehen. Die beste Gesprächsgrundlage dafür sind Bildungsgeschichten, also Beobachtungen, Episoden aus der Einrichtung, die den Eltern die Dinge anschaulich machen, über die geredet werden soll. Dass sich diese Arbeit lohnt, ist die Botschaft der Early Excellence Centres aus England: Bekommen Eltern ständig Informationen über die kleinen alltäglichen Entwicklungsschritte ihrer Kinder, werden sie nicht nur mit »Defiziten« konfrontiert, dann werden sie sich für die Entwicklung ihrer Kinder interessieren und daran Anteil nehmen. Eine Mutter aus Pen Green, dem bekanntesten dieser Zentren, hat beim Abschied gesagt: »Hier habe ich gelernt, meine Kinder nicht zu unterschätzen. Und mich selbst.« Erzieherinnen leisten zunehmend auch Erziehungsberatung – jedenfalls bei denjenigen, die solche Beratung annehmen.

Diese sehr sinnvolle neue Aufgabe ist nicht nur ungewohnt und erfordert daher ganz neue Überlegungen, was die Dokumentationsarbeit betrifft. Sie ist auch ausgesprochen zeitintensiv. Wenn wir für die Beobachtungs- und Dokumentationsarbeit für ein Kind sowie für die Vorbereitung, Durchführung und Reflexion eines Gesprächs mit seinen Eltern einen Zeitaufwand von vier Stunden ansetzen, ergibt sich bei einer Gruppe von 25 Kindern ein zusätzlicher Zeitbedarf von 100 Stunden. Das sind etwa zweieinhalb Arbeitswochen des in dieser

Gruppe tätigen Personals! So viel Zeit kann höchstens teilweise durch die neue Prioritätensetzung, die heute oft beschworen wird, erwirtschaftet werden. Wenn Bildungsdokumentationen sowie der Austausch mit und die Beratung von Eltern wirklich leistbar sein sollen, dann muss neu über den Personalschlüssel und die Bemessung der Verfügungszeit von Erzieherinnen nachgedacht werden.

In manchen Fällen muss die Beratung von Eltern auch den Hinweis einschließen, dass medizinische oder therapeutische Hilfe für ein Kind angesagt ist, denn es gibt Familien, die diese notwendige Hilfe nicht selbst organisieren. Die Abbildung (Stadt Köln o. J.) auf dieser Seite ist ein Beispiel dafür, dass dies oft eher Familien aus unteren sozialen Schichten sind: Während bei den Schulanfängern aus gehobeneren sozialen Schichten, bei denen eine logopädische Behandlung angezeigt war, die Mehrheit bereits in einer entsprechenden Behandlung war, hatte bei den Kindern aus unteren sozialen Schichten nur eine Minderheit bereits eine solche Behandlung begonnen.

Besonders die Tageseinrichtungen in Wohnvierteln mit einem relativ hohen Anteil von Kindern aus unteren sozialen Schichten sollten also zu »Frühwarnsystemen«

ausgebaut werden, die gezielt Entwicklungsbesonderheiten der Kinder (auch im Hinblick auf die körperliche Entwicklung) diagnostizieren und Hilfe vermitteln können. Das Gespräch mit den Eltern verlangt allerdings nicht nur die entsprechenden Kompetenzen, sondern auch Zeit. Nur in einem ruhigen Gespräch werden Eltern akzeptieren können, dass ihr Kind in bestimmter Weise anders ist. Und dieses entscheidende erste Gespräch können nur die vertrauten Erzieherinnen in der Einrichtung führen, nicht irgendwelche den Eltern unbekannte Kooperationspartner. Deshalb muss der Zeitbedarf dafür bei der Bemessung der Verfügungszeit berücksichtigt werden. Auch hier gilt: Jede Einrichtung benötigt unterschiedlich viel Zeit für solche Aufgaben.

Familienbildung

Viele Tageseinrichtungen für Kinder stehen inzwischen nachmittags und abends für weitere Aktivitäten offen, auch für Angebote der Familienbildung für Eltern wie Deutschkurse. Diese Angebote werden nicht durch das Personal der Tagesstätte durchgeführt, sondern durch andere Kräfte, etwa Dozenten der Volkshochschule oder einer Familienbildungsstätte. Allerdings ist zumindest die Leitung der Einrichtung in die Organisation eingebunden und benötigt dafür die entsprechende Arbeitszeit. Die Angebote finden im Personalraum, in der Küche oder im Mehrzweckraum der Einrichtung statt, denn die Einrichtung ist vermutlich der einzige Ort, zu dem die angesprochenen Eltern gehen – nicht zuletzt deshalb, weil dann die Kinderbetreuung, auch die von jüngeren Geschwisterkindern, kein Problem ist. Der Kindergarten ist nun einmal ein Ort ohne Schwellenangst, und dieser Vorteil sollte genutzt werden. Das gilt noch stärker für den folgenden Aspekt.

Familienhilfe

Viele Familien brauchen Hilfe. Einige holen sich diese Hilfe, andere nicht. Die Letzteren sind das größere Problem. Wie erfahren die für Familienhilfen zuständigen Fachleute davon? Unter den Ersten, die mit solchen Familien in Kontakt kommen, sind die Leiterinnen und Erzieherinnen der Tageseinrichtungen. Also muss vertrauensvolle Zusammenarbeit organisiert werden. In manchen neu gebauten Einrichtungen wurde von vornherein ein Raum eingeplant, in dem zum Beispiel eine Mitarbeiterin des Allgemeinen Sozialen Dienstes (ASD) regelmäßig Sprechstunden abhält – wieder mit dem Gedanken, dass manch eine betroffene Familie eher in den Kindergarten geht als ins Rathaus. Entsprechend kann auch die Kooperation zwischen einer Erziehungsberatungsstelle und einer Tageseinrichtung aussehen. Aber auch, wenn den betroffenen Eltern der Ort vertraut ist – die dort tätigen fremden Personen sind es nicht. Deshalb wird immer auch der Fall einkalkuliert werden müssen, dass die Fachkräfte in der Einrichtung selbst – im notwendigen Umfang – Hilfe anbieten und leisten müssen. Eine Mutter zu ermutigen, einen Antrag auf Arbeitslosengeld II zu stellen und ihr beim Ausfüllen der Formulare zu helfen, kann unter Umständen der einzige Weg für eine Einrichtungsleiterin sein, Dinge in Bewegung zu bringen und der Mutter und damit auch dem Kind beziehungsweise den Kindern zu helfen.

Vernetzung und Kooperation

Das Ziel vieler Tageseinrichtungen ist derzeit die Zusammenarbeit mit anderen Einrichtungen im Stadtteil (wobei sich manche Einrichtungen mit diesem Vorhaben möglicherweise übernehmen und ihre Kooperationspart-ner gezielter auswählen sollten). Für die Träger der Tageseinrichtungen werden dabei die Synergieeffekte besonders wichtig sein, das heißt die optimale Nutzung der Ressourcen durch intensives Zusammenwirken. Hier ist sicherlich noch viel möglich, allerdings kostet die Organisation der Zusammenarbeit selbst wieder Arbeitszeit.

Für die Eltern wird ein anderer Aspekt im Vordergrund stehen: Ihnen ist wichtig, dass die Angebote nicht nur strukturell und organisatorisch, sondern auch inhaltlich zusammenpassen. Damit ist zum Beispiel gemeint:
- Beraten Einrichtungsleiterinnen die Bibliothekarinnen der Büchereien in der Stadt bei der Anschaffung von Bilderbüchern und sogenannten Elternratgebern?
- Setzen die Tageseinrichtungen die Ernährungsgrundsätze um, die den Eltern in Kursen der Volkshochschule vorgestellt werden?
- Wie arbeitet die Dozentin, die an der Musikschule »musikalische Früherziehung« durchführt, mit den Erzieherinnen zusammen? Ist sie in deren Fortbildung eingebunden?
- Bekommen die Tageseinrichtungen von der Verbraucherberatungsstelle die notwendigen Informationen zu allem, was Kinder und Familien betrifft – auch zur umgehenden Weitergabe an Eltern?
- Welche Hilfe bekommen Erzieherinnen vom Gesundheitsamt, wenn es um Probleme in der körperlichen Entwicklung der Kinder geht?

Das folgende Negativbeispiel ist – so fürchte ich – kein Einzelfall: Eine türkische Mutter fragt sich, wie sie ihren fünfjährigen Sohn so gut wie möglich auf den Eintritt in die Schule vorbereiten kann. Sie ist unsicher, in welcher Sprache sie mit ihm reden soll und fragt die Erzieherin, die sie am besten kennt, um Rat. Sie bekommt zur Antwort: »Bitte, seien Sie mir nicht böse, aber ich glaube, dass Sie in der deutschen Sprache Ihrem Sohn kein besonders gutes Sprachvorbild sein würden. Sicher ist aber, dass auch seine Erstsprache gefördert werden muss. Ich schlage vor, dass Sie zu Hause wie bisher Türkisch mit dem Kind reden, wir im Kindergarten bemühen uns um seine Entwicklung in der deutschen Sprache.« Eine Woche später findet in der Grundschule ein Informationsabend für die Eltern der einzuschulenden Kinder statt und alle Anwesenden hören den dringenden Rat, ab sofort nur noch in der deutschen Sprache mit ihren Kindern zu reden. In ihrer Verwirrung fragt die Mutter eine Kinderärztin, die ihr vorschlägt, sich in beiden Sprachen abzuwechseln.

Wir brauchen über die fachliche Berechtigung der verschiedenen Vorschläge nicht zu reden; das sollten die Beteiligten an einem »Runden Tisch frühkindliche Bildung« tun, den jede Kommune einrichten muss. Wenn das nicht passiert, ist für mich klar: Wie wollen wir dieser Mutter jemals wieder deutlich machen, dass wir ihre Fragen ernst nehmen, dass wir an der optimalen Förderung ihres Kindes interessiert sind, wenn wir ihr so drastisch zeigen, dass unsere Fachleute nicht miteinander reden?

Einem solchen Runden Tisch müssten selbstverständlich auch Elternvertreter angehören. So ließe sich vielleicht auch ein Geburtsfehler der Elternmitwirkung sowohl in Tageseinrichtungen für Kinder als auch in Schulen entschärfen: Ein Zusammenschluss von Eltern über die einzelne Einrichtung oder Schule hinaus ist nicht vorgesehen – Stadtelternräte müssen bisher ohne rechtliche Grundlage, oft auch ohne Anerkennung durch die Kommunalpolitik auskommen. Es ist an der Zeit, Eltern von kleinen Kindern eine wirkungsvolle kommunale Lobby zu geben, nicht nur durch die Mitwirkung an Runden Tischen, sondern auch zum Beispiel durch Möglichkeiten, sich im Jugendhilfe- und Schulausschuss zu äußern.

Zu begründen, wie wichtig eine enge Kooperation ist, ist einfach: Wenn wir über die Entwicklung und die bestmögliche Förderung von Kindern nachdenken, ist es notwendig, die Familien und die verschiedenen Institutionen, in denen ein Kind nacheinander oder gleichzeitig lebt, und die Personen, zu denen das Kind in Beziehung tritt, zusammenzusehen und in eine möglichst enge Verbindung miteinander zu bringen. Dieser Gedanke ist nicht neu. Aus einer Analyse der Wirksamkeit von Förderprogrammen in den USA zog Urie Bronfenbrenner schon in den 1970er Jahren folgende Schlüsse:

»Um das höchste Maß an Wirksamkeit zu erreichen, müssen Programme so angelegt sein, dass sie die Entwicklung von Kindern und Familien fördern. Wie das Projekt »Head Start« müssen sie versuchen, nicht nur die Umgebung des Kindes zu verbessern, sondern auch die Umgebung derer, die den größten Einfluss auf seine Entwicklung haben. In Übereinstimmung mit diesem Grundsatz ist es wichtig, dass Programme daraufhin angelegt sind, die Integrität der Familien nicht zu zerstören, sondern zu stärken (...). Die Programme sollten in einer Weise angelegt sein, dass Eltern, Nachbarn, ältere Kinder und alle Personen, die die dauerhafte soziale Umwelt für das Kind darstellen, weitest möglich in Aktivitäten mit Kindern einbezogen werden.« (Bronfenbrenner 1976, S. 195f). Wir sind noch weit davon entfernt, diesen Anspruch einzulösen.

Zur Qualifizierung der Fachkräfte

Die Aufgabe der Zusammenarbeit mit Eltern ist traditionell ein schwieriges Thema in der Qualifizierung von Erzieherinnen. Denn über eine Erziehungspartnerschaft mit Eltern kann in der Lebensphase, in der die jungen

Studierenden sich gerade selbst vom eigenen Elternhaus ablösen, kaum geredet werden. Erzieherinnen selbst sagen mehrheitlich, dass sie die notwendigen Kompetenzen größtenteils erst in der beruflichen Praxis und in der Fort- und Weiterbildung erworben haben (Strätz 1997, S. 21-41). Hier wird offenbar viel durch Versuch und Irrtum gelernt, und dies kann für alle Beteiligten die schmerzhafteste Art zu lernen sein. Dieses Problem, dass bestimmte Themen in der Ausbildung biografisch zu früh kommen, würde übrigens auch bei einer Verlagerung der Ausbildung an (Fach-)Hochschulen unverändert bestehen bleiben.[3]

Die Zusammenarbeit mit Eltern in all ihren Facetten ist also vor allem ein Thema für die Fort- und Weiter-bildung im Beruf. Ich habe in diesem Zusammenhang die Idee einer »Facherzieherin«: Die Ausbildung muss zunächst die Stärken der bisherigen Fachschulausbildung, nämlich die intensive Verknüpfung von Theorie und Praxis wie auch die starke Beachtung der Person der künftigen Erzieherin, bewahren und – möglicherweise in Kooperation mit anderen – eine noch stärkere theoretische Fundierung leisten. Nach dieser Ausbildung wird eine junge Erzieherin Praxiserfahrung sammeln und sich dann früher oder später für ein Gebiet entscheiden, mit dem sie sich vertieft auseinandersetzt. Das kann Sprachförderung ebenso sein wie Bewegungsförderung oder eben die Zusammenarbeit mit Eltern. Diese fachliche Weiterbildung durch eine berufsbeglei-tende Langzeitfortbildung sollte in Kooperation von Ausbildungsstätten, Fortbildungseinrichtungen und der sozialpädagogischen Praxis erfolgen.

Ihre zusätzlichen Kompetenzen bringt die Erzieherin dann in ein Team ein, das die pädagogische Arbeit als Team konzipiert und durchführt. Die »Facherzieherin für die Zusammenarbeit mit Eltern« wird vor allem die Aufgabe haben, gemeinsam mit der Einrichtungsleitung ihre Kolleginnen bei ihrer Arbeit zu beraten – so wie sie umgekehrt in anderen Aufgabenfeldern von diesen beraten wird. Eine Alternative zur »Facherzieherin«, mit der sofort begonnen werden kann, besteht darin, dass alle Bundesländer im Zusammenhang mit der Einführung ihrer Bildungspläne gemeinsam mit den Trägerverbänden landesweite Fortbildungsangebote organisieren und finanzieren, zu denen alle im Beruf stehenden Erzieherinnen Zugang haben und in denen nicht nur Fragen der Bildungs- und Erziehungsarbeit, sondern obligatorisch auch Möglichkeiten der Vermittlung an Eltern und der Beratung von Eltern behandelt werden. Länder wie und Baden-Württemberg, Rheinland-Pfalz oder Sachsen gehen hier mit gutem Beispiel voran.

Die Einrichtungsleitung

Sicher scheint mir zu sein, dass die Einrichtungsleitung eine profunde weitere Qualifizierung benötigt, so wie

---

3 Eine persönliche Bemerkung: Ich bin jetzt seit dreißig Jahren im Beruf und lasse mir meinen Respekt vor den vielen kompetenten und engagierten Erzieherinnen, die ich bisher kennengelernt habe, nicht mehr ausreden. Auf der anderen Seite – um auch das zu sagen – überrascht mich immer wieder die Bandbreite, die ich erlebe, nicht nur hinsichtlich der konzeptionellen Arbeit, sondern auch zum Beispiel in Bezug auf die Formen des Umgangs mit Kindern. Diese Bandbreite hat es wohl immer gegeben, möglicherweise ist sie heute ausgeprägter als früher und vielleicht ist sie das dringendste Problem. Ich fürchte, dass vielen, die sich in der letzten Zeit in pauschaler und dadurch ungerechter Weise über die ihrer Ansicht nach mangelhafte Qualifikation von Erzieherinnen äußern, nicht klar ist, welchen Schaden sie damit anrichten. Ich habe noch nie so viele verunsicherte bis mutlose Erzieherinnen erlebt wie heute und ich bin überzeugt, dass eins der größten Probleme im Zusammenhang mit der Qualifizierung von Erzieherinnen die Art ist, wie darüber geredet wird.

dies auch im Beschluss der Jugendminister-Konferenz der Länder vom Mai 2005 beschrieben wird. Dies kann ein berufsbegleitender Bachelor-Studiengang sein. Diese Weiterqualifizierung darf sich jedoch nicht auf Fragen des Sozialmanagements beschränken, sondern muss eine vertiefte Auseinandersetzung mit Fragen der Bildung und Erziehung in der frühen Kindheit einschließen, damit die (künftige) Leitung die konzeptionelle Umsetzung in ihrer Einrichtung und die Vermittlung an sowie die Beratung von Eltern konzipieren und moderieren kann.

Heilpädagogische Fachkräfte in allen Einrichtungen

Ebenso wichtig ist es, alle Erzieherinnen in den angemessenen sonderpädagogischen Handlungsmustern weiterzuqualifizieren. Immer noch höre ich zu oft den Ausdruck »verhaltensauffälliges Kind«. Dabei ist zumeist weniger das Kind auffällig, sondern vielmehr die Situation, in die es geraten ist, oder eine andere Person, mit der es zu tun hat. Das Fatale ist, dass diejenigen, die einem Kind das Etikett »auffällig« anheften, sich damit gleichzeitig bescheinigen, dass sie am Zustandekommen des Problems keinen Anteil haben – weder durch ihr eigenes Verhalten noch durch die Umstände, in die sie ein Kind gebracht haben. Wer dieser Falle entgehen will, sollte die Wortzusammensetzung »verhaltensauffälliges Kind« nicht benutzen – auch deshalb nicht, weil sie wiederum negative Rückwirkungen auf das Verhalten und die Selbstwahrnehmung des Kindes hat, das so etikettiert wird.

Bei allen Verhaltensbesonderheiten geht es, sehr kurz und vereinfacht gesagt, darum, zwischen der Person des Kindes, der Beziehung zwischen Kind und Erzieherin und dem Verhalten und seinen Konsequenzen strikt zu trennen. Nur dadurch kann die Erzieherin dem Kind, salopp ausgedrückt, deutlich machen: »Du bist in Ordnung, unsere Beziehung bleibt, wie sie war, aber das, was du gerade tust, ist nicht in Ordnung.«

Solche sonderpädagogischen Handlungsmuster und Fragestellungen werden in der Ausbildung von Erzieherinnen und Erziehern kaum behandelt. Umso wichtiger wäre es, Personal mit einer heilpädagogischen Zusatzausbildung nicht nur für heilpädagogische und integrative Einrichtungen, sondern für alle Tageseinrichtungen für Kinder bereitzustellen und zu refinanzieren. Mindestens eine solche Kraft, die ihre Kolleginnen beraten könnte, würde in jeder Einrichtung dringend gebraucht.

Fazit

Verglichen mit den Zeiten, in denen zum Beispiel meine Frau und ich eine Familie gegründet haben, sind die heutigen für viele Paare erheblich schwieriger, und ich habe großen Respekt vor denjenigen, die sich in dieser Lebensphase für Kinder entscheiden. Ganz sicher haben sie jede mögliche Form von Hilfe verdient, unter anderem durch die Tageseinrichtungen für Kinder. Land und Kommune müssen die Einrichtungen jedoch in den Stand setzen, diese Hilfe leisten zu können.

Die Träger der Tageseinrichtungen für Kinder und die dort beschäftigten Fachkräfte sehen sich derzeit verschiedenen zusätzlichen Anforderungen gegenüber, darunter solchen, die als Hilfen für junge Familien unverzichtbar sind. Die nächsten Jahre werden zeigen, ob sie – nicht zuletzt durch mehr finanzielle Ressourcen – eine faire Chance erhalten werden, diesen Anforderungen auch gerecht zu werden.

Literatur

Bronfenbrenner, U. (1976): Ökologische Sozialisationsforschung. Hrsg. von Kurt Lüscher. Stuttgart: Klett

Bundesministerium für Familie, Senioren, Frauen und Jugend (Hrsg.) (2003): Betriebswirtschaftliche Effekte familienfreundlicher Maßnahmen. Kosten-Nutzen-Analyse. Berlin (zitiert als BMFSFJ 2003, Bezug bzw. Download über www.bmfsjf.de)

Oberhuemer, P./Ulich, M. (1997): Kinderbetreuung in Europa – Tageseinrichtungen und pädagogisches Personal. Weinheim und Basel: Beltz

Sell, S. (2004): Der volkswirtschaftliche Nutzen der Kinderbetreuung. In: Henry-Huthmacher, Ch. (Hrsg.) (2004): Jedes Kind zählt: Neue Wege der frühkindlichen Bildung, Erziehung und Betreung. Schriftenreihe der Konrad-Adenauer-Stiftung, 2004, Nr. 5

Stadt Köln (Hrsg.) (o.J.): Zur gesundheitlichen Lage der Kölner Schulanfänger. Ergebnisse der Schuleingangsuntersuchungen 1995-1999. O. O. und o. J. (zu beziehen beim Gesundheitsamt der Stadt Köln)

Strätz, R. (1997): Wie sind/wie fühlen sich die ErzieherInnen auf die Zusammenarbeit mit den Eltern vorbereitet? In: Bundesverband Neue Erziehung e. V. (Hrsg.): Elternzusammenarbeit – Stiefkind in der Aus- und Weiterbildung von Erzieherinnen. Dokumentation der Fachtagung vom 5./6. September 1996 in Leipzig, Grafschaft, S. 21-41

Die Autoren

Burkhard Gauly

Diplom-Erziehungswissenschaftler, Diplom-Sozialpädagoge (FH), Zusatzqualifikationen in Motopädagogik/Psychomotorik, Spielpädagogik, Themenzentrierter Interaktion (TZI), Erwachsenenbildung. Referent im Teilprojekt des PARITÄTISCHEN Baden-Württemberg. Entwicklung und Durchführung von Elternbeiratswerkstätten.

Paul Geiger

Diplom-Theologe, Diplom-Psychologe, Leiter des Fachbereichs Kinder, Jugend und Familie der Caritas Bodensee-Oberschwaben. Projektbegleitung der Kindertageseinrichtungen in der Region Bodensee-Oberschwaben.

Andrea Gerth

Diplom-Psychologin, Fachberaterin des PARITÄTISCHEN Baden-Württemberg, Trainerin und Prozessbegleiterin im Rahmen der Implementierung des Orientierungsplans, Vorstand eines Kinderladens. Projektleiterin des Teilprojektes »Stärkung der Erziehungskraft der Familie durch und über den Kindergarten« für den PARITÄTISCHEN Baden-Württemberg.

Willi Groß

Diplom Erziehungswissenschaftler, Diplom-Sozialpädagoge (FH), Erzieher, Zusatzqualifikationen in Erlebnispädagogik, Dozent in der Erwachsenenbildung. Referent im Teilprojekt des PARITÄTISCHEN Baden-Württemberg. Entwicklung und Durchführung von Elternbeiratswerkstätten.

Uta Reuter

Diplom-Sozialarbeiterin, Diplom-Pädagogin, Zusatzqualifikationen im Bereich Ehe- und Lebensberatung. Fachberaterin im Bereich Tageseinrichtungen für Kinder beim Diakonischen Werk Baden, Lehrtätigkeit an einer Schule für Organisation und Führung im Bereich Sozialarbeit, Lehrbeauftragte an der Evangelischen Fachhochschule Freiburg. Projektleiterin des Teilprojektes »Stärkung der Erziehungskraft der Familie durch und über den Kindergarten« für das Diakonische Werk Baden.

Stefanie Theuer

Diplom-Psychologin, Weiterbildung in systemischem Coaching und Teamentwicklung, Einrichtungsbegleiterin im Teilprojekt des PARITÄTISCHEN Baden-Württemberg.

Thomas Thiel

Diplom-Pädagoge, langjährige Tätigkeit als Leiter einer Berliner Kindertagesstätte und Mitarbeit in verschiedenen bundesweiten Modellprojekten im Kindergartenbereich, Redakteur der Zeitschrift »Welt des Kindes«. Projektleiter des Teilprojektes »Stärkung der Erziehungskraft der Familie durch und über den Kindergarten« für den Evangelischen Landesverband Tageseinrichtungen für Kinder in Württemberg.

Renate Thiersch

M.A., Lehrbeauftragte am Institut für Erziehungswissenschaften an der Eberhard Karls Universität Tübingen, freiberuflich als Erziehungswissenschaftlerin tätig.

Dr. Thomas Seifert

Diplom-Pädagoge, Koordinator des Projektes »Stärkung der Erziehungskraft der Familie durch und über den Kinder-garten«.

Uta Stolz

Diplom-Bibliothekarin, Ausbildung in System- und Familienberatung sowie Personal- und Organisationsentwicklung. Langjährige Weiterbildungs- und Beratungstätigkeit im Bereich sozialer Berufe und in der Familien- und Erwachsenenbildung. Projektleiterin des Teilprojektes »Stärkung der Erziehungskraft der Familie durch und über den Kindergarten« für den Landesverband Katholischer Kindertagesstätten in Stuttgart.

Dr. Rainer Strätz

Diplom-Psychologe, Stellvertretender Leiter des Sozialpädagogischen Instituts NRW (SPI) in Köln.

Martina Wießler

Diplom-Sozialpädagogin (FH), Beauftragte für TQM, Kesserziehen Kursleiterin. Referentin in der Fort- und Weiterbildung von pädagogischen Fachkräften im Bereich Tageseinrichtungen für Kinder, Projektleiterin des Teilprojekts »Stärkung der Erziehungskraft der Familie durch und über den Kindergarten« für den Caritasverband für die Erzdiözese Freiburg e.V. Kinder.

12 Prinzipien für die erfolgreiche Zusammenarbeit von Erzieherinnen und Eltern

Roger Prott und Annette Hautumm erläutern prägnant die Voraussetzungen, die Basis und die Sicherung der Zusammenarbeit von Eltern und Pädagogen in Kindergarten und Grundschule...

Roger Prott · Annette Hautumm
12 Prinzipien für eine erfolgreiche Zusammenarbeit von Erzieherinnen und Eltern
40 Seiten
2. Auflage
ISBN 978-3-937785-01-1
Euro 6,90

Chefsachen

Vielerorts wird geleitet. Oder auch nicht. In diesem Betrifft KINDER extra erörtert Roger Prott Leitungsthemen – Aufgaben, Fragen und Konfliktpunkte. Die Geschichten dahinter und drum herum soufflieren die Stichworte.

Das ABC dient dem Sortieren und Bestimmen von Stichworten, die lange Abhandlungen nicht vertragen. Manche Buchstaben tauchen mehrmals auf – ganz wie das Leben seinen Eigensinn hat.

Stichworte sind:
A wie Anfangen · B wie Besucher · C wie Creativität
D wie Delegieren · E wie Einstellung · E wie Entscheiden
E wie Erfahrungen · F wie Fehler und Fallen
G wie Gelegenheit · H wie Handlungsoptionen
I wie Informations-Overkill · I wie Ideal und Irrtum
I wie Interventionen · J wie Jammern · K wie Klammeraffe
L wie Leidbild · L wie Lob · M wie Mutti · N wie Nein
O wie Ordnung · P wie Partnerschaft · P wie Peter Gogik
Q wie Quasselstrippe · R wie Rituale · S wie Störungen
T wie Tätigkeiten · U wie Unterbrechungen
V wie Verpflichtung · V wie Vertrauen · W wie Wegloben
XY wie XY ungelöst · Z wie Ziele

Roger Prott
Chefsachen
46 Seiten, vierfarbig, mit Karikaturen von Tasche
ISBN 978-3-937785-64-6
Euro 8,90

Ein Wiegenlied für Hamza

Kindertagesstätten als Orte der Begegnung.

Wie gelingt es Kitas der Vielfalt der Kulturen und des Lebens in ihren Umfeldern zu begegnen?

Auf der Suche nach Möglichkeiten und eindrucksvollen Bildern besuchten Marc Gielen und Jan Peeters Kindergärten in Belgien, Frankreich, Deutschland und England.

Marc Gielen · Jan Peeters
Ein Wiegenlied für Hamza
Kindertagesstätten als Orte der Begegnung
Dokumentation, 50 Minuten
ISBN 978-3-937785-19-6
Euro 24,90

Childcare Stories

Dieser Film lädt ein, inne zu halten und über die wahren Bedürfnisse von Eltern und Kindern nachzudenken. Childcare Stories zeigt, wie Kindergärten auf die unterschiedlichen Bedürfnisse von Familien in ihrer Vielfalt eingehen und welchen Wert qualitativ gute Kindergärten für das Leben von Kindern und ihren Familien haben.

Neben dem Hauptfilm enthält die DVD elf individuelle Berichte, die als Einstieg für eine Diskussion genutzt werden können. Weitere Informationen über Einsatzmöglichkeiten dieser DVD finden Sie auf der Homepage www.equal-abc.de.

Guido Verelst · Jan Peeters
Childcare Stories
Eltern über Erziehung, Arbeit und Kinderbetreuung
ISBN 978-3-937785-82-0
Euro 19,90

»Mathe-Kings & Mathe-Queens
Junge Kinder fassen Mathematik an

Aktionsausstellung für Kinder zwischen 4 und 8 Jahren und ihre erwachsenen Begleiter von Nancy Hoenisch, Elisabeth Niggemeyer und dem verlag das netz

Die Ausstellung »Mathe-Kings & Mathe-Queens« und das gleichnamige Buch entführen Sie auf eine Entdeckungsreise in das Land der Mathematik, in dem junge Kinder mit Lust und Neugier eine Brücke vom Land des Konkreten – das kindliche Denken in Bildern – in das Land des Abstrakten – das Denken in Symbolen – bauen und dabei staunend und spielerisch der wunderbaren Wissenschaft Mathematik begegnen.

Der Bau einer sicheren Brücke und jedes Brückenpfeilers hat drei Phasen: In der ersten Phase wird mit sinnlichen und lustvollen Erlebnissen in der kindlichen Alltagswelt gebaut, in der zweiten Phase kommen gelegentlich Zeichen und Symbole, die zum Beispiel »Zahlen« heißen, hinzu, und in der dritten Phase sind die Symbole und Zeichen Besitz des Kindes, sie sind ihm vertraut, und es geht selbstverständlich mit ihnen um.

Die Brücke ruht auf fünf Pfeilern mathematischer Konzepte: Sortieren, Muster, Zahlen, Geometrie, Wiegen und Messen. In der Ausstellung »Mathe-Kings« werden diese Pfeiler auf fünf Inseln erbaut. Als Bausteine dienen Schätze, die auf den Inseln auf ihre Entdecker warten.

Reisen Sie also
- auf die Insel »Durcheinander«, auf der der Pfeiler »Sortieren und Klassifizieren« steht,
- auf die Insel »Von-hier-bis-Irgend-wo« mit dem Pfeiler »Muster«,
- auf die Insel »Zahlenzirkus«, die der Pfeiler »Zahlenkonzepte« schmückt,
- auf die Insel »Über-Eck« mit dem Pfeiler »Geometrie«
- und schließlich auf die Insel »Kilo-Meter« mit dem Pfeiler »Messen und Wiegen«.

Mehr Infos unter

www.verlagdasnetz.de
Rubrik Erfindergarten
erfindergarten@verlagdasnetz.de

Ich staune in mich selbst hinein...

Aktionsausstellung von Elisabeth Niggemeyer, Nancy Hoenisch und dem Verlag das netz für Kinder zwischen vier und acht Jahren und ihre erwachsenen Begleiter. Mit Bildern von Tasche und Figuren von Micha Fink

In der Aktionsausstellung begegnen junge Kinder zwischen vier und acht Jahren und ihre erwachsenen Begleiter den Geheimnissen und Schönheiten des menschlichen Körpers. Staunend entdecken sie dabei, wie man die Schätze des eigenen Körpers und die der anderen schützen und wachsen lassen kann ... In jedem der zehn Themenkreise werden die Themen konkret anschaulich, unter Verwendung alltäglicher Dinge, Materialien, die Kinder und Erwachsene lieben oder vermissen, die ihnen gut tun, in Szene gesetzt und überraschend neu erfunden. Die Ausstellung verbindet die spielerische Lust auf die Welt, die Neugier, die Freude am Entdecken der Kinder mit sinnesfroher Fortbildung für Erwachsene. Das komplexe Thema Körper fungiert ganz nebenbei als spielerisches »Sesam öffne Dich« zu den wesentlichen elementaren Bildungsbereichen diverser Pläne und Programme, baut eine Brücke zwischen Kindergarten, Grundschule, Familie und Öffentlichkeit, präsentiert Ideen rund um Gesundheit, Bildung, Kultur und Kunst aus aller Welt. Ganz nebenbei ermutigt die Ausstellung in besonderer Weise Pädagogen, die oft unter berufsbezogenen chronisch werdenden Erschöpfungszuständen leiden – als eine Folge körperfeindlicher Lebensweise in Kombination mit hohen Arbeitsbelastungen.
Neugierig geworden?

Mehr Infos über die neue Wanderausstellung gibt es beim

verlag das netz · Redaktion Betrifft KINDER
Kreuzstraße 4 · 13187 Berlin
E-Mail: erfindergarten@verlagdasnetz.de
Fax: 030/481 56 86, Telefon: 030/48 09 65 36
Internet: www.verlagdasnetz.de.

Klar, lebendig, unabhängig!

»Betrifft KINDER« ist das Praxisjournal für Erzieherinnen, Eltern, Grundschullehrerinnen, Leiterinnen von Kindergärten, Kindertagesstätten, Krippen, Grundschulen und Horten sowie die begleitende Fachszene in Ausbildung und Praxis.

Es stellt klar, lebendig und unterhaltsam spannende Ideen sowie Konzepte und Projekte in der Bildung, Erziehung und Betreuung von Kindern zwischen null und zwölf Jahren vor. Dabei greift es auf Möglichkeiten eines dichten Netzwerks von Kooperationspartnern zurück.

Gerade der Netzwerkcharakter lässt »Betrifft KINDER« zu einer kreativen Ideenschmiede für Leserinnen, Autoren, Erfinder, Redaktion und Gestalter werden, zu einem Entwicklungsmotor für innovative Pädagogik und offensive Politik für die Rechte und Entwicklungsbedürfnisse von Kindern.

Inclusive zwei deutschsprachiger Ausgaben von »Children in Europe«, der einzigen europäischen und größten Fachzeitschrift für Erzieherinnen und sozialpädagogische Fachkräfte. Sie erscheint zweimal jährlich in Belgien, Dänemark, Deutschland, England, Frankreich, Italien, in den Niederlanden, in Österreich, Portugal, Schweden, Spanien und Polen.

Erscheinungsweise
12 x jährlich
(8 Ausgaben
+ 2 Ausgaben von »KINDER in Europa« der größten europäischen Fachzeitschrift für Erzieherinnen und sozialpädagogische Fachkräfte in Europa
+ 2 Ausgaben »Betrifft KINDER extra«
+ »Betrifft KINDER-Kalender«.

Direkt-Jahresabonnement
Euro 48,00, zzgl. Versand

Abonnement für Azubis, Studenten und in der Elternzeit
Euro 36,00, zzgl. Versand

Kennenlern-Abonnement (3 Hefte »Betrifft KINDER«)
Euro 10,00, zzgl. Versand

Verlag das netz · Direktversand und Abonnementservice
Nummer 14 · 99441 Kiliansroda/Weimar · Telefon: 036453/71 40 · Fax: 036453/71 412
E-Mail: bestellservice@verlagdasnetz.de · service@verlagdasnetz.de
Internet: www.verlagdasnetz.de